产业服务系列丛书

链接与赋能：
产业服务
重构园区小镇运营

绿城科技产业服务集团有限公司
浙江大学中国科教战略研究院产业创新研究中心
主编◎杨掌法　张福军　李　飞

知识产权出版社
全国百佳图书出版单位
—北京—

图书在版编目（CIP）数据

链接与赋能：产业服务重构园区小镇运营/杨掌法，张福军，李飞主编 .—北京：知识产权出版社，2020.8

ISBN 978-7-5130-7043-0

Ⅰ.①链⋯ Ⅱ.①杨⋯ ②张⋯ ③李⋯ Ⅲ.①产业—服务业—研究 Ⅳ.①F719

中国版本图书馆 CIP 数据核字（2020）第 117543 号

内容提要

本书共分三个部分。第一部分是总报告，对产业服务的内涵外延进行了新的梳理和诠释，让公众对产业服务的认知更为清晰，同时粗线条刻画了产业服务行业当前的发展格局、模式创新及存在的困难，提出了未来的发展趋势和需要重点关注的发展环节。第二部分是针对热点细分领域的专题研究，由产业招商、科技创新、创业孵化、产业金融、智慧园区、商业配套、特色小镇运营、资产管理八个专题报告组成，每个子报告都是重点阐述了各个细分行业当前的发展情况、存在的问题和未来的突破口，以点带面引导读者更加深入了解行业发展。第三部分是发展模式及案例研究，重点分析了产业服务的五大发展模式，以及各自对应的典型企业案例，通过理论与实践相结合的表述，让读者更清晰地了解到产业服务在实践中的应用和落地效果。

责任编辑：栾晓航　　　　　　　　　责任校对：谷　洋

封面设计：博华创意·张冀　　　　　责任印制：刘译文

链接与赋能：产业服务重构园区小镇运营

主编　杨掌法　张福军　李　飞

出版发行：知识产权出版社 有限责任公司		网　　址：http://www.ipph.cn	
社　　址：北京市海淀区气象路 50 号院		邮　　编：100081	
责编电话：010-82000860 转 8382		责编邮箱：luanxiaohang@cnipr.com	
发行电话：010-82000860 转 8101/8102		发行传真：010-82000893/82005070/82000270	
印　　刷：三河市国英印务有限公司		经　　销：各大网上书店、新华书店及相关专业书店	
开　　本：720mm×1000mm　1/16		印　　张：23.25	
版　　次：2020 年 8 月第 1 版		印　　次：2020 年 8 月第 1 次印刷	
字　　数：375 千字		定　　价：98.00 元	

ISBN 978-7-5130-7043-0

编委会

序　言

在日常生活的每个瞬间都能听到服务的故事，在城市建设的每个角落里都能看到服务者的身影，在经济发展的每份成绩中都能找到服务业的贡献。服务已成为一种生活方式、工作方式和发展方式，它就像一张网，不仅融入了每个人的日常生活当中，也渗透到了一家企业、一个园区、一座城市的发展轨迹之中。产业服务正如它的名称一样，为服务产业发展而生，随被服务的产业繁荣而兴。随着市场需求的不断释放，越来越多的服务者加入其中，服务的网越织越大，服务的面越来越广，服务的度越来越深，服务的质越来越好。随着服务模式的不断创新演化，今天的产业服务内涵特征愈发清晰，服务价值和意义逐步彰显，行业发展的活力正被快速激发。我们愈发能感受到行业爆发的时机已然到来，一个创新活跃、知识密集、人力资本密集的现代服务行业正在悄然兴起。

回顾 2019 年，世界经济经历了前所未有的挑战，在不断加剧的贸易争端和地缘政治紧张局势影响下，在愈演愈烈的单边主义、保护主义、民粹主义冲击下，世界经济呈现出持续下行态势，主要经济体普遍不景气，传统产业动能不足，新兴产业增长乏力，全球经济微弱复苏的步伐更显沉重。国际货币基金组织（IMF）预测 2019 年的世界经济增长在倒退，为 2008 年全球金融危机以来之最低。而 2020 年年初的新冠肺炎疫情，更是让世界经济踩下了急刹车，美股指数更是出现了 10 天内 4 次熔断的创历史的暴跌，短期内世界经济已受到了前所未有的冲击，长期来看经济加速衰退的风险正在增大。历史经验表明危机和机遇都是相伴相生，经济危机往往孕育着新的科技革命和产业变革，积极应对并妥善处理危机，敏锐把握并切实转化机遇，必将迎来生机勃勃的发展新局面。借用习近平总书记在 2018 年 G20 峰会上说过的金句，无论前途是晴是雨，携手合作、互利共赢是唯一正确的选择，要坚持开放合作、伙伴精神、创新引领、普惠共赢。产业服务商作为企业、产业、园区等发展的好伙伴，是产业链各方合力面对挑战、实现互利共赢的桥梁和纽带，它的快速兴起无疑会让企业在面对危机时更显从容。

纵观国内，2019 年是新中国成立 70 周年，也是全面建成小康社会、实现第一个百年奋斗目标的关键之年。这一年，中国经济攻坚克难、行稳致远，再次取得了令世人瞩目的成绩。我国经济总量逼近 100 万亿元大关，人均 GDP 突破 1 万美元，综合国力继续增强，国际影响力持续扩大。随着供给侧结构性改革和创新驱动战略的扎实推进，经济结构持续优化，科技创新的引领作用持续增强，新产业、新模式、新产品快速发展，发展新动能正在加速成长，充分彰显了中国经济发展的韧性、潜力和活力。展望 2020 年，在全面建成小康社会的收官之年，保持经济持续健康发展意义重大，而持续优化经济发展方式、创造更好的营商环境则显得十分必要。产业服务的快速发展，能充分发挥市场配置资源的优势，有效改善广大企业尤其是中小微企业的发展环境，协助企业及时化解发展中遇到的难题，进而促进区域经济的高质量发展。

"变革的步伐，是缓慢而坚定的"，这是时任 IBM 董事长的路易斯·郭士纳在 1998 年访问中国时，针对电子商务的发展说过的话，而如今电子商务不但早已融入千家万户的生活之中，也深刻改变了这个世界。今天的产业服务犹如当年的电子商务，虽然热潮还未涌现，但变革已然开始，虽然不同区域的发展快慢不一，但逐渐兴起的势头毋庸置疑。在这个双创泉涌的时代里，无论是孵化器、加速器，还是产业园、特色小镇、写字楼，到处感受到产业服务的存在，一大批现代服务企业正加速涌入这一新兴服务领域，创造出了一系列新的服务产品和服务模式，整个行业也在不断摸索、不断创新、不断迭代的过程中成熟壮大。为了更好地感知行业变革的脉搏，更好地解决产业发展衍生的服务需求，我们以观察者的视角，积极捕捉行业发展的前沿动态，竭力追溯服务兴起的本源，反复思辨不同服务产品及模式的优劣，编写了这部描摹产业服务蜕变的研究报告，既为行业各方提供研究探讨的素材，也为让更多的人了解和知晓产业服务，进而为行业快速发展创造更好的社会氛围。

　　本书由行业总览、市场洞察、模式思辨 3 个篇章、14 个独立报告组成。在总报告里，我们对产业服务的内涵外延进行了新的梳理和诠释，让公众对产业服务的认知更为清晰，同时粗线条刻画了产业服务行业当前的发展格局、模式创新以及存在的困难与挑战，展望了行业未来的发展趋势，并提出了未来发展需要重点关注的环节。在第 2 篇章中，我们重点挑选了产业招商、科技创新、创业孵化、产业金融、智慧园区、商业配套、特色小镇运营、资产管理 8 个热点细分领域，通过专题研究，详细阐述了各个细分领域当前的发展情况、存在的问题和未来的突破口，以点带面引导读者更加深入地了解行业发展。在第 3 篇章中，我们总结分析了产业服务的 5 大发展模式，以及各自对应的典型企业案例，通过理论总结与案例比对的方式，让读者更清晰地了解到产业服务在实践中的应用和落地效果。在整个报告的撰写中，我们努力保持客观评述的立场，尽可能吸收来自行业各方的不同观点，力求更全面、更深刻地阐述行业发展的点点滴滴，经过反复修改编撰成册，以飨读者。但受制于编写人员水平有限、编制时间较短、行业资料匮乏等因素，本书内容难免存在研究不深刻、体系不健全、观点不到位等问题，敬请广大专家学者、行业精英和读者批评指正。

　　行久方为执着，品高方能致远。产业服务的繁荣发展不仅关乎行业各方的切实利益，也关系到地区和国家产业发展。我们对中国产业服务行业的未来发展前景充满信心，真诚希望行业各方能加强研究、交流与合作，在业务发展中不断创新探索，积极开展富有成效的落地实践，共同推动行业规范化、规模化、高品质发展，不仅加速产业服务行业自身的发展壮大，更为推动中国经济的发展贡献更多力量。

编委会

2020 年 4 月

目 录

第一篇

行业总览
——总体发展报告

2019 中国产业服务发展报告

2019 年，纵观全球，此起彼伏的经贸摩擦让经济全球化的逆风持续肆虐，严重阻碍了世界经济的健康发展势头，对产业链、供应链、价值链造成重大影响，全球经济正在面临巨大的风险和挑战。回顾国内，中国作为表现依然亮眼的新兴经济体，人均 GDP 首超 1 万美元，经济总量同比增长 6.1%，明显高于全球经济增速，在经济总量 1 万亿美元以上的经济体中位居第一，对世界经济增长贡献率达到 30% 左右，为推动世界经济发展贡献了可观、可贵的动能。产业园区作为我国重要的经济增长极，重要的创新集聚地以及重要的开放先导区，为中国经济的发展做出了巨大贡献。面对新形势、新环境，需要以新发展理念引领产业园区高质量发展，建立与国际接轨的发展模式和运营管理机制，更好地带动区域经济转型升级。产业服务作为新形势下加速兴起的新业态，引领了产业园区高质量发展及运营管理机制的市场化创新之路。总结回顾产业服务过去的发展历程，研究分析当前的发展格局，展望未来的发展趋势，可以让大众更好地了解这一新兴服务业，让行业发展获得政府和社会的更多关注。

一、产业服务的理论认知

（一）探究产业服务的概念

1. 一个亟待被重新定义的新兴服务业

成千上万的"双创"人群，数以万计的小微企业，如火如荼的"双创"活动，雨后春笋般涌现的"双创"载体……这些都是当前中国经济发展的真实写照。在创新驱动发展战略的引领下，中国经济正呈现出东西南北纵横联动、多个动力源快速成长的良好局面，同时也面临着复杂严峻的内外部挑战。推动产业高质量发展是应对内外部挑战，持续保持良好发展局面的关键所在。产业服务的产生和发展，是当前经济发展的必然要求，是实现产业高质量发展不可或缺的重要力量。

目前，无论是从学术研究还是实际应用的视角来看，国内对于产业服务的分类界定尚未达成共识，对其定义、分类、内涵的理解和表述依然因人而异、因企而异、因地而异，清晰明确的行业划分和分类界定有待讨论确立，能准确反映产业服务业内涵特征的定义有待制订。现有学术文献中对产业服务的描述和理论研究甚少，而与其相近的研究主要集中在科技服务业、高新技术服务业、生产性服务业等领域，产业服务行业与这三类服务业在一定程度上存在包含与被包含的关系。换句话说，产业服务所含的部分领域与科技服务业相同，产业服务的核心领域既属于高新技术服务业，也属于生产性服务业的范畴。从实际应用来看，诸如华夏幸福、联东U谷、天安数码城等一大批开发建设和运营管理产业载体的企业，都根据各自的发展实际，将自身业务的全部或部分称为"产业服务"。随着越来越多的企业用产业服务来表征自身业务，产业服务这一称呼正被更多的人所熟知和关注，其内涵也随着实践行动的开展而变得更加深厚和多元。

随着产业服务行业的不断发展，行业概念界定不清产生的不利影响也正逐渐显现。为了更好地促进行业快速发展，真正发挥产业服务推动产业高质量发展的作用，应全面加强产业服务行业的理论研究和概念界定，尽快推动达成行业共识，推动产业服务成为独立行业门类。从现有认知和实践经验来看，产业服务的界定有迹可循，有据可依。产业服务顾名思义，就是为产业提供服务的行业，其核心目的在于解决产业发展中产生的服务需求。因此，可以说是产业的服务需求边界、特征决定了产业服务的内涵定义。这些服务需求可以大致划分为产业主体培育、空间载体建设、资源要素保障和发展软环境营造等。围绕解决这四类需求，而发展形成的一系列专业服务，便可称为产业服务。

服务需求的特征因目标产业不同而不同，也就是说不同产业在主体培育、空间载体、资源要素和发展软环境方面的需求不同，进而导致与之相关的专业服务的核心内容也会有所不同。假如将产业服务所服务的产业确定为工业，则产业服务所涉及的细分业态近乎等同于工业领域的生产性服务业，这让重新定义产业服务显得毫无意义和价值。因此，我们认为产业服务的目标对象是有所限制的，并非所有国民经济行业分类中的产业都适用产业服务，产业服务主要针对高新技术产业、战略性新兴产业等产业领域，且聚焦于大规模、标准化生产制造以外的产业环节。从发展源头和发展现状来看，产业服务的诸多细分领域业已存在且有各自的行业分类。随着服务需求的不断整合，诸多原本不相关的细分服务，在实际执行过程中显得越来越紧密，服务融合的趋势愈发明显。

总体来说，产业服务业更多是服务产品创新、服务业态创新和服务模式创新的结果，是一个有待重新定义的新兴服务业。我们初步认为：产业服务业是在既定的产业空间载体内，以促进产业高质量发展为目标，针对载体拥有方、产业组织、企业和企业员工等特定对象，提供的一系列专业服务的总称。从业态构成来看，产业服务业是一个覆盖面广、专业性强、服务门类多的综合性服务行业。从服务内容来看，产业服务是为产业空间载体提供产业培育与导入、空间运营管理等全生命周期服务，为产业发展提供人才、技术、资金、信息等资源要素配置服务，为产业空间、组织和企业中的从事生产经营活动的人提供生活配套服务，在此过程中实现其自身的价值和商业回报。

2. 多个专业细分业态构成的现代服务业

产业服务面向的产业门类是多种多样的，组织是复杂多元的，其决定了产业服务行业的细分业态也是多样复杂的。作为一个在产业链不断细化分工和融合创新的趋势下形成的一个新的现代服务行业，产业服务所涉及的细分领域众多。从目前的发展情况看，无论是学者还是从事相关服务的企业，他们对产业服务行业的细分业态的划分不尽相同（表0-1）。究其原因，主要是由于各方的研究视角、所处立场和应用场景不同，导致对产业服务细分业态的界定出现了较大差异性，现有分类或多或少都存在一定程度的主观性和片面性。

表 0-1　各界对产业服务边界的划定

参与主体	典型代表	主要细分业态
专家学者	李继凯（东亚智库首席经济学家、北京东亚汇智经济咨询中心主任）	产业战略咨询业、科技服务业、金融服务业、产业创意设计、咨询培训业
	高晓伟（易居企业集团合伙人、浙江大学特聘教授）	融资性服务、咨询服务、培训服务、信息服务、政府关系服务、孵化性服务、知识服务、媒体服务、网络通信服务、物流服务、人力资源、软件和服务业外包
产业园区运营者	中关村软件园	产业环境、国际交流、数字园区、产业联盟、产业政策、中介服务、孵化服务、培训中心、科技金融
	中关村和谷创新产业园	生活服务、金融服务、物业服务、商务配套、政企服务、智库平台、政策支持、众创孵化
	长沙软件园	专业技术服务、公共服务、人才服务、投融资服务、商务配套
	武汉高科医疗器械园	投资服务、担保服务、技术与资金对接服务
产业地产商	华夏幸福	产业规划、全球资源、选址服务、行业圈层、金融支持、专业载体、一揽子政策、全程服务
	联东 U 谷	运营服务、人才服务、科技服务、金融服务
	北科建集团	资本服务、技术服务、人才服务、市场服务、政策服务、中介服务

　　充分考虑产业服务当前的发展现状，从便于理论研究和实际应用的角度出发，客观界定细分业态对于准确认识产业服务这一行业具有重要意义。从服务产品的提供主体和经济性质上看，可以将产业服务细分业态划分为营利性服务业和公共服务业。前者以营利性企业为服务提供主体，所提供的服务作为商品在市场上交易以获取利润；后者以政府、非营利性机构为服务提供主体，其服务作为公共品以非营利的方式提供。从服务对象需求来看，细分业态可以划分为狭义的核心服务和广义的外围服务。前者

是直接服务于产业发展本身，后者是为产业发展提供外部环境的相关间接性服务。从产业服务核心目标来看，细分业态划分可以划分为产业发展服务和载体运营服务两类，两者的本质目标是一致的，都是为了促进产业的成长和壮大。前者是直接为产业主体提供服务，目的是帮助企业解决成长和创新过程中面临的各种关键性难题；后者是为产业所处的空间载体提供服务，目的是为企业打造适宜的生产经营环境。从实际应用来说，随着服务业内部分工不断发展深化，有些细分业态实际上兼具了不同类服务业的性质，这也导致部分细分业态的归类难免出现交叉，而这种现象在其他行业的细分业态划分中同样存在。

经过大量资料收集分析，我们尝试对产业服务的细分业态进行了分类，得到了由 7 大类 26 个小类组成的产业服务细分业态分类表（表 0-2）。此分类是建立在产业服务行业当前发展现状和我们对产业服务的研究理解之上，虽不能说做到了完全科学合理，但也算尽可能地客观呈现了产业服务的细分画像。随着产业服务行业的不断创新发展，以及相关各方对产业服务行业理解的加深和更多行业共识的达成，产业服务的细分业态也会变得愈加清晰，行业规模也将快速扩大，整体发展将更加有序。

表 0-2　产业服务细分业态划分一览

一类目录	二类目录	三类目录
规划咨询服务	产业研究规划	行业研究、项目投资分析、区域（园区）产业规划、产业政策研究咨询
	园区规划设计	总体规划、专项规划、建筑设计、园区景观设计、办公空间设计、展示中心设计
	企业管理咨询	战略咨询、组织设计咨询、人力资源咨询、财务咨询、信息技术咨询、企业文化咨询
产业运营服务	产业招商	招商策划、招商推广、代理招商、招商大数据、展示营销中心运营
	创业孵化	双创载体运营、双创活动策划及执行、创业辅导服务、项目申报、资质认定

续表

一类目录	二类目录	三类目录
科技创新服务	知识产权运营	知识产权代理服务、知识产权交易服务、知识产权咨询服务、知识产权管理服务
	成果转移转化	产学研对接服务、科技成果评估筛选、科技成果展示推介、技术成果转移转化
	科技中介服务	科技咨询服务、科技信息服务、相关专业技术服务
产业金融服务	直接融资服务	天使投资、风险投资、股权融资服务、债券融资服务、产业基金投资
	间接融资服务	银企对接服务、微金融服务、质押融资、融资租赁
	第三方专业服务	财务顾问、融资担保、信用评价服务、资产评估服务、投融资信息服务
产业公共（技术）服务	研发设计服务	共性技术服务、工业设计服务、仪器设备共享服务
	柔性制造服务	3D打印服务、产品打样服务、小批量生产服务
	信息技术服务	信息技术咨询、信息技术运维、数据处理服务
	检验检测认证服务	检验检测、标准化服务、计量服务、认证认可
企业服务	工商财税	工商代办、税务筹划、税务代办、财务审计、代理记账
	法律服务	顾问服务、诉讼仲裁、咨询及文书服务、专项法律服务
	人力资源	人才招聘、人力资源培训、人事代理、人事外包
	会务接待	会议活动策划执行、场地服务、商务接待、现场服务、外围服务
	市场营销	品牌策划、品牌运营、服务/产品推介、市场渠道对接
	行政后勤	办公用品采购/租赁、办公空间定制、企业员工福利、商务礼品定制、企业团建服务
园区运营服务	物业服务	保安、保洁、绿化养护、综合维修、行政管家服务
	设施管理	设施维护、设备采购
	资产管理	租售策划、租售代理、代管服务
	商业配套	商业策划、商业招商、商户管理
	智慧园区	平台开发及维护、平台运营、硬件采购及部署

（二）辨析产业服务的特征

1. 创新活跃

产业服务是依靠高新技术、现代管理方式、经营方式及组织形式发展起来的新兴服务业，它是新经济时代背景下服务产品、服务业态和服务模式创新的产物。创新可以说是产业服务的本质特征，由于产业服务需要满足不同产业和不同企业发展中遇到的各种需求，这就决定了产业服务的成果具有显著的独特性，难以简单复制和重复使用，其服务的过程就是创新的过程。产业服务的创新不仅依靠技术的创新与进步，也来自产业服务自身的创新衍生出的新产品、新服务和新的市场空间，这是产业创新升级和经济发展的重要源动力。

2. 知识密集

产业服务是伴随信息技术和知识经济的发展而形成的，其发展显著依赖知识智力成果。产业服务行业企业利用现代的管理经营理念、设计创新的商业模式，运用现代化的新技术、新业态和新服务方式，向用户提供高知识附加值和高度专业化的服务产品，产业服务中的知识含量日益成为市场竞争的焦点与关键。此外，以信息技术为代表的高新技术为产业服务提供了技术支持和发展平台，其在产业服务的形成和发展中发挥了重要作用。技术、科技、知识价值在产业服务提供的价值中占有绝对优势。

3. 人力资本密集

产业服务是精细化、专业化分工的产物，是企业内部的部分服务逐步外在化的产物，其涉及领域多、覆盖面广，每个细分领域都需要拥有专业知识和专业技能的高素质人才。由这些高素质人才组成的专业服务机构，提供了一系列满足不同需求的专业服务。人力资本是依附在专业人才身上的知识、技能和能力的总称，人力资本密集是产业服务区别于一般服务业的重要特征。

4. 服务产业化

产业服务是一个新兴服务业，诸多细分领域都是借助于细化的分工、新技术以及更好的管理方式，改变了原来企业内部自给、政府提供公共服务等形式，进而以更具标准化、专业化的方式使细小服务成长为产业化的服务。随着市场服务能力和市场化服务意识的提升，以及政府体制机制改革的深化和政府购买服务的加强，部分政府服务职能开始转移到市场手中，也进一步促进了产业服务的演化和发展。因此，服务产业化也是当前产业服务行业的一个重要特征。

(三) 产业服务的发展意义

1. 推动产业创新发展、转型升级

加快改造提升传统产业，培育壮大新兴产业，以增量调结构，以创新促升级，是新常态下区域经济转型升级的必由之路。无论是传统产业的改造提升还是新兴产业的培育壮大，都离不开创新。围绕产业链部署创新链，推动创新链与资金链、政策链、人才链、服务链等深度融合，才能真正激发创新对产业转型升级的巨大推动作用。从产业服务的组成可以看到，科技创新、创业孵化、成果转化、投融资、人才引培、政策宣贯等诸多细分服务领域，有些服务本身就是创新链、资金链、政策链、人才链的组成部分，其直接参与了产业的创新发展；另有一些服务直接作用于企业创新、项目孵化、企业成长等环节，进而为产业转型升级提供帮助。由此可见，完善的产业服务对产业创新发展和转型升级有巨大的推动作用，对促进区域经济转型发展具有重要意义。

2. 加速产业生态圈的形成和发展

企业间、产业间的专业化分工，促进了创新链、产业链和价值链的形成和发展，显著提升了生产效率。产业链纵向延伸和横向拓展，促进了产业集群的发展，集群效应进一步提升了生产效率。如果企业招商引资是1.0，上下游垂直产业链是2.0，产业集群是3.0，那么产业生态圈就是4.0。产业生态圈是产业空间载体的内核与关键，是推动经济高质量发展的主要抓手。产业生态圈的构筑，需要加强人才、技术、资金、信息、物流和配套企业等要素的吸引聚集和高效配置，需要促进各类产业链条链接成网，需要推动生产性服务、生活服务、基础设施等关联配套。产业服务本身就是专业化分工的结果，也是产业生态圈配套服务的重要组成部分。

产业服务直接作用于的产业要素的吸引集聚和高效配置，扮演了产业组织者和资源链接者的角色，对产业生态圈的形成和发展具有显著的正向促进作用。

3. 补齐产业载体建设运营的短板

当前，产业园区、特色小镇等产业空间载体的市场化建设运营如火如荼，以产业地产商为代表的社会力量积极参与其中，并逐步成为行业主流。然而，无论是政府还是民间力量，在开展产业载体建设运营的过程中，都不同程度地呈现出"硬件建设强、服务运营弱"的现象。纵观全国乃至全球优秀的产业载体，无论是在硬件设施上，还是整体服务方面，皆表现出了巨大优势。经过多年的实践探索，物理空间的市场化开发建设已日渐成熟，而产业导入和培育、产业要素聚合、产业服务供给等载体运营方面依然乏善可陈。显然，要想打造出一个真正满足产业发展需求，且具有市场竞争力的产业载体，不仅要注重硬件设施的建设，更要突出综合服务体系的打造，必须要建设和运营"两手都抓、两手都硬"。从产业服务的形成和构成可以看到，良好的产业服务便是补齐载体运营短板，实现这一发展要求的关键所在。

4. 助力企业降本增效、快速发展

制造业时代的企业"服务生产外在化"，催生了生产性服务业。而新经济时代的企业"服务生产外在化"，孕育了产业服务。随着创新驱动战略的不断深化，高新技术企业、科技型中小企业等成为产业发展的主导力量。这些企业有别于实力雄厚、自身服务完备的大型企业，囿于自身规模和经营成本控制，在初创期和快速成长期，只能将有限的人力和资源高度聚焦于核心业务，非核心业务的自给能力不足，为确保企业的正常运转，其不得不更多地从外部寻求服务供给，尤其是部分低频且专业化程度高的服务。从外部的专业服务商获取诸如人才引进、贷款融资、科技创新、政策申报、商务服务等知识与技术密集的产业服务，不仅提高了企业自身经营的专业化程度，而且相比于服务自给，其成本更低、效率更高、品质更优，极大地提高了企业生产经营效率，有效地降低了企业运营成本。

（四）产业服务场景及对象

1. 园区运营

经过 40 多年的高速发展，我国产业园区数量剧增、类型增多，已成为产业发展的核心区域，其建设运营关乎区域产业发展大局。有数据显示，我国产业园区整体空置率一直在 40% 以上❶，如何有效降低空置率，实现存量园区的长效运营，已成为当前园区实现可持续发展的重要课题。园区发展初期，政府扮演着主角。近年来，地产商、制造业龙头、互联网巨头、金融机构等社会力量纷纷进入，园区开发建设主体日渐多元，开发建设及运营管理模式也变得愈发复杂。从当前发展情况看，开发建设的市场化道路日渐成熟，而运营管理的市场化步伐才刚刚起步。园区运营管理的复杂性，要求运营管理者必须具备超强的产业资源掌控和整合能力，必须具备优质的服务供给能力。因此，过去政府是这一群体的主力，现在新兴的产业服务商开始崭露头角，并显露出巨大的发展潜力。产业服务商的兴起，充分展现了市场在资源配置中的优越性，通过与园区拥有方协同配合、优势互补，不仅提升了园区运营管理的效率及质量，也提升了园区的持续发展能力和市场竞争力。正是如此，产业园区已成为产业服务最重要的落地场景，各种各样的产业空间载体则是产业服务最重要的服务对象之一，其拥有者既是产业服务的供给者，也是产业服务的消费者。

2. 企业成长

企业是产业发展和技术创新的主体。随着创新创业战略的加速推进，我国中小企业尤其是科技型中小企业呈现出蓬勃发展之势，占企业总数的比重已超过 90%。中小企业正成为产业发展的活力引擎，为国民经济发展做出了巨大贡献。有数据显示，全国的中小企业贡献了 50% 以上的税收、60% 以上的 GDP、70% 以上的技术创新、80% 以上的城镇劳动就业。❷ 相比于大企业，中小企业组织结构简单，资源整合能力薄弱，服务外部依赖性显著。受制于企业自身规模和市场竞争压力，中小企业通常高度聚焦核心

---

❶ 资料来源：《长江经济带园区协同发展研究报告》。
❷ 每日财经网. 我国中小企业对 GDP 及税收就业的贡献数据公布：占中国经济半壁江山［EB/OL］.（2018-8-22）［2019-11-10］. https://www.mrcjcn.com/n/285205.html.

业务及产品，对非核心业务的外包需求非常强烈。通过将内部一些非核心的、辅助性的功能或业务外包给市场上专业的服务机构来负责，不仅可以有效降低企业自身的经营成本，也能提升企业整体的生产经营效率。此外，中小企业尤其是科技型中小企业，其核心业务的创新、研发、推广、融资、人才等环节，也需要外部资源的支持，专业的产业服务商能够很好地应对和解决这些复杂的需求。由此可见，服务于企业成长也是产业服务的重要应用场景，数量庞大的中小企业，尤其是科技型中小企业，则是产业服务的另一个重要的服务对象。通过一站式的专业化服务，推动广大中小企业实现快速成长，正是产业服务商的核心价值所在。

3. 产城融合

习近平总书记在 2018 年全国两会期间提出"发展是第一要务，人才是第一资源，创新是第一动力"，深刻阐述了人才的极端重要性。人才将逐渐超过资本成为最稀缺资源，不仅成为城市与区域经济竞争的主战场，也将成为园区竞争、产业竞争、企业竞争的新焦点。人才竞争的背后是环境竞争，这一环境既包含了制度环境，也包含了工作及生活环境。营造有利于人才聚集、成长、创新创造的政策环境、体制机制、评价体系等制度环境，打造宜业的工作环境和宜居的生活环境，使各类人才创业有机会、干事有平台、发展有空间，形成近者悦、远者来的人才发展生态，才能抢占人才竞争的制高点。调查数据显示，在高端求职者择业时重点考量的因素中，工作环境的占比超过 20%，成为职场幸福感的第二大来源[1]；随着"80 后""90 后"乃至"00 后"相继成为职场主力人群，高品质的办公环境和完善的生活服务配套显得愈发重要。当前绝大部分的产业园区，仅注重了工作环境的打造，忽视了商业及生活配套的建设，弥补这一短板迫在眉睫。园区配套涵盖吃、住、行、医、购、娱等生活的多个方面，非一己之力、一朝一夕之功，需要政府和社会服务机构共同努力。由此可见，加快促进人才与产业发展有机融合，推动满足人才需求的产城融合发展，是产业服务的第三个重要落地场景；而集聚在园区和企业的各类人才，则是

---

[1] 资料来源：《2019 中国智能办公报告》，JOS 怡和科技，IFMA，知行晓政。

产业服务的另一个重要目标对象。

（五）产业服务供给主体

纵观产业服务行业的孕育和发展历程，过去政府是产业服务的主要提供者，随着服务业市场化步伐的不断迈进，更多社会机构、民营企业开始参与其中，极大地推动了产业服务生态的构建和升级，形成了政企分工协作的多元化供给格局。

1. 政府职能部门

无论是过去还是当前，政府在产业发展过程中扮演着重要角色。一方面，从产业自身发展来看，政府的有效干预、引导和推动不可或缺，尤其是新兴产业的形成与发展，更离不开政府的政策扶持和服务。另一方面，产业服务的很多细分领域尚不具备自我造血能力，市场化的服务主体发展得尚不充分，而服务的不可或缺性促使政府担负起该类服务供给的重任。随着政府体制和服务市场化改革的不断深入，一部分服务将逐渐通过"服务外包"的形式，交由专业服务商或社会组织来提供，政府从服务的直接生产者转变为出资人和监督者。不可忽视的是，在服务外包的过程中，有些服务领域并不容易引入和促进竞争，存在着明显的"供给方缺陷"❶，在这些服务领域，政府依然是服务的首要提供者。

2. 专业服务商

（1）细分服务商

主要指聚焦于某一细分服务领域的专业服务商，如人才招聘、研发设计、检验检测、创业孵化等，其中既有聚焦该领域某一个或几个环节的中小企业，也有通过服务价值链的渗透和重组形成的垂直整合了服务链前后端的行业龙头企业。典型代表如前程无忧，其提供包括招聘猎头、培训测评和人事外包在内的全方位专业人力资源服务。这类服务商长期深耕某一领域，服务能力专业、服务产品多元、特色专长显著，具有较强的市场竞争力和行业影响力。

---

❶ 北京今年购买 500 项社会服务 ［N］. 人民日报，2015-01-06（8）.

（2）平台型服务商

服务分工越细化、越复杂，信息不对称程度越大，企业筛选和获取服务的时间成本、信息交流沟通成本越高。❶ 特别是众多的科技型中小企业，由于受到资源获得及配置等方面能力的限制，不得不逐一寻求细分领域的专业服务商，在某种程度上极大地推高了企业的成本。平台型服务供应商由此产生，它们以提供全方位、一站式服务为目标，整合多个相关行业的服务资源，形成一个价格可比选、服务可组合、品质有监管的综合性服务平台，大大降低企业获取外部服务的难度。现有的平台型服务商可以简单地划分为四大类。一是深耕产业地产领域多年的专业产业地产商，依托自建的产业载体，提供一系列专业服务，典型代表如张江高科、华夏幸福等。二是与产业地产商相对应的轻资产的园区运营服务商，提供产业载体运营管理、企业服务、创业孵化、产业招商等一系列专业服务，典型代表如中关村发展集团、绿城产服等。三是互联网平台型服务商，依托互联网技术打造集成多项产业服务的供给平台，典型代表如服务众包平台猪八戒网。四是企业内部平台型服务商，依靠企业自身的行业资源积累打造服务平台，为自身核心业务产业链上下游企业提供一站式、综合性产业服务，典型代表如世界家电"巨头"海尔创办的海尔创业加速平台、腾讯公司创办的腾讯创业服务平台等。

3. 非政府组织

（1）高校、科研院所等机构

创新是产业发展的第一源动力，高校和科研院所作为创新能力的源头，是产业创新发展的重要推动者，是企业技术创新的重要合作伙伴，是产业服务中创新服务的重要供给者，驱动产业创新发展的前沿理论和尖端技术基本上来源于此。高校院所通过与企业共建高新技术公共服务平台等方式，促进创新要素集聚，为各类创新主体提供研发设计、知识产权、检验检测认证、创业孵化、成果转移转化等创新服务。

（2）产业联盟、行业协会等社会组织

产业联盟、科技创新联盟、行业协会等为代表的行业性组织，以自组

---

❶ 惠俊娥. 江苏省科技园区中小企业供应链融资研究［D］. 南京：中共江苏省委党校，2018.

织的形式，自愿向行业内相关企业提供服务。非政府组织不以营利为目的，在自愿、联合、共享、互助的基础上充分发挥桥梁纽带作用，通过市场途径将大量的市场信息、制度规范等非实物公共产品和服务提供给企业，并逐渐成为未来我国产业服务的重要供给主体。❶

二、产业服务的发展现状

（一）外部发展环境

1. 创新为核的新经济、新产业、新动能蓬勃发展

受内外部发展环境影响，当前我国正处于经济结构调整、产业转型升级、新型动能培育的关键阶段，传统产业、传统动能、传统产能面临升级压力，新技术、新经济、新动能亟须培育壮大，传统的招商引资发展模式也受到了严峻挑战。要想解决当前经济及产业发展存在的问题，必须做好当前我国产业经济发展的新阶段、新形势与新趋势的科学分析和研判。

专家指出，当前我国产业经济发展进入"五大时代"：第一，产业发展时代。经过改革开放 40 多年的快速发展，中国的经济发展已经由过去的企业项目带动、要素投入带动、生产规模带动转向产业带动，必须要把握产业发展规律、构建产业链条、营造产业生态。第二，战略发展时代。面对经济发展新阶段、新形势、新需求，必须要把握好经济发展的战略预期、产业发展的战略判断、技术变革的战略趋势、市场需求的战略谋划、产业资源的战略布局。第三，创新发展时代。在全球产业变革与技术变革风起云涌的当前形势下，产业发展不仅要适应新技术、新产业、新业态、新模式等多个方面的创新，更要把握创新规模与变革，与实体经济及传统产业转型升级紧密结合。第四，生态发展时代。不管是整体产业经济发展，还是区域产业发展，都必须要注重产业生态的构建与营造。尤其是区域产业发展，传统的"东西南北招商、千方百计引资"的"主动式"招商引资模式，已经被"突出产业发展优势、构建产业生态模式"的"被动

❶ 毕晓嘉，赵四东，孙祥龙，等. 从"二元分离"到"有机集中"——产业园区转型升级过程中的服务业发展对策研究 [J]. 现代城市研究，2016（12）：92-97.

式"招商引资模式所替代。产业生态不仅是指产业链多种要素配置与市场资源配置，而且包括政策、社会、人文、服务等众多"软生态"。第五，共享发展时代。从当前发展形势看，任何一个区域或是单一企业，去建设产业链或是产业生态链都是不现实、不科学的，而且还会存在巨大的投资与市场风险，因此必须要确立"共享"思维，运用"共建、共创、共享"的模式，做好产业链、市场供应链、产业生态链。

针对当前产业发展阶段以上五个方面的形势变化，结合我国产业经济发展，不难发现，仅仅依靠政府主导、政策性引导和产业企业自身发展难以突破发展困境，只有充分依靠市场机制、市场手段，大力发展以"促传统产业升级、促新兴产业培育、促新旧动能转换"为目标的产业服务业，才能更好地调动产业力量、整合产业资源、配置产业要素，实现我国产业健康持续发展。

2. 市场力量开始深刻影响产业园区的迭代升级

产业园区已经成为我国经济增长的重要引擎和创新引领，担负着振兴国家产业经济的重要使命。中国园区是改革开放的产物。经过 40 多年的发展，中国产业园区迅速发展，数量激增。截至 2018 年年底，全国拥有 2543 家经官方认定的国家和省级开发区（不含无法准确统计的省级以下产业园区及海量的区中园、园中园），19 个国家级新区，1952 家国家备案的众创空间，998 家国家级孵化器，以及 403 个特色小镇。❶ 受产业升级、城市生长、房地产变革、行业竞争等驱动因素的影响，中国园区在行业规模、主体数量、运营质量等方面，都发生了显著的变化，大体上经历了从"1.0"到"4.0"四个主要阶段（图 0-1）。

园区 1.0 以中国最早的深圳蛇口工业区为代表，在对外开放初期和国际产业转移背景下，通过优惠的土地价格、廉价的劳动力等成本要素驱动，园区成为中国对外开放的窗口。在典型的"租售模式"下，园区主要为企业提供廉价生产要素，园区服务仅停留在物业管理、园区安防、卫生、停车等最基本的服务。

---

❶ 资料来源：选址中国，《2017—2018 中国产业园区市场研究报告》。

图 0-1　产业园区的演进路径

随着产业不断集聚，产业链配套逐渐延伸，园区 2.0 开始关注技术革新和产业配套，通过在园区内或周边布局核心产业上下游配套企业，驱动核心产业由低层次加工向高技术制造转变，实现园区经济的整体提升。在此阶段，园区开始进行标准厂房开发和餐饮、酒店等配套设施建设，并为入园企业提供行政代办、人才招聘、中介咨询等基础服务。

随着中国经济从粗放式发展转向集约式发展，以苏州工业园为代表的园区 3.0 登上历史舞台。园区 3.0 以服务为驱动力，通过搭建融资、技术研发检测、公共检验检测、公共信息展示等公共服务平台，为入园企业提供共性技术研发、科技成果转移、人才引培、管理咨询等增值服务。随着服务实践的深化，生态园的理念日渐兴起，逐渐开始引领园区发展的新方向。

园区 4.0 是目前产业园区最先进的发展方向。从规划建设的角度看，园区 4.0 统筹兼顾工业物业、商务办公、公寓住宅、商业配套与社会综合配套，通过构建 8 小时工作圈和 24 小时生活圈，实现产城融合发展；从运营管理的视角看，园区 4.0 突出产业创新发展体系的构建，注重智慧园区建设，通过提供创业孵化、股权投资、公共平台等企业孵化服务，造就创新驱动型园区，增强园区内生发展动力；从产业生态角度看，园区 4.0 重视园区规划、建设、招商、运营的一体化，通过物理空间和产业服务的耦合配套，构建开放共享、资源整合的产业生态圈。

在园区发展的新阶段，产业园区发展动力逐步转向创新驱动，核心竞争力更多依赖于产业生态的完善程度，发展水平更多取决于高端人才的数量、科技型企业的集聚度等。伴随着新技术与产业加速融合，更多的新产品、新业务和新模式被催生，产业创新需求越来越迫切，相关的产业服务业随之步入了新时代。在新时代的园区发展征途中，需要进一步加强产业服务的能力，用产业服务的力量为人才、企业、产业发展创造一个富有活力的发展空间。

3. 政策带来的产业服务发展机遇期正在迅速打开

近年来，产业服务作为我国产业园区建设及企业成长的关键支撑备受关注。党中央、国务院及有关部门出台了一系列围绕"中小企业服务""生产性服务""生活性服务""科技服务"等的综合性政策与指示，对相关产业服务的发展提出了明确要求，全面指导我国产业服务业的发展、应用及标准化进程（表 0-3）。

表 0-3　产业服务相关政策

排序	政策名称	发布日期	发文单位
1	关于加快推进中小企业服务体系建设的指导意见（工信部联企业〔2011〕575 号）	2011 年 12 月	工信部等五部门
2	关于加快发展生产性服务业促进产业结构调整升级的指导意见（国发〔2014〕26 号）	2014 年 8 月	国务院
3	关于加快科技服务业发展的若干意见（国发〔2014〕49 号）	2014 年 10 月	国务院
4	关于加快发展生活性服务业促进消费结构升级的指导意见（国办发〔2015〕85 号）	2015 年 11 月	国务院办公厅
5	"十三五"现代服务业科技创新专项规划（国科发高〔2017〕91 号）	2017 年 4 月	科技部
6	关于培育发展标准化服务业的指导意见（国标委服务联〔2018〕18 号）	2018 年 2 月	国家标准委等十部门

2011 年 12 月，工信部等五部门联合出台的《关于加快推进中小企业服务体系建设的指导意见》提出，要加快中小企业服务机构能力建设，培育、建设一批中小企业服务机构和服务平台，从信息服务、投融资服务、创业服务、人才与培训服务、技术创新和质量服务、管理咨询服务、市场开拓服务、法律服务等多个方面建立专业化服务体系，为中小企业科学、健康发展提供支撑服务。并以税收优惠、财政奖励、补贴等措施，对中小企业服务机构给予扶持。

2014 年 8 月，国务院印发《关于加快生产性服务业促进产业结构调整升级的指导意见》，强调以产业转型升级需求为导向，引导企业进一步打破"大而全""小而全"的格局，分离和外包非核心业务，向价值链高端延伸，促进我国产业逐步由生产制造型向生产服务型转变。同时明确了现阶段我国生产性服务业重点发展研发设计、第三方物流、融资租赁、信息技术服务、节能环保服务、检验检测认证、电子商务、商务咨询、服务外包、售后服务、人力资源服务和品牌建设。

2014 年 10 月，国务院印发《关于加快科技服务业发展的若干意见》，提出重点发展研究开发、技术转移、检验检测认证、创业孵化、知识产权、科技咨询、科技金融、科学技术普及等专业科技服务和综合科技服务，提升科技服务业对科技创新和产业发展的支撑能力。2017 年 4 月，科技部发布了《"十三五"现代服务业科技创新专项规划》，围绕"提升服务能力与品质、提升服务效率与效益、提升服务安全与信用"三个重点问题，进一步推动科技服务业的快速发展。

2015 年 11 月，国务院办公厅印发《关于加快发展生活性服务业促进消费结构升级的指导意见》，强调今后一个时期，重点发展贴近服务人民群众生活、需求潜力大、带动作用强的生活性服务领域，包括居民和家庭服务、健康服务、养老服务、旅游服务、体育服务、文化服务、法律服务、批发零售服务、住宿餐饮服务和教育培训服务。

为了有效服务企业创新创业，为企业精细化管理量体裁衣、为各类市场需求提供标准化解决方案，标准化服务业应运而生。2018 年 2 月，国家标准委等十部门联合印发《关于培育发展标准化服务业的指导意见》，对标准化服务业的发展提出了具体要求，重点任务包括培育标准化服务业主体、完善标准化服务生态体系、鼓励标准化服务业与相关产业融合发展、营造标准化服务业良好的市场环境、开展标准化服务业试点示范、推动标准化服务业国际化发展。

（二）行业总体情况

1. 服务需求快速释放，市场规模加速扩张

首先，经济体量和战略新兴产业规模的迅速扩大，将助推与产业发展相伴的产业服务业市场规模加速扩张。2018 年，中国 GDP 总量首次突破 90 万亿元，其中服务业增加值占比达 52.2%；到 2020 年，我国战略性新兴产业增加值占 GDP 比重将达到 15%。❶ 其次，近年来中国小微企业数量保持快速增长态势。截至目前，我国小微企业名录收录的小微企业已超 8500 万户。随着小微企业数量的快速增长及其对核心业务专注度的空前提升，小微企业的产业服务需求快速溢出和释放。据不完全统计，2017 年我国中小微企业入门级基础商务服务新增市场规模总和近 600 亿元❷，若将企业采购、法律服务、空间服务、创业培训、营销服务、投融资对接等领域及存量市场规模纳入，企业服务行业市场总额将突破万亿元规模。最后，政府加速职能转变，原先由政府提供的产业服务正加速市场化供给。2017 年全国政府采购规模达 3.2 万亿元，其中服务类采购规模超过 80%。可见，虽然目前缺乏产业服务业的针对性统计数据，但基于对产业服务业内涵的理解，结合相关细分领域的统计数据进行合理推演，现阶段产业服务业市场规模已达万亿级别，未来有望达到十万亿级至几十万亿级，行业市场前景广阔。

2. 行业形态正在重塑，资本青睐助推发展

消费升级让服务业正在从"物以类聚"向"人以群分"转变，跨行业、跨业态的融合成为常态，企业为应对未来发展的不确定性，将更多的

---

❶ 数据来源：《2018 年国民经济和社会发展统计公报》《"十三五"国家战略性新兴产业发展规划》。

❷ 数据来源：赛迪网中国市场情报中心研究数据。

不同行业或不同业态的资源和优势集聚在一起，产生更大的能量，获得更好的发展。首先，随着服务业与制造业的加速融合，产业园区的建设主体开始由开发商向综合服务商转型。例如，隶属于复星集团、成立于2012年的星泓产业发展，发展战略不断迭代创新，从最初的产业地产开发建设，到"产业投资+产业蜂巢"双轮驱动，再到2017年定位成"产业投资+产业园建设+产业运营"三位一体的综合服务控股企业。❶ 其次，产业服务商数量快速增长，产业服务供给主体越来越多元化。以孵化服务为例，在"大众创业、万众创新"的号召下，全国孵化器2015—2017年的数量分别为2530家、3255家、4069家，年均增幅超过50%；据不完全统计，截至2018年年底，全国共有72家产业地产商、13家产业企业、55家房地产企业从事园区开发及运营活动，此外，还有16家行业机构涉足园区服务业务，成为产业服务中不可忽视的力量。最后，产业服务领域越来越受到资本市场的青睐，大量的资金支持为行业发展注入新动力。例如，2016年11月，中民投耗资30.14亿港元，收购亿达中国53%的股权，成为控股股东，至2018年上半年，中民投已增持至61%；2018年7月，中国平安以137亿元入股华夏幸福，占股19.7%，2019年增持至25.25%，位列第二大股东。此外，作为产业服务的核心细分领域，企业服务行业投融资持续高热度，2018年国内企业服务行业共披露1440起融资事件，1080家机构参与投资，总融资额达1838亿元。❷

3. 细分领域加速分化，部分服务链加速成型

目前中国产业服务业正处于高速发展阶段，随着新的产业服务需求不断出现，单一业务服务商通过整合或延伸至上下游成为垂直领域一体化的专业服务商，为企业提供更加专业化、一体化的产业服务成为行业的共同追求，且部分细分领域已初步形成完整的产业服务链条。

以创业孵化服务领域为例，中国的全链条孵化服务大致体现在两个层

---

❶ 刘斌. 星泓，从产业地产开发到综合服务运营控股企业［EB/OL］. （2017-05-22）［2019-11-09］. http://www.sohu.com/a/142598600_769835.

❷ 烯牛数据年度盘点. 2018年企业服务行业投融资［EB/OL］. （2018-12-27）［2019-11-09］. http://www.sohu.com/a/284857904_673344.

面：在政府层面，由各级政府出台政策鼓励形成"众创空间—孵化器—加速器"的完整孵化链条；在孵化机构层面，单个的孵化机构在为企业提供服务时，要兼具"众创空间—孵化器—加速器"三个环节的服务功能。近年来，政府和孵化机构同心协力，围绕创业企业成长生命周期，重点解决创业活动的创意酝酿阶段和初步创业成功后创业企业成长阶段存在的服务空白问题，将孵化活动前延后伸，针对不同发展阶段的企业，以孵化器为核心，提供符合各阶段企业需求的差异化服务，目前已初步形成覆盖创业创新活动全过程的、完整的创业孵化服务链条（图 0-2）。●

在产业投融资服务领域，针对科技型中小企业不同发展阶段的融资需求，通过搭建各类投融资服务平台，深化金融政策支持体系、完善金融监管体系，整合政府引导基金、小额贷款公司等直接融资渠道，以及抵押、质押等间接融资渠道资源，初步形成覆盖企业发展全生命周期的产业投融资服务链条，为科技型中小创新企业提供一站式、个性化的投融资服务，详见图 0-3。

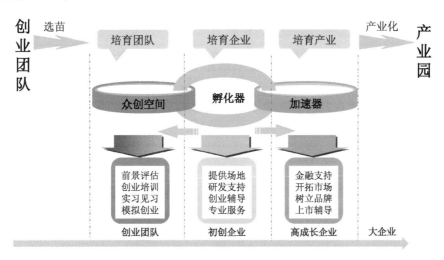

图 0-2　创业孵化服务链

● 浙江省科技企业孵化器协会. 全链条服务构建创业生态——《中国创业孵化 30 年》［EB/OL］.（2017-08-17）［2019-11-12］. http://www.zjfhq.com/portal/article/589.

图 0-3　产业投融资服务链

此外，产业公共（技术）服务、企业选址服务、企业品牌服务等细分领域均已初步形成较完整的服务链条，从创意到产业，围绕企业全生命周期各阶段，提供有针对性的、有价值的服务，为企业的健康成长保驾护航。

4. 区域发展不均衡，三大城市群强势引领

2017 年，京津冀、长三角、珠三角三大城市群以占 5.2% 的国土面积，聚集了全国近 23% 的人口，创造了约 45% 的产值，汇聚了全国 81% 的世界 500 强企业、92% 的创新型顶尖大学，深圳南山区、上海张江、北京中关村、杭州滨江等地是全国甚至是世界范围内具有高创新浓度的区域科技创新集聚区，目前全国人口、资金仍在延续向三大城市群聚集的趋势。❶

近年来，三大城市群在产业服务领域的探索也始终走在全国最前列。2012 年，江苏省着手打造中小企业公共服务平台，以"政府支持平台建设，平台服务中小企业"为方针，以整合资源为主线，以资源共享为核心，为中小企业提供咨询、技术、信息、市场、金融、法律、人才、创业

---

❶　资料来源：中国发展研究基金会，《中国城市群一体化报告》。

八项核心服务，以及员工保险、项目申报等延伸服务；北京中关村于 2014 年创立协同创新服务平台·创驿网，是科技创新与成果转化的一站式服务平台，为入驻园区的企业提供信息集散、专家咨询、评估论证、知识产权等服务；上海市 2015 年发布全国首份产业园区创业服务体系建设导则，借鉴硅谷、新竹、中关村、张江等优秀园区创业服务体系建设经验，在产业园区创业服务体系建设的服务范畴、重点内容、运营支撑和体系评估等方面制订了相应的操作规范，为产业园区建设创业服务体系提供参考；2017 年 3 月，深圳市产业园区发展促进会发布了联合多家知名园区、孵化器、研究院所、服务机构和有关专家共同制订的"深圳市科技产业园区服务标准体系"，并探索共建园区公共服务平台，服务内容涉及咨询、法律、财会、工商、租赁、金融、知识产权、投融资、培训等多个专业领域；浙江省 2017 年 9 月提出，支持各地建设一批产业创新服务综合体，以产业创新公共服务平台为基础，坚持政府引导、企业主体，高校、科研院所、行业协会以及专业机构参与，聚焦新动能培育和传统动能修复，集聚了各类创新资源和大批高端创新人才。

综上可见，产业服务业的发展与经济总量、产业结构、企业活力、科研资源等密切相关，三大城市群在产业服务业的探索、培育和发展上明显处于引领地位，而中西部地区因受到经济总量、资源分布等因素的制约，产业服务的发展相对滞后，市场空间和潜力有待进一步挖掘。

(三) 服务模式创新

1. 政府依然是产业服务的掌舵者

当前我国正处于社会主义市场经济建设和产业转型升级的关键时期，在市场资源的配置和服务供给的过程中"市场失灵"现象时有发生❶，为了弥补这一不足，政府在产业发展过程中依然扮演着重要角色。一方面，从产业自身发展来看，政府的有效干预、引导和推动不可或缺，尤其是在新兴产业的形成和发展过程中，更离不开政府的扶持和服务。另一方面，

---

❶ 俞晓晶. 产业发展的中国经验：政府—产业—国民经济的发展范式研究 [J]. 社会科学，2012（12）：53-61.

产业服务涉及面广、工作量大，很多细分领域尚不具备自我造血能力，激烈的市场竞争极大地制约了市场服务主体的发展，服务的不可或缺性促使政府在部分细分领域依然是重要的供给主体。

根据公共产品理论，对于那些同时具有非竞争性和非排他性的产业发展纯公共服务，如基础共性技术研发、知识产权交易等，存在明显的"供给方缺失"，目前基本由政府部门或其下属企事业单位提供；对于不同时具有非竞争性和非排他性的产业发展"准"公共服务，如产业公共技术、科技金融、创业孵化等，政府也具有一定优势；而对于制度类产业发展公共服务，如高层次人才招引政策、知识产权保护政策、企业税收优惠政策等，政府具有天然的垄断性，成为当然的供给主体。随着"服务型政府"建设进程加快，产业服务多元化供给体系加速形成，政府提供的多项产业服务逐渐以"服务外包"的形式，由更有效率的市场化组织来提供。但鉴于产业服务公共产品的特殊属性，目前在带有纯公共服务属性和制度属性的细分领域，仍需要政府力量坚守在第一线，主导服务的供给。

在竞争日趋激烈的园区发展浪潮中，政府作为产业服务主体由于受到体制机制的束缚，逐步暴露出服务效率低下、专业化程度不高等问题。因此，政府型服务实体也在不断寻求自我突破，转变自身角色。过去，以张江高科、武汉高新、CSSD（中新苏州工业园区开发集团股份有限公司）为代表的政府型服务实体，主要以"土地一级开发+基础设施建设+土地大招商"的片区综合开发模式参与到产业服务中，这种模式在产业园区发展初期起到了非常大的积极作用。当前，在我国经济由高速增长阶段转向高质量发展阶段的大背景下，政府型服务实体正慢慢从"开发土地"思维转向"产业经营"思维，以更精细化的模式参与到产业服务中。例如，苏州工业园区探索各类服务平台的企业化运作模式，东湖高新由片区开发模式转向"资产管理+运营服务"模式，张江高科由园区运营商转型科技投行……未来，产业服务更需要专业化的市场力量加入，而政府自身则应思考如何成为企业与社会服务机构对接的桥梁，引导专业的人做专业的事。

2. 产业地产商的运营服务"道阻且长"

产业地产自带模式是指产业地产商日渐重视产业服务，在完成开发建设后，为提升项目品质、营造产业氛围、吸引企业入驻，选择附带提供部分产业服务。当前，产业地产商们也都在强调从开发商向服务商、运营商转型，力求建立起企业招商、企业服务、产业运营、产融对接、资本运作等一揽子的产业服务能力。而产业运营服务的目的就是建立一个促进企业发展的良性生态，而这一系统包含了企业、研发、金融、人才、政策、中介、环境、配套等多要素，这无疑对产业地产商提出了非常高的要求，不仅要有强大的资源整合能力，也需要有各个细分领域的专业运营能力。因此，虽然产业地产商或多或少都认识到产业服务的重要性，但这注定是一个知易行难的历程。

从当前来看，产业地产商的运营服务存在体系全面但实质内容并不健全，多数只是在墙上挂挂、实际并不落地的问题；而且其运营服务的重点仍在于"招商+"，能够有利于招商的则重点关注，而对长期深入的运营则鲜少涉及。此外多数产业地产商所提供的仍是简单的基础服务，而对企业发展起到核心促进的创投孵化、产融对接、技术支持领域，相当多企业仍未能涉及。可见产业地产商的产业服务能力仍很欠缺。

从行业趋势来看，产业地产商的运营需要走"以重补轻"的发展路径。虽然轻资产运营能力是核心，但就商业模式而言仍然需要立足于重资产开发销售以获取现金流，再通过部分自持并进行产业运营、产业投资等服务，来获取长期的发展。这是一个"轻重并举、以重补轻、分而不离"的模式，既保证了产业地产商的业务扩张能力，也支撑了行业最核心的轻资产运营能力。同时，产业地产商的运营需要以招商能力、投资能力为关键。其产业研究、产品开发、项目选址、人力资源、法律财税、知识产权等专项服务的出发点和落脚点很大程度上是为了增加招商的筹码。而对企业特别是小微企业来讲，融资是其发展壮大的关键，产业地产商角色从"房东"向"股东"转型，既能获取产业投资收益，也强化了对产业资源的掌控力。另外，产业地产商的运营需要以资源整合力为基础。为此多家产业地产商都不约而同地推进产业联盟会等整合平台的建设，其多以链接资源、赋能企业为思路，通过与行业企业、研究机构等的合作促进产学研一体化，以实现促进企业发展。

因此，无论当前产业地产商采取哪种模式，均需要在保障自身"生存"的基础上，不断拓展产业服务能力，并以此为基础建立商业模式。当然，这也无疑是对产业地产商的一场"大考"，运营中仍有大量的难点待破解，而在困难中前行就是产业地产商运营服务的现状。

3. 专业服务商深刻诠释"专业"的价值

产业服务的细分领域众多，每个细分领域都需要供给者具备专业的行业知识和服务技能，这就使得服务的专业化程度成为衡量企业行业竞争力的重要指标。此外，由于不同领域之间的服务内容的差异性相对较大，同一企业跨界开展业务融合的难度也随之增大。回顾产业服务的整体发展格局，可以清晰地发现，细分服务的市场化程度取决于该领域专业服务商的多寡。通过聚焦于单一的服务领域和某一服务环节，通过深耕细作，不断提高服务的专业化程度，扩大服务的规模，将服务产品化，将产品品牌化，并最终实现服务价值获益，这便是专业服务商产生并发展壮大的过程。随着服务商规模的扩大，位于行业头部的龙头企业一方面会开始服务价值链的上下游垂直整合，以此巩固自身的行业控制力；另一方面企业会向核心业务的关联行业进行跨界融合，通过打造更加多元化的服务产品，提升自身的影响力和规模效益。跨界融合的开始，意味着聚焦于单一服务的专业服务商向业务多元的综合化、生态化服务商转型。

分析当前产业服务细分领域的发展现状，不难发现，几乎所有的细分领域都有大大小小的专业服务商。其中，以人力资源、工商财税、软件办公、产业金融、规划咨询、创业孵化、知识产权等为代表的一大批专业细分领域，市场化程度高、行业规模大，服务企业众多。典型如人力资源服务领域，前程无忧提供包括招聘猎头、培训测评和人事外包在内的全方位专业人力资源服务，成为第一个在美国纳斯达克上市的中国人力资源服务企业；汇桔网凭借专业的服务能力与前瞻的战略思维，成为全球知识产权与科创服务领域唯一上榜《2019 年胡润全球独角兽榜》的企业；阿里钉钉作为致力于为中国企业打造的免费沟通和协同的多端平台，帮助企业提供数字化解决方案，短短几年时间已成长为用户数突破 2 亿的全球性智能协同办公平台。相反，如成果转化、产业招商、公共技术服务等部分领域，市场化程度低，商业模式不成熟，市场规模小，尚未出现具有行业影响力的专业化龙头企业，这类服务的满足更多是依靠政府主导的公益性服务。

从未来发展趋势看，随着产业服务价值链的不断分解、融合和创构，市场化程度高的细分领域会诞生更多服务业务多元、服务产品专业的综合性龙头企业。而市场化程度低的细分领域，也会因为新兴技术的融合应用，商业模式的创新，消费意识的提升，而变得更加有市场，会在某一环节上率先诞生引领行业发展的全新专业化服务商。从服务需求到服务产品，从服务产品到服务品牌，从服务品牌到服务企业，从服务企业到服务平台，专业始终是服务的价值立足点，服务的标准、规范、品牌、技术都是专业的体现。专业服务商是产业服务行业发展的主导力量和服务生态的核心组成部分。

4. "互联网+"平台服务正加速"脱虚向实"

互联网颠覆了传统的经济模式，开启了数字化时代的大门，孕育了平台经济与平台型企业。产业服务作为现代服务业的重要一环，面临数字化、信息化的转型机遇，在平台经济的浪潮下，以互联网为载体的线上产业服务应际而生。

"互联网+"产业服务平台能够有效地优化信息的展示、存储和筛选过程，助力信息创造与传播；通过解决信息不对称的问题，以"中介"的身份促成线上的信息匹配与服务交易；通过信息的实时共享和分析，显著提升企业和产业园区日常运营服务管理的效率。

"互联网+"产业服务平台的发展历程大致可以分为三个阶段，从专业型平台到综合型平台，再到生态型平台。目前我国大多数"互联网+"产业服务平台尚处于专业型平台或是由专业型平台向综合型平台转变的阶段，各类平台的发展现状截然不同。专业型平台方面，外包服务平台、人才招聘平台和科技成果转化平台所提供的服务不对称信息少、交易成本低、合作风险小、服务效率高，因此较易实现全过程服务链的线上化，发展态势乐观；受制于信息真实性、服务质量管理以及线上服务的局限性等问题，投融资平台、产业招商平台的发展则未成气候。深谙传播策略和营销法则的产业媒体平台则率先在向综合产业服务商的转型中脱颖而出，比如"创业黑马"和"36氪"这两家企业。通过多媒体入口积蓄流量，以精准的客群定位筛选目标客户，由单一的广告营销服务媒体逐渐变为综合化产业服务提供商，实现了流量的变现，打破了产业服务的空间边界。

"互联网+"产业服务领域还蕴藏着尚未被挖掘的巨大发展潜力，未来，"互联网+"产业服务平台将以真实有效的海量信息为构建基础，以线上线下融合的模式向生态型的服务平台升级。对于信息服务类的平台来说，信息和交易匹配的精准程度越高，平台的吸引力越强；对于交易服务类的平台来说，服务质量的管控能力决定了平台的竞争力。长远来看，在技术的不断革新下，随着产业服务数据进一步被挖掘利用，"互联网+"产业服务的应用场景会更加广阔，产业服务的落地性越来越强，逐渐脱虚向实，产业服务行业的新纪元也将随之开启。

5. 轻资产运营引领市场化变革的新方向

轻资产运营模式是指产业运营商利用较少的资金来撬动更多的资源使企业实现最大化的投资回报率。在该模式下，产业运营商投入较少的固定资产，更多利用现金类资产（如货币资金、应收账款等），依托自身长期积淀的品牌、知识产权、运营服务能力等轻资产资源，链接整合外部资源，创造属于企业自己的竞争力。

21 世纪是知识经济时代、信息技术飞速发展和全球经济一体化的时代，企业间的经济联系更加深入，资本、科技、知识、管理能力、服务能力等企业资源要素的流动更加频繁，企业之间的分工开始更多地集中于相互合作形成的战略联盟，还直接催生了轻资产运营模式。随着我国宏观经济增长进入"新常态"，经济增速换挡、消费需求下降、产能过剩凸显，企业普遍面临成本上升和融资难题。轻资产运营模式在节约成本、降低风险、整合资源和打造企业核心竞争力等方面的优势开始为企业的变革带来新的思考角度。

具体到产业地产领域，产业园区已经进入存量运营时代，仅依赖传统的重资产项目复制规模扩张在当前经济持续低迷的宏观环境下已经难以为继，通过运营输出、投资孵化、借力基金、合作开发等方式转型"变轻"，寻求多元利润增长点成为园区运营商的必然选择。在此趋势下，主流产业地产商、传统知名房企、实力制造企业、品牌空间运营商等纷纷入局，在轻资产运营上"各显神通"。在为数众多的产业地产轻资产运营企业中，基于物业服务链延伸发展而来的产业运营企业表现相当亮眼。

从长远来看，一方面，产业地产发展的核心在运营和服务。无论是政府，还是企业客户及其员工，更关注的是后期运营服务生态的搭建，而这只有在轻资产层面才能得到解决。另一方面，以产业服务平台赚取管理与服务收益的模式将成为轻资产运营的主流方向。

以上五种产业服务供给模式的主要特点具体见表 0-4。

表 0-4　五种产业服务供给模式的主要特点❶

	政府主导模式	产业地产商附带模式	专业服务商模式	平台服务商模式	轻资产运营模式
供给主体	政府职能部门	产业地产商	细分领域专业服务商	第三方专业服务供应商实力型产业企业	主流产业地产商、传统知名房企、实力制造企业、品牌空间运营商等
优势	整体性强，容易协调，资源丰富，并拥有丰富的产业及企业管理服务经验	专业的产业地产商浸淫产业地产领域多年，产业服务自成体系	专注细分领域，精耕细作，服务更有深度，面对激烈的市场竞争，更能洞察和满足企业需求	能够快速集聚大量专业、优质服务资源，满足多元化、综合性服务需求，在某一领域具有强大的专家能力	成本低、风险小，易复制扩张；组织机构灵活，易于研发新产品；较强的资源整合能力，抵御经营风险能力强

---

❶　资料来源：绿城产业服务综合整理。

	政府主导模式	产业地产商附带模式	专业服务商模式	平台服务商模式	轻资产运营模式
劣势	缺乏多层协调机制，成本较高，市场化运作不足，在效率、创意意识和创新能力上有待提高	产业服务是一个长线业务，与地产高周转的思维天然存在冲突；产业板块和地产板块之间的协作难度大	服务内容相对局限，不同客户的多元化、综合性产业服务需求难以得到有效满足	自身业务消化能力不足，对第三方服务响应速度与质量的依赖性较强	缺乏生产线，产品品质缺乏有效控制，技术流失；资金投入小，进入门槛低
典型代表	苏州工业园产业公共技术平台	北科建集团产业服务体系	前程无忧、用友畅捷通、汇桔网、阿里钉钉	互联网平台：猪八戒、神州顺利办 企业内部平台：海尔、BATJ	亿达中国 张江高科 绿城产业服务

(四) 面临的困难与挑战

1. 标准化建设滞后，优质服务难以快速复制

近年来，国家高度重视服务业标准化工作，发布了一批服务业重要标准、建立了一批标准化技术机构，对行业良性发展起到了重要作用。产业服务作为新兴的现代服务业，从实际发展来看，诸多细分领域普遍存在龙头企业少、中小企业多，企业服务良莠不齐，标准化服务产品少，服务品质难以度量和把控等一系列难题，服务标准的制定和出台存在很多困难，部分领域行业服务标准依然是空白。从行业属性来说，诸多服务产品的无形性、不可分离性、不可存储性、所有权缺失、难测度性和不一致性等属性，导致其创建标准的难度较大。随着产业服务市场需求的加速释放，会有越来越多的企业涌入服务市场，服务标准化对规范行业发展和增强中小企业市场竞争力都有重要意义。此外，随着平台型企业的快速成长，建立行业标准有利于平台更好管控自身及第三方服务商提供的服务产品质量，更好推动平台整合服务资源，加快服务的对外复制和输出，真正发挥平台一站式服务的巨大优势。由此可见，产业服务标准化体系的不完善，也在

一定程度上影响了产业服务业的快速发展，亟须引起政府、行业龙头企业、产业组织等各方的重视，加快建立一批可参考规范化、品牌化建设，切实推动产业服务行业的健康有序发展。

2. 智慧园区名不副实，场景化应用亟待加强

产业园区是产业集群发展的有效途径，是推动经济发展的重要支撑点，而园区智慧化建设情况在很大程度上影响着园区经济的发展。园区智慧化服务平台是园区公共服务和内部管理的重要载体、实现途径，对促进产业发展和园区发展环境改善具有重要作用。同时，园区智慧化服务平台对于运营方整合园区内外部产业和服务资源，为入园企业提供一站式的产业服务，强化产业服务的内容和效率，也具有重要意义。但就目前来看，我国智慧园区建设将是一个长期的过程。调查数据显示，截至 2018 年，40% 的产业园区宣布要建设智慧园区，而 4 年前，这个数字只有 10%。❶此外，虽然目前市面上已经出现了各种面向园区的信息化服务平台，但总体来看，这些平台的服务能力、科技引领性、资源集聚度等还略显不足，线上线下服务内容匹配度不高，亟待深度融合。可见，作为现阶段支撑产业服务发展的重要抓手，产业园区信息化服务平台的发展亟待加速。

3. 专业人才较为稀缺，人才短板拖慢行业步伐

产业园区的运营服务涉及园区产业规划、招商引资、政府公关、企业孵化、活动策划等多项工作内容，需要大量复合型专业人才资源做后盾，才能够实现产业服务的高水平和高质量。所谓的复合型专业人才是指，从业人员需具备经济研判、企业管理、市场营销、项目管理、招商引资等复合专业背景，对知识结构的要求较高；而且从业人员必须具备协调组织能力、公关能力、策划能力等综合素养。但目前我国产业地产的从业人员主要来自地产、互联网或传统生产性服务等行业，虽然在某些细分产业领域具有较强的理论知识和执业积累，但对园区产业运营和服务的理解及熟悉程度仍显不足。可见，目前产业服务业复合型专业人才严重匮乏，从业人

---

❶ 产业园区智慧化趋势来临，如何打造智慧园区［EB/OL］.（2018-10-11）［2019-12-10］. https:// f. qianzhan. com/yuanqu/detail/181011-54575134. html.

员素质参差不齐，这已成为制约我国产业服务业快速发展的瓶颈。究其原因，一方面由于拥有相当产业园区实践经验的人才少，另一方面因为该类人才培养很难。面对产业园区"专业化、集群化、高端化、国际化"的发展趋势，现有的运营管理团队还远远不能满足产业服务快速发展的需求。

4. 市场化能力依然较弱，商业模式亟待创新

在传统产业服务模式下，企业基于对自身所面临困境的认知和理解，提出产业服务需求，产业服务供应商接收需求、分析需求，进而提出相应的解决方案。其中，对于标准化服务内容，供应商可直接提供成熟的标准化解决方案并落地执行；对于非标准化服务内容，供应商则需策划新的解决方案，并在沟通中逐步完善后落地执行，最后，企业将方案实施效果及需求解决情况予以反馈。可见，该产业服务模式是一种被动需求导向型的服务模式，供应商提供的服务内容单一，行业整合程度不够，综合服务能力不足；企业获取产业服务的效率低、成本高且有效性不足。当前，物联网、大数据、移动互联网、人工智能等新技术正改变着产业服务业的发展格局，推动产业服务供应商的快速成长，产业服务业的商业模式也急需创新升级，逐渐向集成化、平台化和数字化方向发展。

三、产业服务的未来之路

（一）未来发展趋势

1. 产业服务的定制化、品牌化趋势会愈加明显

近年来，各类产业园区如雨后春笋般在全国各地涌现，但由于数量众多的园区间发展定位模糊、产业结构趋同，导致赋能于园区的产业服务特色不鲜明，同质化问题严重。未来的产业服务企业，不仅能够提供满足用户共性需求的通用型服务内容，也应具备提供个性化、差异化服务的能力，向"专、精、特、深"方向发展，即在充分结合园区产业定位、企业类型、员工需求等因素的基础上，进行定制化产业服务内容体系建设。

在园区经济"泛滥"的今天，"软实力"已经成为打造园区竞争力的重要筹码，树服务品牌、创精品园区，已成为各地政府发展园区经济的重要举措。产业服务作为园区服务的关键内容、获取溢价增值的重要抓手，

将成为新一轮园区发展竞争的焦点，同时也将成为培育、优化、提升园区价值和内容的关键要素。高品质的产业服务能有效激发片区的产业集聚力，加深企业对园区的认知，增加园区的活力及品牌的影响力和形象。未来，品牌赋予产业服务供应商的竞争优势将日益凸显，有着高知名度和美誉度的产业服务商将更受青睐。

2. 需求变化将加速平台型产业服务企业的诞生

服务业的出现和发展，在本质上是一种连接功能的实现，这种功能使运行在经济生活中的物流、信息流、资金流、业务流等更有效、更便捷地传递。平台的作用就是凝聚和分发资源，使供需双方零距离对接，进而形成一个完善的、成长潜力强大的、多方群体有效互动的生态圈。传统服务业大企业正以自有服务和特定服务群体为基础，从封闭的企业组织转变为开放的平台，并积极在产业链领域"攻城略地"，构建具有企业特色的平台生态圈。如苏宁易购，致力于成为连接供应商和客户的桥梁，通过系统化的服务和资源的集成，打造多产业布局、线上线下共融、从商品展示到物流再到金融服务全过程的智慧零售服务平台。

平台是一种网络关系，多数情况下，平台型公司会成为这个网络的核心，并对平台网络各节点的需求和资源进行广泛地连接、整合，进行有效的传递和匹配。在出行、电商、社交、医疗、教育等领域，平台正逐步成为主流的组织形式，并诞生了阿里巴巴、腾讯、美团等行业巨头。这些平台连接着卖家与买家、研发人员与企业、资本与项目、闲置资源与潜在使用者，重构了产业价值链，成为各类服务的"接入口"。未来，随着产业园区或产业集聚区入驻企业对一站式、一体化服务的追求，以及互联网技术的推动，产业服务平台型企业将不断涌现。

3. "互联网+"将深刻改变产业服务的生态逻辑

当前，平台经济呈现两大明显的发展趋势：一是交易内容由生产化向服务化发展，越来越多的服务类交易平台正在快速发展，包括团购、外卖等生活服务类平台，也包括金融、设计等生产服务类平台；二是交易方式逐渐由线上向线上线下融合化发展。基于综合性线上服务平台的集约效果，面向园区企业的产业服务将由分散型向集约化转变：横向上把覆盖园区企业发展各阶段、生产生活各维度服务需求的优质供应商对接起来，统一入口、统一认证、数据共享。纵向上整合各细分领域服务链条。通过引入多层次多样化的产业服务供应商，为园区和企业提供"保姆式"优质服务，有效降低园区企业的各类成本，提高效率。同时，充分利用物联网、移动互联网、人工智能等先进技术，将线上平台与线下园区智能软硬件连接，以园区企业需求为导向，形成精准对接园区企业与产业服务商的多对多、线上线下融合互通的综合性产业服务平台。

在"互联网+"时代大背景下，管理更为扁平、资源更为开放的平台型产业服务机构具有去中心化、分布式的特点，可以有效运用平台所掌握的丰富产业和服务资源，为园区企业提供全方位综合服务。同时，园区企业，尤其是科技型中小企业不断变化的多层次需求将倒逼产业服务模式转型升级。借力互联网的东风，积极筹建"线上+线下"一体式、多元化、综合性产业服务平台模式，着力打造智慧型园区将是未来发展的风向标。

4. 技术创新将加速向产业服务的各个环节渗透

物联网、人工智能、5G 等新一代互联网技术让经济运行中的信息实现了互联互通，对信息的收集、处理和使用造就了空前的商业繁荣。在此基础上，服务业企业日益注重对信息背后数据价值的挖掘，积极探索分散于产业链条各节点的机会，努力发展隐藏在各类消费场景中的信息所蕴含的潜在需求。

服务业企业的数据化发展日益明显：一是对终端消费进行数据分析，实现精准营销，激发潜在需求。比如，以天猫为代表的电商平台，依据消费数据形成"用户画像"，并依靠复杂的推荐算法，打造"猜你喜欢"的服务，线上线下相融合的智慧产业服务的核心逻辑也是如此；二是建立大数据管理平台，以开放共享的姿态汇集产业链数据，打通大数据孤岛，实现跨行业、跨领域、跨系统的异构数据共享，助力服务业企业之间的融合式、联盟式发展，这也是服务业企业间进行广泛合作、实现跨越式发展的关键所在。

产业服务模式创新发展可以总结为从"满足需求"到"发现需求"，再到"创造需求"三个递进层面。大数据的积累、迭代，和人工智能的结合，会在很大程度上改变原有的服务方式和内容，个性化定制服务能够更好地并在特定场景中实现服务的自动化与智能化。未来，随着数据应用渗透到每一个行业和领域，新的服务需求将不断涌现，产业服务只有不断创新和优化升级才能赢得未来。

（二）未来发展建议

1. 强化政府政策引导和扶持

完善并强化政策措施的落实。坚持"政府引导、企业主导、市场化运作、差异化发展"的原则，认真梳理各项现行政策规定，对不适宜的现有限制、制约产业服务业发展的规定进行清理，并研究出台新的有利于产业服务业快速健康发展的扶持政策措施；对已出台的市场准入、税费、就业、融资、用地等方面的政策，进一步深化、细化、配套和延伸，采用全面检查、专项督查等方式，加大政策落实力度，优化促进产业服务业发展的政策环境。

加大财税政策和民间资本支持。积极争取国家服务业引导资金支持，充分发挥财政资金放大效应，加强对产业服务业关键领域、薄弱环节和新兴行业的投资示范引导。通过放宽准入、改善服务、规范税费等多种方式吸引更多的民间资金流向产业服务业。通过采取银企洽谈、优质项目推介等方式，吸引更多的信贷资金投向产业服务领域。此外，还可以从财政支持企业上市资金中拿出一定比例，专门支持有条件的产业服务业企业在主板、创业板或境外上市融资。

加大政府采购政策扶持力度。政府采购是政策扶持产业发展的重要工具，政府可通过自己的采购行为，扶持产业服务业做大做强，具体来说：一是政府制订采购技术标准及产品目录，提高产业服务采购力度；二是明确购买国内产业服务的前提（在同等条件下，优选国产服务），为国内产业服务商坚定信心；三是打破地域封锁，原则上外地产业服务商与本地产业服务商一视同仁；四是打破所有制、企业规模等歧视，按照产业服务本身的质量和效率决定市场胜出者；五是实行公开招标、竞标和评标机制，构建公平、公正、公开的产业服务采购市场。

2. 参与方共商共建行业规范

随着科技进步和经济全球化的发展，服务的创新与应用越来越具有团队特征，单凭一家或几家企业的单打独斗，很难取得成功。在产业服务实际过程中，由于缺乏行业规范，服务产品同质化现象成为常态，企业创新的动力和效率严重受损。一项好的产业服务没有相适应的应用链将难以发挥应有的效能，缺乏足够的应用成熟度检验又会进一步阻碍其推广。因此，行业各界共商共建行业规范，对提升产业服务创新的水平和效率，加快产业服务业的可持续发展尤为重要。

为促进产业服务业的规范发展，增强产业服务业的自律意识、规范产业服务机构和从业人员的相关行为、保护产业服务机构和从业人员的合法权益、营造产业健康发展的良好社会氛围，建议由政府引导和推动，行业领军企业牵头，组建由相关政府部门、行业领袖、学界专家、社会团体及相关企业参与的产业服务促进机构，比如产业服务业协会或联盟，围绕引领全国产业服务业发展，整合全国产业服务业资源，组织开展专题研讨、交流培训、平台对接等活动，并适时根据行业发展需要，组织会员单位共同商议制订产业服务业的规范和标准，用以指导产业服务业的行为，促进产业服务业的同步发展，共享产业发展成果，实现产业整体提升。

3. 深化理论研究与机制创新

近年来，互联网的风口从 C 端逐渐向 B 端移动，互联网服务实体经济已经成为产业创新升级的重要风向标，在此过程中，产业服务的重要性也日渐凸显。然而，与之相对应的是产业服务的行业理论研究尚处于起步阶段，如前所述，尽管已经有部分学者和企业开始了相关研究，但主要还停留在对产业服务业的内涵界定、产业特征和政府政策等研究上，且大多数是宏观定性的思考分析，深入研究的少，对产业服务的理解还比较模糊。一个新兴产业想要真正发展起来，需要理论、实践和数据信息形成有力的三角关系来支撑其发展。加强产业服务业的理论研究，加快构建产业服务业理论研究的框架体系，推进产业服务业选择原则与标准、各细分行业发展规律与模式、行业统计标准等方面的研究，为产业服务业的可持续发展提供理论基础保障。

在这个万物互联的时代，任何一个行业不可能关起门来单独发展，但是，由于历史和体制惯性，产业服务资源与地方经济发展依然存在"分隔、分割、分离"现象，亟须加快体制机制创新，推动产业服务业健康发展。创新产学研用合作机制，加强各类创新主体之间的协同创新，构建市场化、专业化、社会化的创新服务体系；探索市场化产业服务新机制，始终坚持市场在资源配置中的决定性作用，通过为园区提供市场化的产业服务，推动园区的可持续发展；创新产业服务企业融资机制，鼓励各类金融机构开发与产业服务发展相适应的金融服务与产品，采用多种方式加大信贷支持力度；创新产业服务评估机制，研究制订科学合理的产业服务发展统计、评价考核指标体系和可衡量服务水平的评价标准。

4. 加强服务创新和实践探索

近年来，以物联网、大数据、人工智能等为主的新技术成为产业创新的重要推动力。同时，服务实体经济成为产业创新升级的重要风向标和力量。随着新技术与产业的加速融合，更多的新产品、新业务和新模式被催生，产业创新需求越来越迫切，相关的产业服务随之步入新时代。但是，产业创新是一个复杂的活动过程，创新也是一个相对的概念，各行各业对于产业创新的理解不尽相同❶，而且产业服务长期以来不被大众消费市场所关注，在前些年的发展中并没有过多的创新性突破，如今面对大批涌来的市场需求，传统产业服务市场已很难应对❷，产业服务的创新和实践探索也迫在眉睫。

把握产业服务科技化、个性化、平台化的发展趋势，以创新为主线，以新技术支撑、新业态引领、新模式广泛应用为重点，产业服务各参与方通力合作，依托推广应用新一代信息技术、人工智能技术，对传统产业服务的管理、产品、业态和发展模式进行全方位创新提升，再造重组服务流程，深化、细化产业服务业内分工，调整优化产业服务业结构，优化资源要素配置，培育新动能、发展新业态、提供新产品、激发新需求。聚力创新，着力推广应用现代科技，在招商服务、孵化服务、智能服务等潜在优势领域加快培育发展新动能；跨界融合，加快产业服务业态和服务模式创

---

❶ 资料来源：《2018 年中国产业创新企业研究报告》暨"未来·影响力"中国产业创新榜，亿欧智库。

❷ 36 氪. 天道创服：能否成为万亿级产业服务市场的独角兽［EB/OL］. (2019-8-2)［2019-11-16］. https://36kr.com/p/5231855.

新，推动多种形式商业模式和产业形态创新应用实践，探索发展数字化、体验式、共享型的产业服务新业态；优化提升，扩大产业服务新产品供给，提高服务便捷化、专业化、智能化水平，积极扩大投融资服务、公共技术服务、高端人才服务等领域的服务新供给；前瞻布局，鼓励数据共享，借助大数据挖掘分析技术，了解产业园区入驻企业发展趋势，预见问题、创造消费，变"被动接收"为"主动服务"，激发新需求。

5. 共同推动服务标准化发展

当前是服务业的大发展期，2018 年服务业的 GDP 占比为 52%，但国家标准体系中服务业标准占比只有 15%，亟须制订服务标准。标准化是数字化和智能化发展的重要前提，是高质量发展的根本基础。企业开展标准化工作有利于提升自身管理能力和水平，提升对外服务质量。同时，通过建立立体式标准体系，能够推动企业产生高效益。作为现代服务业的重要分支，随着产业服务业的快速发展壮大，对服务标准化的需求越来越明显。

产业服务业的标准化工作开展要体系化、规范化、开放化，在政府主管部门指导下，携手标准化研究机构、同行一起助推行业变革和发展。一是提高推行产业服务标准化工作的自觉性。加强产业服务标准化工作相关知识和实务的教育培训，使产业服务从业人员认识到该项工作的必要性、可行性和重要意义。同时，在社会上广泛宣传产业服务标准化工作的意义，为推进产业服务标准化营造舆论氛围和社会环境。二是深化产业服务标准化的理论研究和实践创新。全面梳理产业服务已取得的进展和成效，总结经验、分析问题，政府引导、各方协作，共同推动行业共性关键标准的制订和实施。三是研究制订推进产业服务标准化的工作计划。产业服务内涵丰富且相互关联，要在总体设计的基础上，对产业服务的内容进行系统梳理、科学分类，明确近期、中期、远期工作的总体方向、主要目标、基本原则、重点任务和关键举措等。四是建立产业服务标准化工作的协调推进机制，更加有效地推进产业服务标准化，切实加强对跨行业跨领域的标准制订和实施的统筹协调。政府要把推进产业服务标准化工作作为简政放权改革的重要内容，发挥政府推进职能转变协调机制的作用。

第二篇

市场洞察
——重点细分领域研究

第一章　产业地产热潮下的市场化产业招商

　　招商引资一直以来都是政府推动地方发展的重要抓手。而产业园区作为地方发展的主要平台，招商就成为园区运营的第一要务。很多园区的兴衰成败就取决于招商的数量、质量，这甚至被诸多园区视作为发展的决定性力量。但园区的大量开发，"商"与"资"的相对稀缺，使得"招"和"引"一直以来都是行业中公认的最难啃的硬骨头！传统的产业招商多依靠的是政府提供的土地、税收、资源的优惠，以要素成本来吸引企业，将产业招商的竞争变成单纯的政府间优惠政策的比拼。而随着产业园区的开发运营越来越市场化，二级园区和产业地产商的大量出现，产业招商也不仅只是政府主导的土地招商、主招大商模式，以产业地产商主导的楼宇招商、主招小商也越来越成为产业招商的主要内容。

　　而市场化招商格局下的激烈竞争，使得单靠土地、政策、税收"三板斧"的招商模式优势不再，转向拼资本、拼服务、拼产业链、拼信息化水平、拼资源整合能力，"政府+市场"的全面比拼时代已经到来。因此，无论是政府招商还是企业招商、无论是一级招商还是二级招商，无论是招大商还是招小商，都需要双方的细致筛选，园区的基础条件、产业生态、服务能力、市场环境、政府政策和企业的方向、质量和潜力等都是双方要比选的条件。这种激烈竞争的产业招商需要精准的产业定位、细分的组织体系、有效的推广宣传、完善的服务供给，而这些都有赖于市场化的专业力量来予以落实，因此政府也越来越愿意将其诉诸市场化力量。而在具体操作上，市场化招商力量的介入形成了产业地产商、招商代理机构、园区二房东、招商互联网平台等新势力，也催生出产业链招商、大数据招商、投资买商、海外招商、飞地招商等新玩法。展望未来，极富活力的市场化招商主体将成为产业招商的主要力量，而市场化的产业招商模式也将更加的多样化，不断有新思维、新模式出现。

一、市场化大背景下的招商之变

（一）产业招商的大形势之变

1. 僧多粥少，产业招商区域竞争更加激烈

早期政府主导的招商相对简单，园区只需做好"七通一平"，利用廉价土地资源、出台优惠政策，并在环保等市场管控方面提供便利，就能实现有效招商。以资源引产业、市场换产业、政策聚产业成为招商的主流路径，这也成为当时园区发展的关键。伴随着近年经济的逐步放缓和园区的狂飙突进，招商也进入了"僧多粥少"时期，最直观的改变就是各地政府间的招商大战更为激烈。从 2019 年年底到 2020 年，深圳、上海、苏州、南京、成都、济南等一、二线城市都重点发力产业招商。先是深圳举办了2019 全球招商大会，推出了 30 平方公里的产业用地；接着是苏州市开年的"开放再出发大会"（图 1-1），在全球首发"开放创新合作热力图"，强调"一图在手，苏州投资任你走"；同样上海在开年就举办了"优化营商环境建设暨投资促进大会"，发布了《关于进一步加强投资促进工作推进经济高质量发展的若干意见》，提出对于产业招商要"挂图作战"。可见，面对即将来临的"十四五"时期，各地对新产业、新动能更为迫切需求，未来产业招商的政府博弈和市场竞争都将会更加激烈。

图 1-1　苏州开放再出发大会

2. 园区转型，产业招商政企结合愈加紧密

伴随园区从传统的工业园、开发区向科技园、商务园和产业新城转变，带动了以二级园区为主业的产业地产行业的大发展，随之产业招商的主体、内容也在发生变化。传统以土地为载体，主招大型制造业的土地招商不再一枝独秀，而"土地一级招商＋物业二级招商"正成为普遍现象。一方面，这种转型带动了大量的产业地产商、联合办公企业、园区"二房东"、招商代理机构、招商互联网平台的出现，招商的主体也不再局限于政府及其平台公司，这些市场化机构正在成为主力军。另一方面，二级园区模式下市场上诞生了数量庞大的标准厂房及科技楼宇，无论是产业招商还是楼宇招租的规模都快速扩大，主招科技型中小企业成为特点。政府"一级招商"、产业地产商"二级招商"，政府招"大商"、产业地产商招"小商"的分工协作现象尤为明显，通过市场化力量多级招商成为主流。可以预见，这种"政府＋市场"的招商协作将成为产业招商的常态。❶

3. 华夏独秀，产业招商体系作战效用显著

在众多的市场化主体中，以华夏幸福为代表的行业龙头，不断在全国攻城略地，其一枝独秀的招商能力引起行业内的多方关注。华夏幸福能够形成甚至比很多地方政府更有效的招商力量，其核心就在于建立了全流程的招商服务体系。这一体系通过产业研究、专业招商、工程建设、落地服务等团队协作，为入驻企业提供所需要的全方位服务。这一体系既有在团队建设方面，按工作环节的互相配合；又有在专业聚焦方面，通过行业细分、以缩小颗粒度来建立专业化力量；也有在关键人才获取方面，通过引入资深人才，以获取项目信息与资源的操作手段；还有在方向指引方面，以产业研究指导招商的方向预判；以及在资源整合方面，以立足全球的视野、实施资本驱动的方式来获取资源；再有细化选址服务、载体建设先行、倒推交房时间、工程管理团队随叫随到、提供后续系统性服务的全面服务体系。无疑，这是将行业内的主要招商手段都进行了有效整合并实现效用的最大化，非常值得同行学习。

---

❶ 朱跃军，姜盼. 中国产业园区：使命与实务 [M]. 北京：中国经济出版社，2014：66.

4. 机制变革，产业招商市场化发展成必然

总结前述三现象，越来越激烈的区域竞争，使得政府间的招商博弈愈演愈烈。而政府精力与资源的有限，导致其只能关注重点产业、重要项目，因此在量大面广的二级园区领域通过市场化发展，使之成为政府力量的重要补充就极有必要。近年来，产业地产行业的快速发展，特别是以华夏幸福、联东集团为代表的园区企业的全国布局，正深刻地反映这一趋势。而二级园区模式的快速发展、政府对开发权的让渡，都需要开发企业具备产业培育能力，其中最直接的就是招商能力。因此，产业招商的市场化发展即是政府从发展角度提出的要求，也是产业地产企业获得开发主导权后所需要解决的核心能力。而当前以华夏幸福为代表的行业领头企业，其全流程的招商体系取得良好的效果，也充分说明产业招商的市场化的可行性。未来，产业地产行业市场化的大方向决定了产业招商的市场化，在"政府主推+市场主导+体系实施"的大方向下，产业招商的主体、模式和组织关系都将有大的变化，产业招商正在进入一个新的大变革期（图1-2）。

图 1-2　产业招商市场化之变的大方向

（二）产业招商的重心转移之变

除了外部招商大形势的变化以外，中国的产业发展从低端走向高端，从"制造"走向"科创"，以"项目"为本走向以"人才"为主导，产业发展在动力机制、质量要求、要素条件等方面的变化也在深刻影响着产业招商，使得招商对象、招商方式、招商原则、招商理念和招商载体五个方面都呈现出相当大的变化，深刻反映出产业招商的重心转移之变。

1. 主要对象在变：从招商引资到招才引智

当前的产业招商不仅注重招商引资，同样注重招才引智，从招项目到招产业、招人才体现着招商主要对象的转变。引资与引智相结合，成为各

地园区发展的重要抓手。通过建立吸引、支持和服务高层次人才创业的体制机制，为其提供施展才华的"土壤"，达到吸引人才、带动项目、培育产业的效果，已成为招商的流行方式。

2. 依托条件在变：从优惠引商到多管齐下

面对激烈的招商竞争，招商工作也成为园区间综合实力的比拼。招商所依托的不再是单一的政策优厚、资源优惠而变成服务招商、基金招商、平台招商、产业链招商的多管齐下。这样园区的营商环境、服务体系、产业优势、综合成本都成为招商所需要考量的因素。为此，许多园区都建立起包括创业孵化、产融对接、科技服务等的一揽子服务体系，以图为企业提供良好的发展条件，提升园区吸引力。

3. 招商理念在变：从见商就招到选择招商

在追求发展质量的当下，昔日的见商就招已无法满足政府考核对企业质量、税收贡献的要求。为此，园区纷纷采取精准招商的方式，不断通过细化产业研究、划定招商地图、确定入驻标准，以增强招商工作的针对性和实效性，切实提升招商质量，让"招商"变为"选商"。在这之下，园区的选择标准也转为关注"方向是否合适、效益是否达标、环评一票否决、团队人才质量"等综合性指标。

4. 首选目标在变：从注重龙头到关注瞪羚

面对高速成长的科技企业群体，产业招商的首选目标不再仅仅是龙头企业，很多园区也更为关注具有高成长潜力的瞪羚企业。虽然这些龙头企业具有强劲的明星效应和上下游带动能力，但此类企业毕竟数量有限，招引难度大、很多园区也接不住。而瞪羚企业的年收入也不低，在园区内也是最大的纳税群体。因此，很多园区将目光转向瞪羚企业，虽其规模不足以上市，但由于其高成长性，而后面追加投资的可能性非常大，更能解决园区的痛点。

5. 招商阵地在变：从土地一次招商到园区二次招商

在各园区用地指标日趋紧张的当下，园区开发的主流方式也在以土地一级开发为主，变为一二级开发联动，特别是以标准厂房、科技楼宇为主阵地的园区二次招商越来越成为潮流。在这种模式下，园区先推动地块整体开发，再引导新落户企业租用、购买开发好的物理载体，这也成为当前招引科技型、创意型、服务型企业的重要方式，其至部分区域的工业上楼也正在成为潮流。

二、市场化招商江湖的新玩家与新玩法

招商市场化的大形势之变与招商方式的迭代之变，都在行业内催生诸多新玩家和新玩法。产业地产商、园区二房东、招商代理机构，乃至创投孵化机构、金融投资机构、互联网平台的进入，搅动了产业招商的一池春水。在传统的一级招商领域外，完善了二级园区招商、园区更新再招商、招商代理服务和招商信息匹配等领域，催生出投资买商、孵化招商、海外招商等新玩法，成为市场化之变的具体体现。

（一）市场化招商江湖的新玩家

在这些新玩家中，产业地产商、园区二房东、招商代理机构和互联网招商平台是最主要的主体。同时，产业招商也是资源招商，创投孵化机构、金融投资机构等资源主也都各显神通，不断进入这一领域，起到辅助性作用。

1. 产业地产商

产业地产商是产业招商领域中最主要的新玩家，其主要从传统房地产企业、国资开发平台及其他实体企业转型而来。因为具备开发、建设、招商、运营的一体化能力，因此也得到快速的发展。就其商业模式而言，以区域开发型、二级园区型两大类型为基础，形成产业新城、工业地产、物流地产、科技园区、创投孵化、轻资产服务等模式，成为当前整个行业最活跃的部分。[1]

产业地产商能够得到快速发展，既得益于其积累的土地开发、房产开发、商业运营、物业管理等综合经验，还得益于其与金融机构、投资机构等外部资源的不断整合。因此从大趋势来看，产业地产商在其擅长的园区开发、产业招商等领域外，也在不断拓展以形成孵化、投资、运营等服务能力，将更有助于其产业招商能力建设，有望成为未来产业招商群体中的

---

[1] 朱跃军，姜盼. 中国产业园区：使命与实务［M］. 北京：中国经济出版社，2014：66.

主力军。此外，产业地产商所面对的主要是区域内的中小企业，对其服务需要巨大的工作量，也更需要一个整合这些资源的抓手。而产业地产商的优势就在于他们有更多的人力资源，在与企业对接的时候相较于政府招商人员更加"接地气"，在政策、服务等方面更灵活、更有创新动力。与此同时，政府在其中更重要的是起到平台搭建的作用，把自己定位成"裁判员"而不是"运动员"。

2. 园区二房东

在诸多城市都活跃着一批园区二房东，他们租用老旧厂房与楼宇，经改造后再出租，以差价来获利。其营利模式主要依靠通过控制一定范围内的厂房或楼宇资源，达成价格联盟、提高议价能力，使得其所面向的中小企业不得不被动接受，这也导致企业成本的大幅升高。因此，各地在政策层面并不支持园区二房东，甚至在园区二房东活跃的珠三角，深圳市在2019年9月发布《关于规范产业用房租赁市场稳定租赁价格的若干措施（试行）》，这也视为地方政府打压职业二房东的第一枪。

从另一个角度看，园区二房东也是价值的创造者，能够在市场化格局下生存自有其道理。当前相当多园区楼宇或企业厂房已老旧、空置，但其物业产权方并不一定有招商运营的能力，也就为二房东提供了生存空间，需要其作为第三方的服务机构进行经营。这也促使二房东从简单的"租房+改造+招商"转变为"租房+策划+改造+招商+运营"的模式，成为轻资产的园区运营商，帮助部分物业产权方或实体企业解决存量物业经营的问题。因此，园区二房东的存在有其必然性，如果园区二房东仅仅通过垄断市场以获取高额租金自然有打压的必要。而如果园区二房东在招商之外，能够盘活物业资产、做好运营服务、促进企业发展，则作为市场化招商主体有其存在的价值。而伴随中国城市发展的主基调从增量走向存量、由建设走向运营，未来老旧园区的改造、招商、运营将是一个很大的课题。因此，对于园区二房东这样的新事物，更需要宜"疏"不宜"堵"。

3. 招商代理机构

辅助于产业地产行业的发展，起到沟通桥梁作用的招商代理机构也应运而生。招商代理机构多通过建立庞大的中介网络，在一定区域范围内掌握了大批的中小企业资源，通过区域深耕以随时获取相关企业发展动态，也更为了解相关企业的购房、租赁需求。因此，作为重要的渠道资源，招商代理机构也颇被产业地产商、园区业主方等物业持有方所倚重。❶

招商代理机构就本质而言是以商务楼宇、标准厂房为主要服务产品的房产中介公司，其通过建立数量庞大的经纪人队伍和覆盖目标区域的门店网络以挖掘客户资源，为需要招商的园区和需要选址的企业提供服务。而招商代理机构的最大优势就在于其具有区域深耕能力，经过长期的在地化服务，既能够深入了解区域内各园区的具体情况、运营水平、租金价格，也更能了解相关中小企业的情况与诉求，可以更有针对性地为企业提供建议、为园区提供服务。但不足之处在于其主要作为产业招商的辅助方，自身能够发挥的作用比较有限。因此，不同于产业地产商的跨区域发展，当前的招商代理机构多为区域深耕型，尚未形成跨区域的巨头企业。

4. 互联网招商平台

伴随"互联网+"的热潮，产业招商类互联网平台得以加快发展，成为招商渠道中一股不可忽视的力量。从实践来看，网络招商解决了交易双方信息不对称的问题，能够更好地匹配招商信息，让企业与园区具有更强的选择权。就模式而言，当前的互联网招商平台多定位为"一站式招商服务平台"，通过让园区发布项目招商、招商信息，让企业通过网站进行匹配，帮助企业找到最合适的园区。

互联网招商平台的成功不仅仅在于其线上平台，更需线下组织体系的支撑，特别是产业地产商、招商代理机构、园区二房东作为线下合作伙伴。在其发展中，一方面需要通过与线下的产业地产商、园区二房东和招商代理机构进行深度合作，来整合相应的园区信息资源、企业信息资源和产业招商经纪人资源，提升平台流量。另一方面，也需要线下的服务机构随时跟进，做好线下跟踪、对接、洽谈服务，将信息需求转化为实际需

---

❶ 阎立忠. 产业园区与产业地产规划、招商、运营实战［M］. 北京：中华工商联合出版社，2015：140.

求。因此，互联网招商平台多呈两种，一种作为产业地产商自用的内部系统，成为其企业内辅助的资源信息整合平台；另一种多与招商代理机构共生，面向市场开放，按照线上、线下结合的模式发展。此外，伴随着产业招商行业的细分，相应的平台也在逐步细分，面向楼宇招租、厂房招商、政府招商、中介机构等领域都出现了更为细分的平台，如中工招商网又设立了若干细分领域平台（表1-1）。

表 1-1　中工招商网及旗下细分互联网平台一览

序号	名称	基本情况
1	中工招商网	中工招商网创立于2010年，是一家覆盖土地、厂房、写字楼、商铺、产业园区招商的综合性服务平台。每年为数十万家企业提供选址咨询服务，累计为数万个产业地产项目提供高品质的投资选址咨询服务
2	选址易	基于中工招商网数百万产业资源，打造一站式企业选址服务平台——选址易，提供海量优质厂房、土地、写字楼租售服务，帮助用户省时省心快速选址。为中小微型企业提供全方位、多元化的企业增值服务，助力企业提升核心竞争力
3	伙伴人App	为数千名企业选址顾问打造移动互联网业务管理和办公平台，支持盘源录入、信息推介、办公管理等应用，以帮助企业选址顾问有效地开拓客户渠道、优化业务对接与资源合作效率
4	分佣宝	分佣宝是第三方资源合作共享平台，以简单、实用、易成交为宗旨，运用领先的移动互联网技术，聚拢全国独家优质盘源和客源，赋能经纪公司及从业人员，以最低成本促成落地成交，开启产业地产营销新时代
5	市县招商平台	市县招商平台致力于打造成为地方政府、开发区和产业园区招商引资的重要平台，通过全方位的招商引资服务，促进政策、资金、项目、土地与人才的对接，实现了"政、产、学、研、企、金、商"的高度融合
6	产业大数据平台	伙伴产业服务集团拥有数百万级企业资源，以产业大数据为基础，推动产业链招商，形成产业集群效应，打造主题产业园区。通过大数据方式，深度挖掘企业发展需求，为企业提供精细化、个性化孵化与定制化服务，助力企业快速成长

（二）市场化招商江湖的新玩法

产业招商的手段正在从传统的敲门招商、展会招商、驻点招商、顾问招商、以商招商等向投资买商、海外招商、飞地招商、孵化招商、大数据招商等进行转变。具体而言，海外招商、大数据招商都是积极拓展招商的外部资源和信息渠道；而投资买商、飞地招商、孵化招商则强调通过建立园区与企业之间的独特联系，作为招商的核心竞争力来源。

1. 投资买商模式

投资买商是园区运营商充分利用资本的催化和杠杆作用，探索出的一种产融结合的招商新模式，其通过打造"基金+项目+园区"的一体化生态链，实现资本与项目的有效对接。具体而言，就是指园区运营商通过股权投资的方式，向引进企业进行现金投资，一方面获取企业股权，另一方面落地产业实体，实现物业的去化和产业的集聚，这里既包括政府通过引导基金进行直接或间接投资，也包括产业运营商直接进行股权投资。投资买商模式多出现在一二线城市的科技园区，对产业地产商的孵化、运营能力有着很高的要求。❶

> **专栏 投资买商模式案例**
>
> 2017 年，广州市通过国有投资平台凯得科技成立一支投资基金，投资百济神州生物药项目，促进其落户广州中新知识城。在该项目的 22 亿元投资当中，百济神州自有资金只有 2 亿元，其余 20 亿元则是基金股权投资、股东贷款和银行商业贷款。根据协议条款，百济神州生物药业将获得来自凯得科技的包括股权投资和股东贷款总计 10 亿元人民币现金。合资公司下属的生物药生产工厂预计将可获得 10 亿元人民币商业贷款作为额外的项目资金来源。这种方式就是把财政资金注入国企，再以合资模式与产业形成"命运共同体"，既给落户企业解决后顾之忧，吃下定心丸，同时这种重磅项目的回报率也非常可观，有助于这种政府投融资平台本身的转型。

2. 海外招商模式

海外招商模式是在"一带一路"的倡议背景下，中国的园区企业正在加速走出去，以期在海外搭建起全球化的产业资源网络，以促进在国内园区的开花结果。在国内资源竞争激烈的形势下，如何引进、嫁接海外的产业资源，如何促进国内外创新力量的融合越来越受到关注。以上海临港、中关村发展、天安数码城、华夏幸福为代表的一批产业地产领头企业正在

---

❶ 宋振庆，沈斌. 园区中国 7：产业地产操盘实录［M］. 上海：上海人民出版社，2019：396.

走向海外，通过设立海外招商中心以打通渠道，不断寻找高质量的海外中小企业、科创项目、科创人才，通过技术合作、股权投资、企业并购等方式，逐步将其引入国内。这一模式是当前一、二线城市政府及龙头产业地产商关注的重点，极有热点与风向性。❶

专栏　海外招商模式案例

　　天安数码城集团与美、法、德、日、韩等 10 个国际机构合作共建的国际化创新平台，引进国外高新技术企业和团队落户，通过国内外资源渠道的搭建和碰撞，实现人才、技术、金融、信息等资源的互联互通，创造全新的市场机会。2017 年 2 月 9 日，天安数码城集团与法国伊夫林省探讨共建中法联合创新中心。2019 年 8 月，天安数码城集团与国家优秀自费留学生奖学金获得者联谊会联合主办了中英科技交流会暨世界百强高校项目专场路演，双方签署合作备忘录并揭牌优自联深圳代表处。未来，双方将积极推动优自联海外优质项目转化和产业化落地，同时满足天安数码城园区企业技术提升和产业服务需求，促进产学研成果转换。

---

3. 孵化招商模式

园区招商仅仅依靠外部资源总有捉襟见肘的感觉，而很多园区千辛万苦成长起来的企业又会存在流失到外部的隐患。因此，诸多园区通过建立从众创空间到总部基地的企业全生命周期产品，既提供物业当企业"房东"又孵化培育当企业"股东"，以实现"众创孵化＋园区招商"的生态闭环式模式。通过让早期的初创团队在众创空间和孵化器中成长起来，再水到渠成地落户在园区当中，从而解决园区产业生态良性循环的问题，为园区招商培育潜在客户群体。同时，这种孵化招商模式也可以与前述的投资买商模式结合起来，通过投资初创团队其效果更佳更持久。当然这一模式的形成，既需要先天有好的产业发展土壤，也需要后天有好的创投孵化服务，因此孵化招商模式多出现在沪深等一线城市。

---

❶　宋振庆，沈斌. 园区中国 7：产业地产操盘实录［M］. 上海：上海人民出版社，2019：106.

专栏　孵化招商模式案例

张江高科从 2015 年开始推出了"895 创业营"，目前拥有近 10 万平方米孵化器，通过国内国外、线上线下平台，汇聚优秀创新项目，"895 创业营"已经成为园区培育优质种子、聚集新兴产业潜力的摇篮。截至 2019 年年底，张江高科已从国内外海选项目 800 个，入营项目 130 个，项目总估值超过 80 亿元，获风险投资 30 多个，获信贷授信 10 家，陪练阵容超越百人，投资机构可投资总额超过 100 亿元。张江高科同时引入硅谷天使基金会、中以创新孵化中心等与园区项目对接，为园区培养本土引擎储备了"好苗子"。

4. 飞地招商模式

飞地招商是指在两个相互独立、经济发展有一定落差的地区，通过跨空间的园区开发，由一方在另一方设立园区实现两地资源互补、协同发展的合作招商模式。在欠发达地区设立园区，定向输入发达地区产业资源的招商方式为正向飞地；而在发达地区设立园区，以整合资源、提升欠发达地区发展水平的招商方式为反向飞地。但这两者的共通逻辑，就是发达城市用地稀缺、成本高企、产业外溢，欠发达地区土地丰富、成本低廉、洼地优势，两者是一种比较优势上的合作共赢。正向飞地多是政府间合作的产物，一般划出一个特定的开发区域，双方明确各自的责、权、利并且约定各类收入的分成比例。相比之下，反向飞地操作则更加市场化，可由各类主体在发达地区设立小规模的二级园区、科技楼宇，起到在发达地区孵化培育项目，并向欠发达地区输出的目的。

专栏　飞地招商模式案例

杭州未来科技城的衢州海创园，是浙江首个跨行政区建设的创新飞地。这块"反向飞地"是衢州市借助杭州市未来科技城平台，集聚海内外高层次人才的创新创业高地。衢州海创园通过主动的"反向跳跃"获得创新发展的必要区位，通过未来科技城的集聚、扩散效应使衢州海创园吸引创新资源具有很强优势。自开园以来，衢州海创园已引进海内外高层次人才超过 50 人，包括 7 位国家千人计划、浙江省千人计划；引进博、硕士 54 人，高质量创新创业团队 12 个，园区迅速集聚了一批创新项目。

同时，衢州海创园主动参与城西科创大走廊创新体系的建设，创造出"研发孵化在杭州，落地生产在衢州"的新模式（图1-3），实现飞地和本地联动、人才需求链和人才供给链有效链接，打通了欠发达地区创新要素需求和发达地区高端资源供给的通道。❶

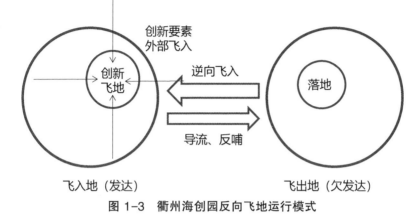

图1-3 衢州海创园反向飞地运行模式

5. 大数据招商模式

大数据招商模式与互联网招商平台相伴而生，这一模式的出现，以解决长期以来企业选址与园区招商双方的信息不对称。大数据招商的出现，既能让园区时时关注、了解企业信息与动向，也能让企业快速、全面地掌握园区相关信息，在一定程度上能有效降低风险，提高选址效率。然而不容忽视的是，产业招商仍然具有交易金额大、交易周期长、交易因素复杂、成交率较低的特点，这也决定了其不同于传统"消费品+互联网"的运营模式，而既需要在线上进行信息匹配，也需要在线下进行深入对接洽谈。这就决定了这一招商模式目前多为产业地产商和产业招商代理机构的渠道工具之一，尚不能独立自主地发挥作用。

---

❶ 范琦娟. "反向飞地"新模式调查［J］. 决策，2018（5）：20-22.

专栏　大数据招商模式案例

2019 年 5 月，华夏幸福推出产业大数据平台，聚焦 10 大产业，拥有 1960 万家企业近 10 亿条动态数据。产业大数据平台可面向政府、企业、第三方机构等，基于不同应用场景，输出智慧招商、产业地图、产业热点预测报告、行业白皮书等产品。其中"智慧招商"是平台的一大核心产品。其可以针对不同行业，通过分析企业生命周期、资本活跃度、产品生命周期、产能利用率等因素建立算法模型，前置研判企业的投资选址需求，输出目标企业"长短名单"。华夏幸福打造产业大数据平台，构建"智慧招商"，是产业招商这一传统业务的数字化转型升级，其在大大提升产业招商效率，为企业投资选址和区域产业发展提供更高效的服务的同时，有效提高公司内部产业服务的体系化，利于公司的轻资产输出。

三、市场化变局下产业招商的升级之路

（一）市场化招商的四重境界

就当前整个产业招商的参与者来看，既有实力强劲、创新迭出的资深玩家，也有擅长某一细分领域的专业选手，但更多的是刚入行的新选手。但对绝大多数的产业招商主体来讲，其能力的建设、团队的组织、模式的创新使得其所具有的招商方式，大多需要经历租售式招商、产品式招商、体系化招商和运营式招商的四重境界（图 1-4）。

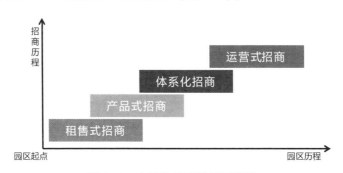

图 1-4　市场化招商的四重境界

第一重为租售式招商，此时园区与团队都还不成熟，招商关注的重点也在于快速去化以求现金流回正，并不注重招商质量，能捡到篮子的都算是菜，有着很强的地产算账思维。第二重为产品式招商，此阶段招商团队认识到园区卖点建设对于招商的重要性，也更注重于对此类价值的打磨，

以通过在园区产品、配套设施、服务内容、价格优惠等方面发力，来更好呼应客户的入园要求。第三重为体系化招商，经过一定时期的发展后，招商主体也将关注点从外在转向内功，其团队建设更注重分工协作，在招商定位、团队搭建、渠道建设、招商推广等环节逐步向专业化，以组织战方式推动招商。第四重为运营式招商，此时园区经过一定时期的发展、沉淀，已经具备了相当强的产业培育能力，在产业投资、创业孵化、资源整合等高阶能力方面具有成熟的经验，因此园区对客户具有极强的吸引力，运营已成为最好的招商力量，让招商变得更加简单而有效。

纵观整个行业，多数团队或者市场化园区仍处于第一、第二重阶段，部分行业龙头则在不断完善第三重阶段；而第四重阶段因涉及诸多运营、招商的新玩法，整个行业尚在探索期，尚未形成完整的体系化的实践经验，但也是行业发展的重要方向所在。

1. 第一重：租售式招商

所谓租售式招商，就是招商采取的是地产化的招租、卖楼思维，其核心关注点在于承租方或者购买方所能给出的价格，只要能达到价格标准即可招引入驻。这种招商方式并不关注企业的产业方向，也不去考察企业的发展质量，一般只要不存在环保、安全问题都可以入驻，招商团队所考虑的就是价格的多寡、入驻率的高低、去化期的长短，遵循的也是价高者得的市场规律，园区与企业之间更多的是简单的租赁关系、买卖关系（图1-5）。从某种程度上说，这并不是真正的产业招商，但在很多时候也是诸多市场化招商团队初始阶段的常态。

租售式招商	产业招商
以租金为核心	租金仅为关注因素之一
不关心产业方向	产业方向是否合适
不关心企业质量	企业质量是否达标
不会进行租金补贴优惠	可以为企业进行租金补贴

图 1-5 租售式招商与产业招商

相比租售式招商，真正的产业招商既重"招商"也重"选商"，将企业客户视作为促进园区发展的重要资源。因此，招商对象的确定首先要看产业方向是否合适，企业质量会不会达标，生产是否存在高污染、高耗能等环境问题，如不能达标即使企业愿意支付高昂的租金也不得入园。而且会站在宁缺毋滥的角度，让园区存留一定的空置率，以静待高质量的企业。同时，面对能带动园区的平台型企业、龙头型企业、高成长性企业，为了促进其入驻可以放弃部分利益，提供租金减免、税收减免、房租补贴等优惠条件。可以讲，产业招商是搭平台、促发展的思维，其关注的是通过产业招商将高质量企业聚焦到园区，大家共同发展并产生更为广泛的生态效应；而租售式招商只是简单的地产思维，关注物业价值的最大化。

当然在很多时候，这两者之间会有一定的混合。在初始阶段，为了提高园区的入驻率、缓解财务压力，注重租售要高过注重质量。当一个园区入驻率达到了较高水平，则更需要考虑提升园区企业质量，实现产业迭代、腾笼换鸟和资产增值。这时候就需要不断选商，淘汰掉质量不佳、方向不适的企业，按照建设产业集群、打造产业生态的方向进行招商。总之，对于招商团队而言，通过租售式招商只是其在行业发展的第一步。

2. 第二重：产品式招商

租售式招商之后，招商团队想要提升其招商能级，产品式招商成为不二的法则。就如同打铁还需自身硬，招商仍需要注重对于园区产品价值的打磨，建立独特的产品价值点，以吸引所确定的核心客户。而很多缺乏产品核心价值的园区招起商来蹩手蹩脚，不是因为项目没卖点而导致鲜有人光顾，就是由于缺乏特点，使得企业高兴而来、扫兴而去。[1] 而园区核心价值点的建设，可以从园区的建筑产品、配套设施、区位交通、产业链条、运营模式、服务平台等角度进行挖掘、建设，放大其个性并演化成独

---

❶ 阎立忠. 产业园区与产业地产规划、招商、运营实战 [M]. 北京：中华工商联合出版社，2015：116.

具魅力的园区产品价值。

实践而言，园区的建筑产品与配套设施、优惠政策及服务平台、产业链条和园区生态是三个最主要的招商价值点。第一，建筑产品与配套设施是招商最重要的基础保障。园区因发展的主导产业不同，招商时企业所需要的建筑产品及配套设施也有很大的差别，若产品不能达标则招商困难重重。这些具体表现在产品类别、单层面积、建筑层高、楼层承重、柱网大小、电梯标准、电压级别、污染处理、环保标准等多方面，而很多时候像厂房类园区招商，好的产品就是最大的卖点。第二，优惠政策和服务平台也是招商的重要抓手。园区招商能够有针对性地制定产业政策、搭建服务平台，帮助企业解决政策申报、技术推广、产品检测、产业链联动等问题，则可大大帮企业降成本、助发展，成为招商谈判中的重要筹码。第三，产业链条和园区生态同样有着重要的招商引力。在产业招商的玩法当中，产业链招商或者主力店招商是屡试不爽的绝招，这就需要招商团队主抓特定的关键环节或者龙头企业，以培育产业生态的方式撬动整个产业链条，带动一大批企业。因此，对于产品式招商需要招商团队作为一个"五星大厨"，不断调配各种价值点，将园区"煲成一锅好汤"。

3. 第三重：体系化招商

体系化招商是诸多产业地产商发展到一定规模所需要解决的必然课题。所谓体系化招商就是按照团队分工协作的思路，建立招商定位、团队搭建、渠道拓展、招商推广、招商服务的全流程体系和有效的后台管控机制，将产业招商从简单的人海战术变成即插即用的组织链条，实现招商团队战斗力的整体倍增（图1-6）。

图1-6　产业招商的五大组织环节

（1）招商流程体系

招商定位环节。所谓招商定位就是通过产业研究、区域研究、市场研究等手段分析潜在的目标群体，为下一步的园区推广、渠道拓展、客户寻找指明方向。因此，招商定位正是招商体系化的第一步，通过招商定位的研究工作，做好客户画像、资源梳理，以标清目标客户群体，实现招商工作的按图索骥。

团队搭建环节。团队建设是招商体系的主轴，打造一个分工明确、相互协作的高战斗力团队就成为决定招商效果的关键。当前，主流产业地产商均按照行业门类及其细分方向来划定招商的目标领域，并以此为基础建立对应的团队。而招商团队的负责人则一定需要具有相关行业的专业背景、行业人脉，团队必须实时关注各行业企业信息，并且第一时间获取企业拓展选址需求信息并进行对接。

渠道建设环节。渠道是拓展客户、对接需求的抓手，就招商人员而言，重点就是要建立好信息网络、关系网络和合作网络三大网络体系。第一是信息网络，包括门户网站、行业协会、垂直媒体等，可通过全方位覆盖和针对性投入推广园区；第二是关系网络，产业招商也是关系招商、人脉招商，维护好同学、同事、朋友、老乡的关系将成为重要的招商资源；第三是合作网络，包括行业协会、咨询公司、大数据公司以及招商代埋机构，利用这些渠道的推介作用、信息资源更好地去做招商。

招商推广环节。招商推广就是以各种方式全方位展示园区形象、推广园区信息。这需要从媒体、展会、圈层和活动各个方面进行突破，使宣传投入效果最大化。比如在媒体方面，最便捷的就是网络宣传，园区可自建网站或公众号，或在专业招商网站推广，以吸引和影响潜在客户。在圈层推广方面，需要针对不同圈层特点和影响力，谋划如何与圈层所处产业协同，实现双方能各取所需。而在展会活动方面，可通过展会及活动实现园区信息推广，为不断深入园区圈层建立良好的基础条件。

招商服务环节。招商在进行前期的意向确认、协议签署之后，关键的一环还需要做好后续的跟踪服务，在第一时间了解客户意愿，不断解决客户问题。比如在建设期可帮助企业解决项目建设、土地征收、楼宇装修等的问题，帮助企业入驻、生产。在企业入驻后，针对面临的政策申报、企业招工、税收返还、高管和员工配套公寓等一系列问题，则通过园区运营

团队逐一进行解决，帮助企业安心生产经营。❶

（2）招商后台管控

除了前台的招商工作流程，稳健的后台管控同样对招商工作有着决定性的作用。后台管控机制又包含了管理架构、项目督办、团队考核、组织协调等多方面内容。后台管控的方式、方法，基本分为招商联席制和招商责任制。招商联席制作为招商的领导决策机制，其一般按照招商会议部署，建立协调联动的招商机制，比如在宣传推介商协调联动、在招商工作上协调联动、在解决要素保障上协调联动。而招商考核机制则是对招商团队的管理办法。一方面在考核方面，强调既考核工作又考核结果，强化全程跟踪，确保招商引资工作有序高效开展；另一方面在招商激励方面按照招商引资奖励办法，委托代理招商奖励办法等，给予项目信息推荐人和招商实施人员以精神和物质的奖励。最终通过这样的体系化招商工作，将企业关心的、需要的各项服务予以细化、分工，促进整个招商团队乃至园区运营方来完成，帮助企业舒心入驻。❷

4. 第四重：运营式招商

当招商团队经历过前三个阶段之后，就不可避免地会涉及投资招商、孵化招商等招商新玩法，当然做好运营就是最好的招商方式。产业招商中企业注重的不仅仅是园区的硬件条件、成本要素，更关注的是能否提供良好的发展环境，哪里有良好的产业生态、哪里能促进企业的发展，哪里就具有招商的优势。而且这样招商更有竞争力，比起前三个阶段更能起到事半功倍的效果。

而建立良好的产业运营体系，需要做好企业孵化、产业投资、平台促进、项目申报、技术转化、人力资源、工商财税、法律服务等多方面内容，而这些需要园区团队与相应的孵化器、众创空间、投资机构、公共技术平台、行业组织、龙头企业等形成合力。此时的招商就能通过园区的运营能力，形成对创业团队的孵化招商、对潜力项目的投资招商、对众多中

---

❶　阎立忠. 产业园区与产业地产规划、招商、运营实战［M］. 北京：中华工商联合出版社，2015：110.

❷　朱跃军，姜盼. 中国产业园区：使命与实务［M］. 北京：中国经济出版社，2014：173.

小企业的产业链招商，招商团队与孵化器、投资机构、技术平台合作能够玩出更多的招商新花样。这个时候"招商"就成为"召商"，是招之即来的招商，而招商也不再是目的，而是做好园区运营工作后自然而然的结果。当然，这样的招商方式看似最简单，几乎没有什么特定的操作；但也是最难的，一方面产业运营仍是行业内最大的难题，另一方面运营式招商仍有很多的创新空间待探索。

四、市场化产业招商的未来之道

展望未来，体系化招商和运营式招商仍是市场化产业招商发展的两个重要方向，相比产业运营式招商的大巧不工，体系化招商应该是整个行业质量提升的必由之路。就体系化招商而言，学习华夏幸福模式而自建招商体系，将是有志于在产业招商江湖中一展头角企业的必然选择。而对于大多数中小产业地产商、园区开发企业而言，按照自组织、运营式打造联动线上、线下的招商平台体系，整合产业地产商、孵化器、投资机构、园区二房东、招商代理机构、互联网招商平台，形成数字化招商网络，将是最有可能的选择。

（一）学习华夏幸福搭建体系化招商模式

1. 华夏幸福招商模式总结

建立即插即用的招商封装体系。整体而言，在招商流程方面，华夏幸福首先通过产业研究、区位研判指导招商定位，并基于招商定位制订详细的招商策略以及渠道策略，打造出符合自身招商特点的推广渠道，并以此开展一系列招商计划。其中，招商管控、招商服务两大体系始终贯穿于招商流程始末，保障华夏幸福产业招商有效推进，最终打造出一套以区域产业发展为逻辑所构建的完整生态链条，形成一个综合性且即插即用的招商封装体系（图1-7）。

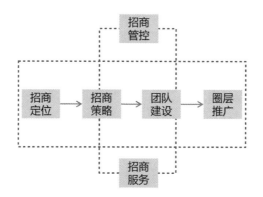

图 1-7　即插即用的招商封装体系

2. 华夏幸福招商前台组织

以区域产业研究指导招商落位。产业研究是华夏幸福招商的基础，其根据行业特点将产业聚焦于十大产业，并进一步细分为 42 个二级与 118 个三级细分子目录。通过不断细分产业颗粒度，不断深化产业研究与产业招商工作针对性，通过跟踪研究细分行业动态，以产业研究指导产业招商。此外，制订产业招商方向时，华夏幸福还需要审视所处城市群的产业生态，离哪个核心都市圈的物理距离更近，就按照那个核心都市圈的产业生态制订招商方向。

全方位创新招商策略组合拳。一是华夏幸福内部通过打造产服公司来主导招商，并科学调配人力，深入企业从开工、投产到扩产的全过程，为企业提供全流程服务。二是预先在选址方案中制作出厂房效果图、渲染图、施工图和结构图，针对产业特殊需求提前建造一批标准载体。三是依托苏州火炬孵化、太库科技、伙伴地产、美国康威国际、华夏幸福自建的产业发展集团进行企业分层次招商。通过分工协作从不同角度补齐招商链条中的环节，以最优的效率完成招商任务与指标。

围绕行业核心资源主建团队。产业招商中人的作用极为重要，华夏幸福强调让专业的人做专业的事，非常注重这些行业中有深厚积淀的资源主的作用。其围绕十大行业要求每个行业有 10 个以上的专业背景的产业服务总经理，总体形成 200 多人的产服总经理队伍，其大都来自世界 500 强高管和国内知名开发区中层以上领导。华夏幸福以这些资源主为中心，搭建产业招商团队，以最大化地发挥资源主的作用。

独树一帜做好招商圈层推广。在推广渠道的拓展方面，华夏幸福通过以点带面的宣传方式，从媒体、展会、会务、圈层和活动各个方面全面突破，使宣传投入效果最大化。尤其是在圈层招商推广层面有其独树一帜的特点，针对不同圈层特点和影响力侧重点，谋划如何把华夏幸福产业新城体系与圈层所处产业协同，使得双方能各取所需，共同搭建行业平台，强化资源整合能力与品牌美誉度。

做好企业招商后贴心服务。在服务体系的搭建方面，华夏幸福产业园区构建三大服务体系，为招商企业提供全方位服务（图1-8）。其中，基础服务体系，包括园区办公配套服务及物业服务；增值服务体系，是园区为入园企业提供的针对其业务发展的服务；专项服务体系，是园区依据项目的产业特色，设置的产业链方面的服务，包括政府业务补贴、产业基金设立、构建产权交易平台等。

图1-8 辅助于招商的园区服务体系

3. 华夏幸福招商后台管控

打造阿米巴式团队管控。内部团队组织上，华夏幸福以一般项目、大项目和产业集群产服公司的形式，按照行业聚焦形成上百个独立的招商团队。团队建设初期多为3~5人，由业绩决定团队规模，但不设业绩目标而设置业绩底线，以保障团队业绩。同时在各个团队内部形成招商人员自由流动的内部举手与转会机制，在整个公司体系内招商团队与项目团队形成内部甲乙方考核机制。华夏幸福的招商团队组织有着鲜明的"阿米巴模式"特征，在团队内部也形成独立运作、核算的市场化机制，以保障整体团队的活力。❶

---

❶ 宋振庆，沈斌. 园区中国7：产业地产操盘实录［M］. 上海：上海人民出版社，2019：85.

4. 华夏式招商的借鉴思路

就日常而言，行业内常对华夏幸福4600人的庞大招商团队津津乐道。华夏幸福能够具备这样不逊于一、二线城市政府的超强招商能力，在很大程度上就是这种"规模效应+体系操作"的结果。依托这样的规模效应，华夏幸福才能不断深耕十大产业的各个细分领域，把控行业动态和企业动向，不放过行业内任何的大机会；而依托这样的体系作战，华夏幸福才能组织好招商团队的任务分工、力量分配，做到环环相扣地贯穿整个流程。而对于大多数产业地产商而言，这种规模化支撑的体系，也是可望而不可即的，华夏幸福遍布全国的新城项目以其巨大的市场需求和雄厚的财力基础能够予以保障，而换作其他产业地产商想要复制则更需要打一个问号。

从另一个角度来看，华夏幸福的产业招商体系，是对当前行业内各种招商模式、方法的集大成，其无论在体系建设、团队组织、行业研究、资源把控、渠道拓展、工程建设、运营服务等方面都颇具心得，各个部分都很值得同行业者借鉴。因此，对于多数产业地产商而言，重要的并不是复制一个华夏幸福，而是围绕其所具有优势的某个产业领域、某片优势区域，力出一孔地做好体系建设、团队组织、资源把控、渠道拓展、运营服务等工作，并围绕自身优势不断创新相关玩法。或许在未来产业招商的江湖当中，华夏幸福是综合型的全能选手，而这些产业地产商则是各擅胜场的专业型玩家。

（二）打造线上线下联动的自组织招商网

所谓打造线上线下联动的自组织招商网，就是将产业招商的相关用户，如产业地产商、园区二房东、招商代理机构、孵化器运营方、产业研究机构、产业投资机构、行业协会及行业内的企业予以整合上线。按照体系化招商的相关环节，通过大数据分析，将园区信息发布、行业趋势研究、企业动态观察、招商推广渠道、资源圈层整合、招商贴身服务等信息予以匹配，促进相关要素主体的相互联系成体系，实现各环节要素的精准匹配，大大降低各主体之间的交易成本。既促进招商活动的精准开展，也促进园区运营要素的相互匹配，实现招商体系化和以运营促招商的全面升级。

1. 搭建园、企线上朋友圈

打造园区线上招商中心。将园区招商从传统的线下推广为主，转向为"线上+线下"有机结合的联动推广。让线上成为园区招商推广的重要窗口，将各个园区的微信公众号、微信小程序、园区官网纳入平台系统，建立与意向客户的线上沟通与互动入口，让平台成为园区的线上集聚地和最核心的招商窗口。

整合相关行业企业资源。不断收集各类行业、企业信息，随时跟踪企业动态，分析相关企业动向，建立相关企业大数据库，通过巨量企业数据资源来为园区提供服务，满足园区招商信息搜集、企业动态了解需求。

集聚相关产业运营要素。整合促进产业资源的各类行业协会、技术服务平台、知识产权平台、产业投资机构、法律财税机构、人力资源机构等产业运营要素信息，并分门别类予以整合，打造园区、企业及相关要素共生的朋友圈。

2. 打造线上产园研测平台

汇聚线上行业研究信息。平台可依托自身企业大数据提供行业研究报告，也可引入投行等金融机构的行研报告、行业动态、企业分析，不断预测行业发展趋势，评价相关企业动态，为园区招商定位给出指引。

发布相关园区测评信息。针对企业选址、入驻需求，平台也不断地对园区的区位交通、产品标准、产业生态、运营服务、配套设施等一系列内容做出测评，发掘其特色与亮点，找出其问题与不足，以提供入驻企业参考。

3. 大数据产、园精准匹配

通过平台掌握的企业信息、园区信息、行业研究、园区测评及相关产业运营要素信息，为园区招商和企业入驻进行精准匹配。在招商方面，通过构建智慧招商系统，自动为园区生成招商地图和目标客群清单，服务园区招商；同时根据企业入驻需要调查，自动为企业推荐相关园区，节约企业考察园区的精力。总体上，通过大数据实现产业园区与招商企业之间的相互精准匹配。

4. 不断创新园区推广服务

增加园区信息在互联网中留下的痕迹，抓住每一个线上渠道的意向客户，形成多渠道、多方式推广服务。根据园区测评结果，策划包装园区招商推广软文，突出园区特色，并向具有相关意向的客户进行推广。在基础软文基础上，延展多渠道、多样化的推广内容，例如已入驻客户、特色服务、产业资源等，形式上可根据情况引入新的内容形式，如短视频、VR看房等。相关推广可具体包括社区推广裂变、扩大线上内容发布渠道、针对垂直渠道进行定向投放等方式。

5. 推进相关资源圈层整合

此外，针对园区招商需要，为园区推荐相关专业的行业协会、招商代理机构、园区二房东等渠道资源，或技术服务平台、知识产权平台、产业投资机构、法律财税机构、人力资源机构等服务资源，将相关资源圈层不断整合成体系。在招商资源方面，促进园区和相关渠道的整合；而在运营促招商方面，以帮助园区形成产业生态、服务生态，激化投资买商、孵化招商等创新玩法，提升招商手段与能力。

6. 做好线下招商贴身服务

通过前述线上的五个环节，促进了园区、企业资源的汇聚，不断追踪行业与企业发展动态，做好园区测评工作，实现了以大数据对园区的精准匹配，为园区做好了体系化的推广组合拳，帮助园区找到各类渠道资源和服务资源，形成了运营等招商新引力。在此基础上，园区深化只需做好与目标企业、渠道资源和服务资源的对接，就能将招商信息转化为招商成果。

最后，当然这种线上自组织招商网络的核心在于互联网平台，但也创造性地串联了各个主体，实现了对行业资源的整合，形成更有效的信息匹配和服务对接，有望在线下形成更好的园企生态，能够更好地提升招商效率。

第二章　与创新相伴而生的科技创新服务

2019 年，5G 商用加速推进、芯片助力中国智造、区块链赋能产业转型升级，嫦娥四号首次成功登陆月球背面、长征五号遥三运载火箭成功发射、首艘国产航母正式列装，从寻常百姓，到社会精英，再到国家顶层，科技创新影响着政治、经济、社会、生活的方方面面。

随着技术的不断进步和科技创新需求的多样化，围绕创新链逐步形成了各种科技服务需求，以科技创新服务为核心内容的科技服务业、产业服务业得以快速发展。一方面，以市场为导向的风险投资机构、产业技术联盟、创业苗圃、研发外包、互联网众包等新业态、新机构、新平台不断涌现；另一方面，"一站式科技创新服务"平台、产业创新服务综合体的出现，科技创新券的广泛使用，政府在"创新服务"模式和手段上不断摸索实践，为我国科技事业的发展保驾护航。

科技的创新发展离不开创新服务的支撑和保障，在新的一轮世界竞争中，要想在未来抢占全球经济科技制高点，除注重发挥科技创新的关键作用外，提升科技创新服务能力、完善科技创新服务体系、构建创新服务生态显得至关重要。

一、日新月异，引领产业升级的科技创新

（一）创新上升至国家战略高度

党的十八大以来，以习近平同志为核心的党中央把科技创新摆在国家发展全局的核心位置，从国家宏观战略层面上对科技创新进行了全局谋划和系统部署，重视程度之高、推动力度之强前所未有。2019 年，是全面实施国家科技创新"三步走"战略目标的关键一年。中共中央、国务院发布的《国家创新驱动发展战略纲要》中提出我国科技创新"三步走"战略目标：到 2020 年时进入创新型国家行列，到 2030 年时跻身创新型国家前

列，到 2050 年建成世界科技创新强国。

在创新驱动发展战略的引领下，国内加大科技投入，增强科技供给。自 2013 年起成为世界第二大研发经费投入国，研发人员总量、发明专利申请量分别连续 6 年、8 年居世界首位。2018 年，我国全社会研究与试验发展经费支出 19657 亿元，占国内生产总值的 2.18%，超过欧盟 15 个初创国家的平均水平。根据世界知识产权组织发布的《2019 年全球创新指数报告》，我国创新指数位居世界第 14 位，比 2013 年提升了 21 位，是前 20 名中唯一的中等收入经济体，创新能力的提升有利于我们在新一轮科技革命中抢占先机。

（二）创新是经济发展的第一动力

随着创新驱动发展战略深入实施，创新正在不断地融入中国经济社会发展的全局，创新驱动替代要素驱动成为发展主引擎，为中国经济破浪前行注入澎湃动能。一大批科技创新成果竞相涌现，嫦娥四号首次成功登陆月球背面，北斗导航全球组网进入冲刺期，首艘国产航母正式列装，科技创新对经济发展的支撑作用日益显现。我国在航空航天、生命科学、绿色能源开发、农业生产、信息技术等许多领域的关键环节和核心技术上取得了重大突破，有的已经达到世界领先水平。新技术革命激发新动能，成为推动经济增长、结构调整的新动力。数字经济蓬勃发展，2018 年我国数字经济规模达到 31.3 万亿元，占 GDP 比重超过了 30%，位居全球第二。5G、人工智能、工业互联网、物联网等新型基础设施建设稳步推进，中国信息通信研究院研究报告预计，2020 年至 2025 年，仅 5G 商用直接带动的经济总产出将达 10.6 万亿元。新产业、新业态、新模式的不断涌现，催生新的经济增长点。2018 年，科技创新对中国经济增长的贡献率超过 58.5%，已成为中国经济增长的主要驱动力。

（三）创新是国际竞争的焦点和风口

21 世纪，人类进入经济全球化、信息化、网络化时代，传统的经济发展模式已发生重大变化，科技创新成为各国综合国力竞争的战略利器，创新战略成为世界主要国家核心战略，全球创新竞争呈现新格局。为抢占未来经济科技制高点，在新一轮国际经济再平衡中赢得先发优势，世界主要国家都提前部署面向未来的科技创新战略和行动。美国连续推出"国家创新战略"，将 GDP 的 3% 用于科技创新，投入数千亿美元支持"材料基因组""大数据""脑科学"等研发；德国连续颁布三次高技术战略，在此基础上又制订了工业 4.0 计划；日本、韩国以及俄罗斯、巴西、印度等新兴经济体，都在积极部署出台国家创新发展战略或规划。发达国家的创新优势依然明显，但已呈现版图东移趋势。科技顶尖人才、专利等创新资源仍以发达国家为主导，美欧占全球研发投入总量的比例有所下降，亚洲经济体的比例不断提升。我国要紧紧抓住新一轮科技革命和产业变革的重大机遇，力争成为新规则的制订者和新赛场的主导者，牢牢把握发展的战略主动权。

（四）创新是企业永葆青春的秘籍

在知识经济时代，一流企业制订标准、二流企业输出技术、三流企业制造产品，这已充分说明掌握核心技术和关键知识产权对企业的重要性。随着信息技术的超速发展，知识、发明创造、生产技术转化为生产力的周期越来越短。为了开拓市场满足不同用户的个性化需求，企业通过持续的技术创新生产适合市场需要的产品，提供满足用户特殊需要的服务。企业间的竞争归根结底是企业核心竞争力的竞争，而技术创新能力的水平正是企业保持核心竞争力的根本。

企业作为科技创新投入和产业化活动的重要主体，创新活动越来越活跃。2017 年开展创新活动的企业为 29.8 万家，占全部企业的 39.8%；其中，实现创新的企业为 27.8 万家，占全部企业的 37.1%；同时实现四种创新（产品创新、工艺创新、组织创新、营销创新）的企业达到 5.9 万家，占全部企业的 7.8%。❶ 从 2018 年中国企业研发经费的主要来源来看，中国大部分企业研发经费的主要来源为企业资金，企业资金在中国企业研发经费的主要来源中所占比例高达 79.47%。❷

---

❶ 数据来源：科技部网站（www.most.gov.cn）。
❷ 数据来源：艾媒数据中心（data.iimedia.cn）。

（五）政策发力为创新"保驾护航"

改革开放 40 多年来，我国的科技体制改革工作持续发力，在不断推进科技体制改革的进程中，已经基本形成了覆盖门类齐全、工具多样的科技创新政策体系，涵盖强化要素、加强主体、完善机制、培育产业、聚焦区域、优化环境等多方面内容。一方面，国家从整体上布局科技创新支持政策。《国家中长期科学和技术发展规划纲要（2006—2020 年）》指出，国家科技创新体系是以政府为主导、充分发挥市场配置资源的基础性作用、各类科技创新主体紧密联系和有效互动的社会系统。另一方面，从局部进行专项指导扶持。针对不同发展阶段企业的创新规律和政策需求制定了有针对性的政策措施，促进企业成为技术创新研发投入、科技决策、科研组织和成果转化的主体；根据不同地区的资源禀赋、发展定位等因素，建设各具特色的区域创新体系，同时还推进创新型省份、创新型城市，加强"一带一路"、京津冀等跨区域协同创新，推进发达地区和欠发达地区之间的结队创新；加强知识产权的立法、执法保护，营造公平竞争的环境；牵头组织国际大科学计划和大科学工程，积极融入全球创新网络，稳步推进对外开放。

（六）创新服务的需求正在加速释放

我们正处于一个科技创新爆发的时代，科技创新活动是人类社会活动中变化最为迅猛的领域，新的科技创新形式不断出现，比如 20 世纪 70 年代出现产业园、80 年代出现孵化器、90 年代出现风险资本，创新的活动模式不断发生变化，科技创新活动的开展离不开全方位的服务支撑。美国科技产业全球领先，很大程度上是因为美国有发达的创业投资和有效的资本市场，能够为其科技产业创新发展提供重要支撑和机制保障。

科技创新发展催生多样化的服务需求。科技创新本身是一个复杂的过程，从产生创新思维到形成技术方案再到形成产品，最后实现商业化和产业化，在这所有的创新环节中，构成了一个以创新主体为核心、创新载体为支撑进行活动展开的创新链条。随着技术的不断进步和科技创新需求的多样化，围绕科技创新逐步形成了各种科技服务需求，比如研发外包、互联网众包、风险投资机构等大量市场化的科技服务机构出现并快速发展。

二、迭代升级，促进创新落地的创新服务生态

（一）科技创新与创新服务

1. 科技创新链

自 2014 年国家明确提出"围绕产业链部署创新链"，建立创新链并不断迭代升级已成为各地推动自身产业转型升级的重要工作任务。创新链是以创新主体及其关系为核心，以创新平台为支撑，各创新主体为了共同的目标，相互协同开展创新活动的链接结构。❶ 从环节来看，形成了包括创新来源、构想、设计、实验、孵化、技术商品、新产品生产与新产品市场开发八个环节，涉及多个创新主体的复杂网络系统；❷ 从活动过程来看，创新涉及新思想、新发明的产生，新产品的设计开发，新的生产流程，新的营销策略和新市场的开发扩散等环环相扣的一系列职能活动，其本质包含了从技术走向市场，将生产要素转换为更高绩效特征的产品和服务，创造出巨额商业价值的整条链，创新坏节的各项职能活动的序列集合体现为一条完整的"创新链"。❸

科技创新链可以划分为上游的知识创新、中游的技术创新和下游的创新价值实现三个阶段。创新链的各个阶段和不同环节之间存在着较强的前向依赖关系，基础研究和应用研究属于知识创新是源头，为后面的活动提供理论支撑；产品开发是让知识创新进入商业化阶段的中间环节和关键节点。在实际的发生过程中，这几个阶段往往也存在逆向关系，比如，如果每个阶段有新的发现，那新的发现也会对前面的创新活动环节产生新的要求。

科技创新也是一个生态系统，其中不仅包含了政府、企业、高等院校、科研院所、中介机构、产业组织等一系列参与主体，还涉及了创新基

---

❶ 鲁洁，秦远建. 创新链的构建与协同治理研究 [J]. 武汉理工大学学报，2019，39（1）：81-84.

❷ 黄钢，徐玖平. 农业科技价值链系统创新论 [M]. 北京：中国农业科学技术出版社，2007.

❸ 宋敏. 科技中介服务链、创新链和产业链的融合互动发展研究——基于科技中介服务的视角 [J]. 企业科技与发展，2014（24）：1-3.

础设施、创新资源、创新环境等要素资源和支撑条件。企业创新主体与政府、大学、科研院所等创新主体之间通过组织间的网络协作，深入整合各类创新要素，实现创新因子有效汇聚，进行协同创新，为网络中各个主体带来价值创造，实现各个主体的可持续发展，激活了整个系统的生命力。

　　科技创新主体是具有创新能力并实际从事创新活动的人或社会组织，自始至终参与管理创新全过程。在政府、企业、高等院校、科研院所、中介机构和社会组织几大类创新主体中，每一个主体所发挥的作用和功能不一，但是正是这些创新主体的共同参与才有现今科技事业的壮大发展。政府在科技创新活动中起着关键的引领作用，通过采取有效措施积极鼓励和引导科技创新。企业是最接近市场的创新主体，在科技创新活动中，企业具有趋利避害、除旧布新的能力，尤其是中小型科技企业机制灵活、创新动力强，是科技创新的新兴核心主体。高校、科研院所不仅是培养高素质人才的摇篮，更是拓展科学前沿、推动科技成果转化的重要力量，既为科技创新贡献人才，也贡献创新成果，是最具综合型的创新主体。中介机构和社会组织也是科技创新重要的参与主体，对促进创新链与产业链相融合发挥着重要作用（图 2-1）。

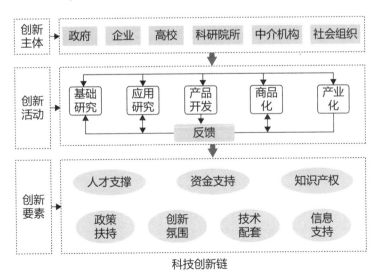

图 2-1　科技创新生态

　　科技创新基础设施是为创新活动提供的便利条件，这些条件是创新活动必需而不可能由企业自行解决的基本条件，包括国家重点实验室、工程技术（研究）中心等科技、教育、情报信息基础设施。科技创新资源是科技创新需要的各种投入，包括人力、资本、信息、成果等各类促进并支撑科技活动要素的总和。科技创新环境是在创新过程中，影响创新主体进行创新的各种外部因素的总和，主要包括国家对创新的发展战略与规划，国家对创新行为的经费投入力度，以及社会对创新行为的态度，等等。

2. 创新服务链

在现代市场经济条件下，无论开发新技术、培育新动能、发展新业态，还是改造提升传统产业，都离不开先进的科技创新服务。科技创新服务是科技创新体系的重要组成部分，是为满足科技创新的需求而构建的一整套、一系列有形或无形，集开放性、共享性、服务性、时代性为一体，具有创新服务功能的专业化体系。创新服务链是围绕创新链各个环节而产生的多元化服务需求，由一系列贯穿"创新理念挖掘—基础研究—应用研究—测试与评估—开发研究—制造生产—市场运营—产品社会化—二次创新"全过程的服务组合而成的链式结构（图2-2）。

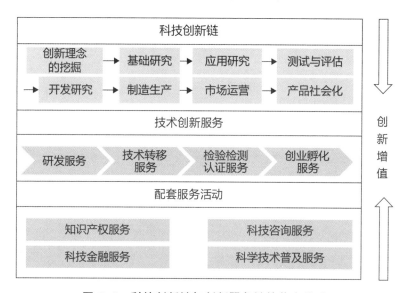

图 2-2 科技创新链与创新服务链的共生关系

创新活动的服务需求决定了创新服务的方向和内容。在服务链上游，从创新理念到基础和应用研究，服务需求主要集中在研究开发、科技咨询、检验检测、科技孵化等方面的内容。在以设计生产为主的服务链中间环节，服务需求主要为产品设计、技术培训等服务；在以科技成果转化为主的下游环节，创新服务需求主要涵盖知识产权、技术推广、技术交易、科技金融等应用及产业化服务（图2-3）。截至目前，我国已初步建立了政府、市场、社会共同参与、协同共生的科技创新服务体系，以科技中介为核心的市场化服务机构快速发展，极大地提升了创新服务能力。

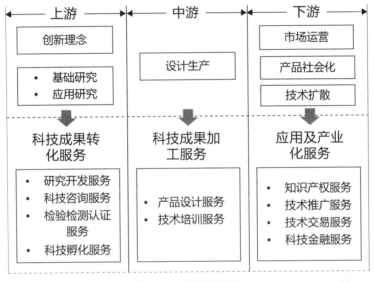

图 2-3　创新服务链

科技中介服务链是以创新链为基础，由不同服务包和服务簇组合而成的服务集合，这些服务集合围绕创新链、紧随创新活动的指向和进程来实现自身分布，其主要作用在于链接和弥补创新环节之间的断裂带/断裂点。❶ 创新成果转化的急迫性和市场反应的迟滞性使科技中介服务行业的产生成为必然。❷ 科技中介服务链涵盖人才推介和培养服务、投融资服务、

❶ 蔺雷，吴家喜，王萍. 科技中介服务链与创新链的共生耦合：理论内涵与政策启示 [J]. 技术经济，2014（6）：7-12.

❷ 韩霞，陈海秋. 我国科技中介服务平台管理运行探析 [J]. 北京行政学院学报，2009（2）：65-68.

信息服务、技术配套服务、创新的基础结构服务等创新链上的辅助活动和创意激发方面的服务、技术研发方面的外包服务、知识物化方面的服务、生产和销售等方面的服务、新企业的创立和管理以及上市方面的服务等创新链上基本活动的服务。❶科技中介机构是提供这些服务的组织载体，可以简单分为三大类，一是直接参与科技创新过程的机构，如工程技术服务中心、生产力促进中心、科技创业服务中心等；二是利用科技知识及管理和市场经验为客户提供咨询服务的机构，如科技评估机构、科技招投标机构、情报信息咨询机构、专利服务所等；三是为科技资源有效流动、合理配置提供服务的机构，如技术产权交易机构、技术经纪机构、科技人才中介机构、科技条件市场等。

3. 科技创新服务的特征

服务主体的广泛性。科技创新服务业不同于一般社会中介服务机构服务于特定的行业，也不同于市场中介机构主要服务于市场主体，其服务对象包括政府机关、大学、科研机构和科技型企业，并力图通过服务在各主体之间架设起一道桥梁。

服务过程的系统性。科技创新服务业在技术创新和技术扩散过程中起到纽带作用，这决定了其提供的服务是全程性的。科技创新包括知识创新、技术创新、产品创新和市场创新，从创新开发到传播推广和应用，科技创新服务业提供一种全方位、多角度、以知识和科技为基础的系统化服务。

服务手段的专业性。科技创新服务业的服务对象主要是大学、科研机构和科技型企业。它们是科技创新的主体，科研水平高，对科技服务的专业性要求高。不同类型和方式的创新、不同技术的创新、不同的创新主体、创新过程的不同阶段所需的服务均不同，对科技服务机构所提供专业性服务的具体要求也不相同。

服务团队的智力性。科技创新服务属于典型的知识密集型服务业，它

---

❶ 常爱华，王希良，梁经纬，等. 价值链、创新链与创新服务链——基于服务视角的科技中介系统的理论框架［J］. 科学管理研究，2014（2）：31-34.

主要通过从业人员的智力劳动获取收益。科技服务机构所服务的主体和它所具有的专业化特点决定了其提供服务的高知识含量。同时，科技服务机构已成为技术创新体系的重要组成部分，其服务已贯穿技术创新和技术扩散的整个过程。因此，科技服务业发展的第一资本是人力资本，第一资源是人力资源，第一要素是知识要素。

（二）概念比对——科技服务业与高技术服务业

1. 科技服务业

2014 年 10 月国务院发布《关于加快发展科技服务业的若干意见》，明确提出，要加快培育和壮大科技服务市场主体，创新科技服务模式，延展科技创新服务链，到 2020 年，科技服务业产业规模达到 8 万亿元，成为促进科技经济结合的关键环节和经济提质增效升级的重要引擎。此后，全国各地相继出台了一系列扶持政策，极大地促进了科技服务业的发展。2018 年年底国家统计局印发的《国家科技服务业统计分类（2018）》，将科技服务业划分为科学研究与试验发展服务、专业化技术服务、科技推广及相关服务、科技信息服务、科技金融服务、科技普及和宣传教育服务、综合科技服务 7 个细分领域。从分类目录来看，科技服务业涵盖的范围比科技创新服务更宽泛。但从各地实际发展的重点领域可以看出，科技服务业的重心在于研究开发服务、技术转移服务、检验检测认证、创业孵化服务、知识产权服务等领域，这些细分领域也是科技创新服务的核心领域。因此，从某种程度上来说，科技创新服务是科技服务业的重要组成部分及核心所在，科技服务业的发展程度关系到科技创新服务能力的水平。我国科技服务业起步较晚，从借鉴到自主创新，尽管科技服务业在我国已初步形成一定的体系和规模，但现有服务功能依然不能完全满足现代科技和经济的发展要求。

2. 高技术服务业

在知识经济快速发展的大背景下，高技术服务业已成为各方关注的一个焦点行业。早在 2011 年国务院就发布了《关于加快发展高技术服务业的指导意见》，党的十八大以来，国家大力实施创新驱动发展战略，出台了一系列政策，有力推动了我国高技术服务业的快速发展。高技术服务业具有技术含量和附加值高，创新性和辐射力强等特征，是我国经济高质量发展的先导产业。国家统计局发布的《国家高技术产业（服务业）分类（2018）》中，高技术服务业被划分为 9 个大类，其中包括了检验检测服务、研发与设计服务、科技成果转化服务、知识产权及相关法律服务等细分领域。由此可见，科技创新服务算得上是高技术服务业的一部分。第四次全国经济普查结果显示，我国高技术服务业蓬勃发展，产业规模迅速扩大，生产效率稳步提升，行业集中态势明显，区域集聚效应突出。2018 年年末，全国高技术服务业企业达到 216 万家，从业人员达到 2063 万人，分别占全部服务业的 14.9% 和 13.7%；2019 年 1—11 月，高技术服务业企业营业收入同比增长 12.0%，比规模以上服务业快 2.6 个百分点。研发与设计服务、科技成果转化服务等行业的企业数、从业人员、营业收入占高技术服务业的比重在 7%～25%，已成为高技术服务业重要支柱。

（三）重点环节——科技成果转化与知识产权运营

1. 科技成果转化

我国是全球第一大专利申请国，2018 年受理专利申请数量占到全球总量的 46.4%。在专利产出繁荣的情况下，我们却面临着科技成果市场转化率严重低下的尴尬现状，导致大量科技成果未能有效转化为生产力。❶ 科研成果与市场需求不对称，一方面是成果走不出实验室，另一方面是需要科技成果的企业找不到合适的技术，有效的科技成果转化显得尤为重要。加快促进科技成果转移转化已成为实施创新驱动发展战略的重要任务之一，是加强科技与经济紧密结合，发挥科技创新在经济转方式、调结构中的关键环节。

科技成果转化是科技成果（主要指应用技术成果）流动与演化的过

---

❶ 董洁，黄付杰. 中国科技成果转化效率及其影响因素研究——基于随机前沿函数的实证分析 [J]. 软科学，2012，26（10）：15-20.

程，包括"转"和"化"两个部分。❶ "转"是科技成果所有权和使用权的转移，主要包括向外部企业商业转让、向内部衍生企业转让、产学研合作等三种方式。"化"是科技成果不断具体化、产品化、商品化与产业化的过程，主要包括小试、中试、工业化生产、标准化产品等环节。从理论上来讲，参与科技成果转化的实施主体可以分为四类。一是成果所有者，即对科技成果拥有所有权的个人、组织或政府机构。二是成果使用者，即购买科技成果或被授权许可使用科技成果的个人、企业组织或其他机构。三是中介转化者，即在科技成果的所有者和使用者之间，起到沟通信息、提供交易平台场所、协助交易成功作用，并收取一定服务费用的个人或组织机构，也就是所谓的技术经纪人和科技中介组织。四是推广转化者，这一般是政府负责科技成果转化推广的职能部门、行业协会、高校或研究院所的技术转让转移办公室等部门。

　　从科技成果转化价值活动来看，存在六个主要参与主体，分别是政府、高校及科研院所、企业、金融机构、中介服务机构和消费者，每个主体都对科技成果转化价值活动的不同阶段投入不同的专用性资产，并提出不同的利益诉求。❷ 政府为科技成果转化提供政策支持和引导基金支持。高校及科研院所作为研发主体，为科技成果转化提供技术支撑。企业主要作为成果应用主体，为科技成果转化提供市场导向的资源和能力。金融机构作为投资主体，通过多种方式为科技成果转化提供资金支持。中介服务机构作为服务主体，为科技成果转化提供主体对接和技术服务支持。消费者作为消费主体，是科技成果转化的产品的使用者，是成果转化成功与否的最终评判者。科技成果转化过程如图 2-4 所示。

---

❶ 杨善林，郑丽，等. 技术转移与科技成果转化的认识及比较［J］. 中国科技论坛，2013（12）：116-112.

❷ 袁忆，张旭，郭菊娥. 科技成果转化价值活动的商业模式探析［J］. 管理评论，2019，37（7）：13-21.

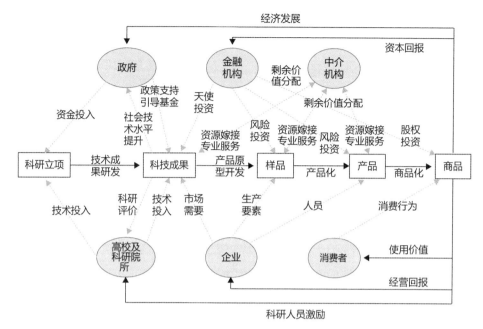

图 2-4　科技成果转化过程

2. 知识产权运营

知识产权是企业和国家竞争力的核心要素，随着我国经济发展从"量变"到"质变"再到"智变"转变，知识产权的重要性正在日益凸显。华为逆袭成为世界级科技巨头，中兴通讯遭受美国制裁，苹果、三星、高通、华为等科技巨头间的专利大战，充分反映了这一发展趋势。习近平总书记在党的十九大报告中指出，要"倡导创新文化，强化知识产权创造、保护、运用"。国家加快推进创新型国家、知识产权强国建设，明确提出要加快构建知识产权运营服务体系，强化知识产权创造、保护、运用，促进经济创新力和竞争力不断提高，服务高质量发展。

知识产权运营可以理解为知识产权的运作或知识产权的市场化运营，是指企业或其他专门组织，通过知识产权转移、许可、质押融资、管理咨询等方式，借助市场交易来实现知识产权的经济价值，其核心在于将科技成果转化为生产力，实现知识产权开发的投资回报和经济效益。❶ 知识产

❶　陈群山，李家正，等. 科技中介机构在知识产权运营过程中的服务模式探讨［J］. 中国科技投资，2017（22）：368-369.

权运营除了包括直接经济收益的商业性运行和经营活动之外，也包括支撑获取直接经济收益的托管和诉讼等间接活动。从知识产权运营的构成要素来看，专利池是基础条件，资金池是基本保障，服务池是重要支撑。❶ 从某种角度上讲，知识产权运营源自科技成果转化，不仅是科技成果转化的重要内容，也是科技成果转化在新阶段的发展。❷ 但是，知识产权运营又具有与科技成果转化不同的规律和特点。知识产权运营的本质是知识产权资本化，目的是使知识产权资本在流动中保值和实现价值增值。❸

财政部、国家知识产权局在全国选择创新资源集聚度高、辐射带动作用强、知识产权支撑区域发展需求迫切的重点城市，支持它们开展知识产权运营服务体系建设。到 2019 年年底，已先后分三批推出了 26 个重点试点城市，知识产权运营服务体系试点建设迈上快车道，知识产权运营链条和服务体系正在加速形成。目前，我国的知识产权运营存在政府与市场服务机构间角色定位不清，中介服务机构服务模式单一，行业高素质复合型人才缺乏等一系列发展难题，加强知识产权运营对落实创新驱动发展战略具有重要意义。

(四) 常见载体——科技创新服务平台与技术市场

1. 科技创新服务平台

科技创新服务平台是科技创新活动最重要的资源整合载体，是国家和区域创新体系的重要组成部分。❹ 它是指在区域科技创新过程中，为克服区域创新系统的失灵，提高科技资源配置效率，由政府、高校院所、企业、商协会、产业联盟以及科技中介服务机构等，充分运用现代信息技术，通过大型科学仪器与设备、科技数据与文献、自然科技资源、信息网络资源等科技资源的共享，以及共性技术研发、行业检测、创新成果应用与转化等公共技术服务的提供，构筑为区域创新提供优质、高效服务的基

---

❶ 范建永，郑红莺，秦正雨. 知识产权运营开启知识产权新视野新体验 [J]. 科技促进发展，2016，12 (6)：690-693.
❷ 宋河发. 我国知识产权运营政策体系建设与运营政策发展研究 [J]. 知识产权，2018 (6)：75-81.
❸ 刘淑华，韩秀成，谢小勇. 专利运营基本问题探析 [J]. 知识产权，2017 (1)：93-98.
❹ 赵永慧. 区域科技创新服务平台建设的理性思考 [J]. 学术研究，2015 (11)：241-242.

础性支撑体系。[1] 近年来区域性科技创新服务平台呈现快速发展态势，已成为地方政府提升区域科技创新能力的重要举措。科技创新服务平台具有显著的资源共享开放性、载体多样性。现有的科技创新服务平台可以大致划分为三类：为区域创新系统提供科技基础资源共享服务的区域科技基础条件共享平台，为区域科技创新系统提供公共技术服务的区域科技中介服务平台，为区域科技创新系统创造良好宏观发展环境的区域科技政策服务平台。其中，科技基础条件共享平台主要包括研究实验基地和大学科学仪器设备共享平台、自然科技资源共享平台、科学数据共享平台、科技成果转化公共服务共享平台等，主要为区域科技创新活动提供公共技术、科学仪器设备、科技文献、科学数据等一系列科技资源共享服务。科技中介服务平台以知识和信息为介质，为中介服务机构和创新主体搭建信息沟通桥梁。整体来说，科技创新服务平台的建设受主观认识及客观现实困扰，存在小而分散、重复建设、功能单一、整合资源少、市场化运作不成熟等问题。有效提升科技创新服务平台建设水平，可以有效激发区域创新资源利用潜能，通过服务推动区域科技创新水平的提升。

2. 技术市场

技术市场是技术商品及服务转移转化的场所和领域，链接的是技术市场参与的各个主体，是加速科技成果产业化进程，链接科技与经济的纽带和桥梁。[2] 近年来，我国技术市场快速发展，有效推动了以市场为导向、产学研相结合的自主创新体系建设，加速了大批科技成果向现实生产力转化，促进了高技术服务、科技服务、科技中介等新业态的发展。技术商品经过技术市场得到创新扩散和合理配置，提高了区域技术商品交易的效益和效率，为区域经济的增长增添了动力。区域技术市场从发展模式上呈现出"网上技术市场、实体科技市场"的线上线下联动发展局面，在功能定位上呈现出"省市级综合技术市场、区县级专业技

---

❶ 张利华，陈刚，李颖明. 基于系统失灵理论的区域科技创新服务平台研究 [J]. 中国科技论坛，2007（11）.

❷ 张座铭，彭甲超，易明. 中国技术市场运行效率：动态演进规律及空间差异特征 [J]. 科技进步与对策，2018，35（20）：55-63.

术市场"的协同发展格局。譬如,浙江网上技术市场主要以发布技术供需等信息为主,而在杭州滨江区设立的浙江科技大市场则实现了线下实体延伸。与此同时,我国技术市场发展还存在一些突出问题,主要是主体脱节导致有效供给不足、环节缺失导致价值链断裂、技术转移的中介机构能力缺位、交易环境尚不成熟等,这些问题直接导致技术市场发展的不协调、不平衡和不稳定,制约了技术市场的持续快速发展。2018年5月科技部发布《关于技术市场发展的若干意见》,提出到2020年发展3~5个枢纽型技术交易市场,培育600家市场化社会化技术转移机构,发展一批社会化技术市场服务机构。2019年,全国共签订技术合同484077项,成交额为22398.4亿元,比上年分别增长17.5%和26.6%;技术合同成交额首次突破2万亿元,创历史新高。可以预见,在政策的引导推动和先进技术的应用支持下,技术市场将进一步加快完善,有力推动科技成果转移转化。

三、方兴未艾,不断变革升级的科技创新服务

回顾我国科技创新服务的发展历程,自20世纪80年代开始,以政府为主导的科技创新服务逐渐兴起。经过近40年的快速发展,我国的科技创新服务能力和服务水平得到了长足发展,新模式、新业态、新机构、新平台不断涌现,"政府+市场"双轮驱动、各骋所长、协同配合的服务格局正在形成,有力地保障了创新驱动战略的落地。

(一)政府及国有平台仍然是当前科创服务的主力

我国基本上形成了以政府为主导、市场参与的,以创新服务机构、平台等集成知识、技术、资本等科技创新资源要素,向社会提供集研发设计、科研条件、创业孵化、技术交易、知识产权、技术投融资、专业技术咨询等专业化服务于一体的科技创新服务体系。

科技创新服务平台加速布局。作为一类能够有效集聚整合区域优质科技资源、为区域科技创新提供多样化科技服务支持的平台组织,国家和地方政府不断加速创新平台建设,为适应科技创新共享平台的建设,逐步推

出以"科技检测服务、大型科学仪器与文献资源共享服务、技术评估与转移服务、工业设计共性技术支撑"四大模块为主要内容的"一站式科技创新服务"平台。

政府及国有平台是科技创新服务的主力军。长期以来，我国的科技创新服务机构多数存在于体制之内，主要以生产力促进中心、技术交易所、科技企业孵化器（高新技术创业服务中心、留学生创业园、大学科技园）、科技评估与咨询机构、科技情报机构等形式存在。作为我国科技服务体系建设的中坚力量，在国家政策的引导和扶持下，各类科技服务机构在全国遍地开花，发展迅猛（表 2-1）。截至 2017 年年底，全国生产力促进中心总数为 1799 家，国家级示范生产力促进中心 229 家❶，科技企业孵化器超过 4000 家，国家技术转移示范机构超过 200 家。❷

表 2-1　科技创新服务机构的主要类型

服务机构	典型代表
生产力促进中心	中机生产力促进中心
	中商流通生产力促进中心
	广东省生产力促进中心
	浙江火炬生产力促进中心
	江苏省生产力促进中心
技术交易所	中国技术交易所有限公司
	北方技术交易市场
	江苏长三角技术产权交易中心有限公司
	北京产权交易所有限公司
	上海联合产权交易所
	深圳联合产权交易所

❶ 数据来源：中国生产力促进中心协会。
❷ 数据来源：科技部火炬中心。

续表

服务机构	典型代表
科技评估与咨询机构	国家科技部科技评估中心
	广东省科技评估中心
	江苏省科技评估中心
	中国科学院管理创新与评估研究中心
	中国科学技术咨询服务中心
	北京科技咨询中心
	浙江省科技咨询中心
科技情报机构	中国科学技术信息研究所
	北京市科学技术情报研究所
	浙江省科技信息研究院
	广东省科学技术情报研究所
科技企业孵化器	北京高技术创业服务中心
	中关村科技园丰台园区科技创业服务中心
	天津市科技创业服务中心
	上海市科技创业中心
	广州火炬高新技术创业服务中心
专利代理机构	中国专利代理（香港）有限公司
	中国国际贸易促进委员会专利商标事务所
	北京集佳知识产权代理有限公司
	北京万慧达知识产权代理有限公司
创业投资机构	深圳市达晨创业投资有限公司
	君联资本管理股份有限公司
	江苏高科技投资集团有限公司
	红杉资本中国基金

科技创新公共服务市场规模不断扩大。近年来，在市场需求的促进下，我国检验检测认证机构发展状况较好，机构数量增长迅速，至 2018 年我国检验检测认证机构数量约为 3.3 万家，行业市场规模已突破 1000 亿元。根据科学技术部火炬高技术产业开发中心公布的 2018 年度全国技术

合同交易数据，2018 年，全国技术市场成交合同 41.2 万项，成交总金额达 17697 亿元，是 1991 年的 186 倍，同比增长 12.08% 和 31.83%。❶

（二）一批市场化的创新服务机构正在加速涌现

科技体制改革活跃了技术市场交易，极大促进了科技创新资源合理利用和成果转化。在改革的带动下，全国各类孵化器、加速器、众创空间等科技中介组织如雨后春笋般蓬勃发展，为各类创新主体提供融通合作的平台。在市场端，技术开发、转让、咨询和服务能力不断增强，技术成果的转化和应用呈加速发展态势，新的创新服务模式和业态不断涌现，大量市场化的科技创新服务机构出现并快速发展。

一是研发设计外包促进市场需求加速释放。从国家商务部中国服务外包研究中心的数据来看，2018 年 1—4 月，我国研发服务外包（包括软件研发外包和研发服务外包）的合同执行金额达到了 149.4 亿美元。2019 年我国医药研发外包市场规模将达到 814 亿元，2023 年将达到 1680 亿元，未来五年（2019—2023）年均复合增长率约为 19.86%。❷ 据 Business Insights 统计，全球医药外包市场常年保持在 10% 的增速，从全球竞争来看，我国医药研发外包市场潜力巨大。

二是检验检测认证领域呈现专业化、外包化、集成化发展趋势。在软件、生物医药、集成电路设计、新材料、节能环保等领域，逐渐呈现出专业化、外包化、集成化的趋势，涌现出一批按照国际通用标准提供专业检测服务的企业，如谱尼测试、华测测试等。

三是知识产权服务领域，从单一知识产权代理向综合性服务集成化转变，从线下扩展到线上线下一体化的服务模式。国外的 Tynax 和 Yet2 公司是具有代表性的线上交易平台，国内则有权大师、汇桔网、猪八戒等典型的线上综合交易服务机构。

四是科技金融服务模式不断创新。创新科技金融服务为中小科技企业开拓融资渠道，进行风险投资的基金如 PE、VC 等。北京中关村发展集团

❶ 数据来源：国家科技部火炬中心，《关于公布 2018 年度全国技术合同交易数据的通知》。
❷ 我国医药外包市场增长率近 20%！细数前五强企业［EB/OL］.（2019-08-12）［2019-12-26］. http://www.zyzhan.com/news/detail/74960.html.

及旗下中关村科技创业金融服务集团受托创业投资引导基金多达 30 余只，天使合作基金已达 15 只；另外，集团的直投业务已经累计完成 200 多个，并且自发成立了 5 只基金，总管理规模达到 20 亿元，形成涵盖创业投资、科技担保、小额贷款、科技租赁等多元化科技金融服务体系。

（三）产业创新服务综合体开启综合服务 "新模式"

产业创新服务综合体是浙江省在推动产业创新发展中推出的一大新创举。它是以产业创新公共服务平台为基础，坚持政府引导，企业为主体，高校、科研院所、行业协会以及专业机构参与，聚焦新动能培育和传统动能修复，集聚各类创新资源，为广大中小企业创新发展提供全链条服务的新型载体。❶

据统计，截至 2019 年上半年，浙江省已建设省市县三级产业创新服务综合体 168 家，其中省级 65 家综合体已累计集聚科技企业孵化器、知识产权服务机构、中小企业公共服务平台、省级以上检验检测平台等各类创新服务机构 2864 家，开展产学研合作的企业达 6329 家。❷

自 2017 年浙江省首提产业创新服务综合体并启动建设以来，发展成效已初具显现，创新服务机构不断积聚、许多共性技术难题得到解决、发展模式各具特色（表 2-2）。

表 2-2　浙江省代表性产业创新服务综合体

名　称	模　式	特　点
余杭家纺与服装产业创新服务综合体	研发生产销售 "一站式"	采用政府主导、国企推动、企业市场化运营相结合的模式，通过 "线上+线下" 相结合的方式，一方面以市场化机制搭建开放共享的服装产业互联网平台，另一方面建设以 "产业园区" 为核心载体的综合体运营空间，形成以产业互联网平台为主体，由企业、高校、科研、中介服务等协同互动的开放、共享、协作、共赢的产业生态体系

❶　资料来源：浙江省人民政府办公厅，《浙江省产业创新服务综合体建设行动计划》（浙政办发〔2017〕107 号）。

❷　浙江省产业创新服务综合体建设实践 [J]. 今日科技，2019（05）：4-14.

续表

名　称	模　式	特　点
台州椒江智能马桶产业创新服务综合体	多元主体协同	坚持"政府引导+市场服务"相结合，多个创新主体优势互补、协同创新、资源共享，智能马桶产业创新服务综合体探索出了一条以联盟模式共同推进综合体建设的新路子。综合体已经具备了为不同发展阶段的企业提供从产品研发到检验检测再到品牌营销，从政策输出到共性难题攻关再到金融创新的全链条服务能力
萧山新能源汽车及零部件产业创新服务综合体	龙头企业带动式	依托万向集团，整合利用全球创新资源，推动智能制造、工业互联网、区块链等数字技术推广应用，目前已共建大院名所1家，开展产学研的企业335家，解决技术难题750个
台州黄岩模塑产业创新服务综合体	全创新链推进式	综合体已初步集聚起集研发、检验检测、工业设计等80多家各类创新要素，为模塑产业的创新发展提供全链条服务
德清地理信息产业创新服务综合体	未来产业孵化式	针对园区地信企业多以数据采集、加工为主的现状，综合体聚焦数据的采集、处理、管理、应用四大环节，创新性地成立了"一院五中心"，持续拓展产品、技术、数据和人才等创新资源社会化供给与需求的对接通道，提升企业盈利能力

截至目前，65个省级综合体累计承担省级及以上科技计划项目1478项、服务科技企业41.4万次、解决技术难题1.6万个、达成技术交易成果6811项，设立创业风险投资基金260.6亿元、开展知识产权质押贷款55.7亿元。产业创新服务综合体的建设，成为浙江省加快以科技创新为核心的全面创新的重大举措，也成为浙江省推动民营经济高质量发展、破解产学研体制障碍的有效途径。浙江省在"创新服务"模式和手段上坚持探索和实践，从传统的生产力促进中心到科技创新公共服务中心，再到虚实结合的产业创新服务综合体，创新服务模式不断演进，创新服务手段和范围不断升级。

（四）政府支持中小企业向市场获取科技创新服务

科技型中小企业是促进实体经济发展的重要力量，在推动经济增长、增加就业机会、加快科技创新、优化经济结构、促进社会稳定等方面具有重要的战略意义。与此同时，中小企业又具有"高风险、高投入、高成长性"的特点，在激烈的竞争中抗压能力弱，迫切需要政府进一步优化服务，提供更有力的支持。近年来，政府不断对中小企业进行政策倾斜，支持中小企业向市场获取科技创新服务，在金融支持方面尤为突出。

鼓励金融资本向中小企业放开。近年来，融资难的问题成为中小企业壮大发展过程中的掣肘。据统计，目前我国中小企业有 4000 万家，占企业总数的 99%，但其中只有大约 1.4% 的中小企业能够获得贷款，总规模只占信贷总额的 8% 左右。在加强金融资本市场支持方面，政府要求开展贷款风险补偿试点，引导银行信贷支持转化科技成果的科技型中小企业，鼓励通过投贷联动、知识产权质押、融资租赁等方式扩大中小科技企业融资渠道。2019 年上半年，我国专利和商标新增质押融资金额为 583.5 亿元，同比增长 2.5%，质押项目数为 3086 项，同比增长 21.6%。我国专利质押融资项目同比增长 33%，其中金额在 1000 万元（含 1000 万元）以下的小额专利质押融资项目占比为 68.6%。

扩大中小企业的创新服务供给。创新券作为舶来品，自 2012 年 9 月在江苏宿迁市率先推出以来，科技创新券的推广运用在国内各地区关注度持续上升，受到广大企业的热烈响应，在促进政府职能转变、降低企业创新成本、推动科技创新服务发展等方面都取得了良好的社会效益。科技创新券是政府部门针对中小企业经济实力不足、创新资源缺乏，高校和研发机构没有为中小企业服务的动力机制而设计发行的一种"创新货币"，主要通过政府购买服务的方式支持中小微企业或创业团队开展创新活动。根据调查统计，截至 2017 年年底，全国创新券发放规模达到 39.94 亿元，其中用于创新券兑付和补助的省级财政资金达到 9.02 亿元。❶ 创新券在全国的

---

❶ 李希义，陈晓玲. 我国科技创新券当前的实施状况、成效以及存在问题［N］. 中国高新技术产业导报，2019-06-03.

运用实施，加速科技成果转化，促进科技资源共享，有效提高了财政资金的使用效率。以上海为例，自 2015 年 7 月 1 日至 2018 年 12 月 31 日，上海科技创新券政策运行期间，共向 7920 家次（4583 家）中小企业发放了额度为 5.07 亿元的科技券，有效补贴中小企业 4104 家次（2308 家），补贴金额达到 1.134 亿元，引导中小企业创新投入 5.74 亿元，以 1：5 左右的杠杆效应，撬动企业研发投入及技术创新。

除了科技创新券的形式外，政府鼓励通过开展新型研发机构、专业化技术转移机构建设试点，建设全国科技型中小企业信息服务平台，举办科技型中小企业创新产品博览会等方式，扩大面向中小企业技术创新的专业服务和技术供给。

四、思辨当下，科技创新服务尚存短板和不足

相比发达国家，我国科技创新服务行业发展起步较晚，尽管在科技创新企业、科技创新服务平台建设、科技成果转化等方面取得重大突破，但是依然存在很多不足之处。

（一）市场运作体制机制尚不成熟

目前，我国大量的科研机构独立于企业之外，这一弊端导致了科技与经济相分离的局面。政府出资或主导设立的服务机构大多以非营利性为主，且对政府依赖性强，"政务"与"服务"还未完全分离，极大地限制了科技创新服务机构的发挥空间。市场化改制的进程相对缓慢，在服务效率和质量上很难与国际上高效率的服务机构竞争。从国外现在的科技服务业发展经验来看，主流模式是以营利性的民间科技服务机构为主。

市场体制的问题造成一个很直接的结果就是科技创新成果转化率不高。科研院所和高等院校是科技成果产出的主要来源，受限于原有体制机制束缚，对于市场的真实需求并不关注。企业作为需求方，自身的科研能力普遍偏低，对科研院所和高等院校的最新科研动态缺乏了解。科技资源信息不对称的现象广泛存在于高校、科研院所和企业研发机构之间。主体之间缺乏有效的联动机制，科研机构与市场需求严重脱节，整个转化的链

条存在中间断层。据《2017 年高等学校科技统计资料汇编》中的资料显示，全国各类高校全年专利授权数共 229458 项，合同形式转让数为 4803 件，转化率只有 2%，中国高校科技成果转化率及产业化程度远低于发达国家 40%~60% 的平均水平。

（二）科技中介服务机构发展滞后

科技中介服务机构是连接科技成果供需双方的桥梁与纽带，其主要职能是为技术交易提供交易场所、信息平台及信息检索、加工与分析、评估、经纪等服务，重要性不言而喻。目前，科技中介服务机构在促进科技成果转移转化中的作用还有待发挥，问题主要集中在以下几个方面。

第一，市场透明度有待进一步加强。成果转化和技术转移是涉及技术、法律、市场、政策等各方面的复杂过程，具体的项目对接涉及买卖双方的诉求、识别供方的技术新颖性和成熟度，以及买方的吸纳能力，同时还需要调解双方利益矛盾等诸多因素。现如今，随着大数据、云计算以及区块链技术的快速发展和应用，虽然能更高效地匹配买卖双方的诉求，但是"技术的独创性决定了其必定是信息不对称交易"的规律表明，买卖双方完全实现信息透明对称进行网上交易暂无可能性。

第二，我国科技中介服务机构自身造血能力不足。整体水平与服务质量不高。目前仍然是以非独立法人的中介机构和官方中介占据主导地位，权力制衡与监督机制不完善，缺乏独立性和公正性，服务意识不强、服务手段落后，难以满足企业的现实需求。

第三，我国的中介机构视野格局与国际仍有较大差距。我国中介服务机构往往局限于国内市场，国际化程度很低，在战略规划、专业人才、制度规范上与国际还存在较大差距，要想与国际接轨并形成有效竞争力任重道远。

（三）整体服务体系有待继续完善

我国科技服务资源较为分散，尚未形成全面统筹开发、统一利用的长效机制，缺乏有效的信息、资源、利益等共享机制，创新要素流动受阻。

从数量上来看，全国服务机构数量庞大也比较多元化，但多为中小型服务机构，部分机构甚至缺乏实质性服务内容，且服务内容单一，围绕科技型企业"入园—孵化—培育—壮大"的完整服务体系欠缺，难以满足广大科技型企业对科技服务专业化、多样化的需求。

从服务质量上来看，服务手段大多偏传统，服务效率相对低下。各类载体尤其是各种园区的创新服务能力不够，传统服务手段的覆盖率不高，创新要素的配置效率还有待提高。

从服务延展方面看，各专业化服务在业务拓展及交叉协作方面缺乏活力，特别是科技成果转移转化、高层次人才、科技金融、知识产权等综合性强、服务链长、影响力大的关键领域有待强化。

（四）专业人才供给与需求不匹配

人才资源是发展科技的重要保障。科技创新服务离不开人才的支撑，基于科技服务行业知识密集型和技术密集型的特性，对从业人员素质要求较高，需要的是具备综合能力与高素质的复合型人才，这是当前我国科技创新服务机构最为匮乏的资源之一。从行业现有从业人员来看，整体人员素质参差不齐，既没有进入的合格准入考核机制，又没有不合格的退出机制，缺乏统一的科技服务人员资格认证标准，忽略了行业本身高智力、高技术的特殊性，极大地制约了我国科技创新服务行业的规范发展。

因此，快速提升从业人员的综合素质尤为重要。一是吸纳高端专业人才，从高校、科研院所、留学回国创业人员群体中，积极吸引懂经营、会管理的科技专业人才；二是要从科技服务业发展需要出发，充分发挥高校和研究机构的作用，避免紧缺专业和跨学科专业设置的不足，加快设计、检验测试、知识产权、技术转让等综合型人才的培养。在关键领域各岗位，多渠道引进高水平的综合管理人才和具有较强业务开发能力及较高专业技能的人才。

五、展望未来，科技创新服务前景广阔

站在 2020 年新的起点，随着科技营商环境的不断改善和提升，科技创新的市场环境将会滋生出更加灵活多样的服务模式和盈利模式，科技服

务机构多元化，市场业态更加丰富。科技创新服务将从以政府推动为主，向依靠市场化力量转型，并逐渐成为科技创新资源集聚的新引擎。

（一）新技术的应用会催化新业态新模式的诞生

以云计算、大数据、人工智能、区块链、5G 等为代表的新一代信息技术，具有显著放大倍增效应，正前所未有地推动着社会快速跨入数字经济时代。随着各类新技术在科技服务领域应用的不断深入，催生出许多基于互联网的各类新兴服务业态，从技术、服务内容、商业模式等方面挑战与颠覆了现有的产业格局，并产生新的商业运作模式，特别是在科技创新服务领域引发了一系列深刻变革，服务效率显著提升。"互联网+"与科技跨服务业态跨界融合，实现了各类创新创业者和科技服务的无缝对接，国内如研发众包、创新驿站、创业咖啡馆、创新工场等为代表的一系列新兴业态不断产生。发达国家和地区拥有丰厚的科技创新资源，技术进步和变革促进了各创新要素的重组和对接，从而更容易产生新的服务业态和模式。大型跨国企业为了降低成本，将一部分业务外包，造就了研发外包、生物 CRO、检测服务等专业领域的市场空间。在全球科技变革发展的大背景下，未来还将进一步催生众包、创客、科技博客、创业苗圃等更多新型商业模式的业态。

（二）线上线下一体化服务会有效提升服务效能

科技资源通过线上云服务的方式，由静态、孤立的要素资源变成一种可在线、共享、交易的服务资源，线上线下相结合将是大势所趋。国际上，欧洲企业服务网络目前覆盖全球数十个国家和地区的 600 多家机构，在欧盟总部的协调下，通过网络平台连接线下创新驿站，并能够借助这些站点与当地政府、大学和企业合作，及时发布信息，实现了平台数据动态持续更新。在国内，上海、北京、杭州等地的研发平台通过建设数据共享中心，改变以往平台多头建设、资源存量数据定期事后采集、标准不一、信息孤岛等众多弊端，为科技主管部门提供前瞻精准的科技预测与产业升级预测，实现科技成果、科技人才、技术交易等的共享，提供更具时效性和准确性的科技服务，促进科技管理体制机制深化改革，提升科技资源宏观管控效能。

（三）打造专业集聚且有效协同的服务平台是大势所趋

我国整体科技服务能力不断提升、服务模式不断完善、服务质量不断提高，未来专业化和集成化服务并存趋势明显。一方面，在大众创业、万众创新的政策背景下，科技产业园、企业孵化器、生产力促进中心、创客中心、基金小镇等综合性、专业性或专门性服务机构继续发挥效用。与此同时，各类科技创新服务平台还将不断演变、迭代，以科技要素资源整合为核心的形态将快速成长，同时满足对接行业内领军企业、帮助技术创新型中小企业快速成长这两大核心需求。需求导向性、产业资源导入能力为盈利模式和服务能级带来新的解决思路。以大湾区科技创新服务中心为例，其依托粤港澳大湾区的一站式服务体系，重点打造企业数据库、机构数据库、科技成果库，建立创新创业服务平台、成果转化撮合平台、投融资对接服务平台、上市并购平台，为广州市乃至大湾区内的科技企业提供一站式服务的科技金融服务，将有利于创新要素跨境流动和区域融通，推动粤港澳大湾区协同发展。

（四）"政府+市场"协同并进依然是服务的主旋律

科技创新既有公共属性，也有市场属性。政府作为"看得见的手"、市场作为"看不见的手"，在科技创新资源配置上各有所长，科技创新的发展、创新服务需求的满足需要两方协同推进。一方面，市场导向的大批新型科技创新力量迅速成长，企业主导产业技术创新的能力不断增强，高校和科研院所服务经济社会发展的能力不断提高，产学研合作不断深化、创新服务效能不断提升；另一方面，政府不断加强与市场的协同性。随着"政府协调型"NIS的构建，政府主导的范围和力度逐渐弱化，企业在创新系统中的主导地位以及市场在资源配置中的决定性作用逐渐得以确立。政府通过转变政府职能、简政放权，"两只手"协调联动，为科技创新服务业的成长创造巨大空间，科技孵化器、大学科技园、专业化众创空间等服务平台快速发展，科技与金融结合日益紧密，科技资源开放共享力度不断加大，更多的市场主体将在未来科技创新服务发展进程中发挥更大效用。

第三章 窥探孵化器视角下的创业孵化服务

2014 年以来，国家支持"双创"的政策接力出台，其中国务院发布关于"双创"的文件达 44 条、16 大部委发布相关文件 220 余条、各个地方政府发布相关文件均在 10 条以上❶，2019 年 1—4 月全国各项支持"双创"税收优惠政策减税超过 3900 亿元，一系列数据让人感受到"双创"火力十足。与此同时，自 2016 年以来，深圳"地库"孵化器运营失败谋求转让、深圳老牌孵化器"孔雀机构"因资金周转不灵倒闭、中关村创业大街遇冷、梦想小镇创业大街门可罗雀……各种"双创凉凉"的言论不绝于耳。从创业热潮走到寒冬，对于创业者而言，创业环境是否已经萧条，资本环境是否已经不再适合创业？答案或许并没有那么悲观。

一、从狂热到理性，大众创业进入"下半场"

(一) 孵化器的发展书写了创业服务的历史

国内的创业孵化与改革开放同步，孵化器作为创业者的主要栖身地，已成为大众创业的主阵地，其发展史也是一部创业孵化史。从孵化器的历史变迁中，可以看到不同时期的创业孵化特点。

早期蛮荒发展阶段。1987 年，中国第一家科技企业孵化器"东湖新技术创业中心"在武汉诞生，星星之火很快点燃了全国孵化器创建的火炬。随着 1988 年经国务院批准的"火炬计划"正式实施，全国多数省、自治区、直辖市均诞生了本地区首家科技企业孵化器，孵化器开始在中国遍地开花。

中期蓬勃发展阶段。从 20 世纪 90 年代末到 2000 年年初，孵化器开始引入公司化的管理方式，政府不断出台针对孵化器的各项优惠补贴政策；2002 年，产权式孵化器诞生，孵化器的数量从 2000 年的 164 家增长到

---

❶ 数据来源：根据中国政府网相关政策发布综合整理。

2013 年的 1475 家。这一阶段，市场经济体系进一步完善，企业孵化器的外部环境得到了极大的改善，民营孵化器开始异军突起。

新时期重新洗牌阶段。自 2014 年李克强总理提出"大众创业、万众创新"以来，创业孵化机构如雨后春笋般在全国各地破土而出，全国创业孵化载体从 2014 年的 1755 家激增到 2018 年的 11808 家。❶ 浪潮过后随即迎来一波倒闭潮，因为经营不善、骗取补贴、投机者横行等原因，2016 年开始，许多创孵机构开始被市场淘汰，走上末路。从"遍地开花"到"尸横遍野"，乱象固然存在，但更多的入局者还在探索自我孵化的更多可能，只有经历一轮洗牌期，去伪存真之后才能真正促进产业的发展。

（二）孵化事业的强劲发展夯实了创业服务的基石

从"0"起步到世界第一，中国孵化器在 30 多年的时间里实现了梦幻般的跨越，当前我国孵化载体数量和规模均跃居世界首位，创业孵化事业呈现强劲发展态势。

孵化体系建设日趋完善，区域创业生态不断优化。科技部火炬中心发布的《中国创业孵化发展报告（2019）》数据显示：2018 年，全国创业孵化载体达到 11808 家，其中孵化器 4849 家，众创空间 6959 家；共有国家级孵化器 980 家，国家备案众创空间 1948 家，专业化众创空间 50 家，各类孵化载体在全国范围高速发展，创新创业呈阶梯发展，长三角、京津冀、粤港澳是我国创业孵化载体最集中的区域，带动了各地双创氛围和相关产业的快速发展，成为吸纳和培养人才、创造社会就业的载体。

专业孵化机构大量涌现，孵化领域聚焦产业前沿。2018 年，全国专业孵化器的数量达到了 1429 家，占全国孵化器总数的 29.47%。孵化领域主要集中在电子信息、文化创意、新能源、电子商务、人工智能等热门行业和前沿产业，其中，42% 的创孵机构的孵化领域为电子信息，是占比最高的孵化方向。总体来看，我国创孵机构的孵化领域主要集中于新兴产业和科技创新产业，有利于推动我国产业升级和高质量发展。

双创科技含量越来越高，创新成果受到广泛认可。科技创新在双创中

---

❶ 科学技术部火炬高技术产业开发中心. 中国创业孵化发展报告（2019）［R］. 2019.

的核心引领作用越来越突出，无论是孵化器还是众创空间，对于研发和技术创新都愈加重视。2018 年，全国在孵企业研发投入强度达 8.7%，研发总支出为 726.6 亿元，同比增长 23.4%；在孵企业拥有有效知识产权超过65.6 万件，其中发明专利 10.6 万件；20.5 万家在孵企业中，获国家高新技术企业认定的达 1.3 万家，科技型中小企业 6 万家。

民营创孵机构发挥主力，社会资本投资力度加大。2018 年，民营创孵机构数量达到 7423 家，整体占比 62.9%，市场化运营逐渐成为创孵机构的主要发展模式。2018 年，全国在孵企业累计获得风险投资额为 2756 亿元，累计获得投融资的企业数量达 48060 家，其中，共有 11447 家在孵企业获得孵化基金投资，共获得风险投资额 630 亿元，优质的项目和企业不断得到社会资本的青睐。

二、从单一到多元，创业服务加速迭代升级

（一）服务场景和服务内容不断延伸

从场景维度，创业服务依托确定的创业孵化载体，为创业者提供全场景的服务，解决创业过程中遇到的外部性难题。创业载体包含孵化器、加速器、创新中心、技术中心、创新与发展中心、创业咖啡、双创大街、大学科技园、小微企业园、特色小镇、创新服务综合体等多种类型，不同类型的载体为不同阶段、不同产业的新生企业提供拎包入住、一站式创业的服务环境。

从服务维度，双创服务主要围绕创业项目提供创业辅导、创业融资、政策申报、工商财税代办等专项服务，围绕创业者提供创业交流、社群活动等软服务，以及生活、商业等配套服务，目的是帮助初创企业和创业者解决创业初期所需的办公及生活难题，让创业者实现无忧创业、全身心创业。

（二）供给主体和服务方式加速多元

随着我国创新创业生态体系不断优化，创新创业观念与时俱进，双创成为拉动内部经济发展、促进我国新兴经济结构化转型的一大引擎，创业服务呈现出新气象。

从"政府为主"向"市场发力"转变。现代市场体系的发展催生出一大批专业化、市场化的新型创业孵化机构，针对在孵企业需求提供培训辅导、市场宣推、产业对接、投融资等增值服务，为创业企业在成长的道路上保驾护航。更加市场化的创孵机构才能吸引更加优秀的人才，运营效率才会更高效，创孵服务市场化势不可挡。

从"资产优先"向"服务变重"转变。科技部曾在官方网站上发文警告："众创空间绝不是大兴土木的房地产建设，而是在各类新型孵化器的基础上，打造一个开放式的创业生态系统。"从目前的成效来看，创业生态结构确实在不断完善，有针对性、专业化的孵化服务成为新亮点，孵化器对在孵企业的服务正在由"重场次"向"重效果"方向转变。❶ 整个孵化载体服务体系要求做到数据化、链条化、专业化、平台化、共享化，打造生态链、产业链。

从"内部组织"向"开放协同"转变。一方面，随着互联网和云计算的出现，只需要互联网技术就可以创业，大大地降低了创业边际成本，大企业也开始建立开放创新平台，促进了更多的创业者加入和集聚，聚合了更多的创新创业力量；另一方面，孵化器成为国际合作新的落脚点，创新创业要素在全球范围内加速流动，上海杨浦创业中心、启迪之星、太库、优客工场等都在海外设立孵化器和众创空间。

（三）创业载体和服务选择更为丰富

孵化器是创业者的集聚圣地，为形形色色的创业者提供了办公空间、行业交流、资源链接、公共服务等一系列创业所需的外部支持，是创业孵化服务重要的输出端口和承载方式。经过多年发展，市场的力量让孵化器的类型更加丰富多样，不同类型的孵化器都具有自己独特的服务价值，为不同创业者提供了更多选择。孵化器的运营者依托自身资源优势，在服务内容和市场定位上不断突出差异化和细分化，打造不同的服务特色和竞争优势。从运营主体的类型来粗略划分，可以将现有的孵化器大致分为基于共享办公的空间运营型孵化器，借助大企业供应链开放的企业平台型孵化

---

❶ 陈晴. 解读《中国创业孵化发展报告（2019）》[J]. 杭州科技，2019（3）.

器，强调产业公共服务的政府主导型孵化器，突出成果转化高校院所型孵化器等四大类。

1. 空间运营型孵化器更加注重"增值服务"

空间载体服务型的创孵机构一类是以众创空间形式涌现的 3W 咖啡、车库咖啡、创新工场、创客空间等，另一类共享办公型也称新型地产模式如优客工场、SOHO3Q、氪空间等，主要是为企业提供一整套办公空间解决方案，除了传统地产商提供的办公空间之外，还提供如投融资、孵化加速、工商财税法等增值服务。

一是主要提供基础的空间服务和部分增值服务。众创空间型以中关村红极一时的 3W 咖啡为例，起家是通过股权众筹的形式集聚了一批涵盖领军企业家、投资人、媒体意见领袖等多个领域的互联网业界影响力人士，为互联网从业者提供以咖啡、美食为基础的交流空间。3W 咖啡所扮演的不仅仅只是一个咖啡馆的角色，作为一个线下资源、人脉的聚集平台，它还有着促进项目方与投资者达成合作的第三方服务平台的身份。同时，也为有创业需求的人提供办公地址注册、投资对接、创业培训、人才招聘、媒体宣传及线下活动等，依托于咖啡馆这个不大的空间载体为创业者提供一系列的相关服务。

优客工场是共享办公型创孵机构的典型代表，国内共享办公行业首个独角兽企业，同时也是中国首家完成全球化布局的中国共享办公领导者。通过内部孵化、外部并购、投资参股等方式，建立覆盖企业培训、人力资源、金融、法务、财税、员工消费、企业咨询、传媒推广等多个服务领域，由众多专业服务机构组成的服务生态（图 3-1）。这样的服务生态链相比第三方的服务更高效更精准，新入住企业与投后企业相互赋能，形成正向的循环模式。其中较为知名的知呱呱因获得优客工场的战略投资，成为优客工场的生态圈成员，主要帮助入驻企业提供从专利申请、商标注册、版权登记等知识产权相关的布局、挖掘、保护到商业化一站式全链条服务。除了基本的企业服务外，根据官网上的信息，优客工场在品牌、企业社会责任、教育等行业，与深潜教育、场景实验室、创合汇、清华大学深圳研究院、投后宝等战略合作伙伴一起不断探索企业商业定制化相关服务。

图 3-1 优客工场服务体系

二是社群属性是空间载体运营商核心的竞争力之一。从服务链来看，上游为资源提供者，主要包括土地资源、空间布置和运营系统；中游是服务提供者，主要是办公空间服务和个性化服务提供商；下游的服务使用者主要以初创企业、独角兽企业、传统企业为主。对于联合办公行业而言入住率、空间运营、成本控制、融资规模以及品牌影响是最重要的影响因素，较高的入住率以及空间使用率可以为平台带来稳定的现金流；对于众创空间型的创业服务机构来讲，主要是给创业者们提供一个与创投圈、资本圈接触的交流空间及平台，以收取投资收益为主要盈利点，资本社交生态圈成为他们的核心竞争力。

2. 大企业平台型孵化器更加注重"生态赋能"

大企业平台型的孵化机构一般依托于企业现有的生产线、供应链、技术平台、办公空间、人才、资金、产品等产业资源，为上下游创业者提供专业的创业平台，将创业者及其新产品纳入自身产业体系内，实现平台与创业者互惠互利、共同发展。创业平台在初始阶段不以追求盈利为首要目标，更加注重创业者为产业链升级做出的创新贡献，注重创业者带来的"鲶鱼效应"，激发企业内部的发展活力，巩固自身在行业中的主导地位。像国内外的一些龙头科技企业均着手建立了旗下的孵化器，比如百度开发者创业中心、中国联通移动互联网创业中心、腾讯众创空间、微软创投加速器、联想之星、海创汇等（表3-1）。

　　作为海尔转型的承接平台，海创汇是依托海尔集团上下游产业链的综合优势，致力于打造的一个开放的共创共享的平台。在海创汇平台，不仅有内部孵化、脱离母体孵化，还有草根创业、科研转化、企业家再创业、跨境孵化、生态投资等项目。据统计，海创汇平台已吸引创业项目3000多个。其中300多个项目入孵，总估值700多亿元，包括2个上市公司、2个独角兽、4个准独角兽、12个瞪羚企业。在全球11个国家布局了28个加速器和108个创客空间，汇聚了超过100万个全球创业者。海创汇作为一个大企业共享创业平台，其着眼点不仅是创业，同样在于"共享"。共享是一种不设边界的状态，对外可接万端。在这个背景下，海创汇开启了对外部创业资源的引入、孵化、加速过程。

表 3-1　大企业平台型孵化机构典型代表

名称	服务内容
百度开发者创业中心	初始团队：提供免费办公场地、公司运营配套的一系列服务；帮助团队快速完成项目落地、解决资金压力、技术资源短缺等困难 快速成长团队：提供免费办公空间、公司注册等基础配套服务外，在产品推向市场时，向优质的团队倾斜应用分发和市场推广资源以及政府相关的扶持政策与补贴等更多服务
中国联通移动互联网创业中心	依托中国联通在移动互联网产业的品牌效应、运营商资源和平台优势，整合各方优势资源，组建专业服务团队，吸引全球范围内优质企业进驻，逐步形成国内外移动互联网企业聚集的产业生态圈
腾讯众创空间	依托线上、线下5种核心能力——流量加速、开放支持、创业承载、培训教育和辐射带动等，满足创业者对资金、成长、场地、营销和流量的需求，拥抱开放，聚合内部资源并联合社会各界力量，打造一个人人可参与的创新创业平台
微软创投加速器	为最创新的早期创业团队，量身提供"找用户、找市场、找人、找钱"的全方位服务。除此之外，加速器还利用微软自身的优势，为入驻团队提供 Windows Azure 云平台服务及微软软件和开发工具。更加吸引创业团队的是，入驻团队可以免费享受以上资源，而且不占公司股份

续表

名称	服务内容
联想之星	植根联想 30 余年来的创业经验和资源积累，为创业者提供天使投资+深度孵化的特色服务，做创业者身边的"超级天使"。天使投资：主要投资于人工智能、TMT、医疗健康三大领域，积极布局智能机器、互联网改造传统产业、生物技术、医疗器械等前沿领域；深度孵化：主要是管理和运营"创业 CEO 特训班"，为广大创业者提供专业实战的公益创业培训
海尔孵化器	让每个员工都成为 CEO，在以内部为抓手的同时，孵化平台同时面向社会招募与海尔发展方向契合的创业团队，给他们提供资金、场地、技术指导、供应链、渠道、商业指导、融资对接等服务，聚焦的领域包括冰箱、洗衣机、空调产业、绿色环保、生物医疗、新能源、智能硬件，等等

3. 政府主导型孵化器更加注重"综合服务"

产业公共服务型服务平台一般由政府或产业协会主导，对聚焦产业进行定向孵化，吸引优质项目入驻，帮助特定领域创业者实现技术落地，形成产业园区，具有相当强的示范和带动效应。此种类型的孵化机构多为老牌传统孵化器，以事业单位、国企形式存在，经过多年的发展以及相关政策的引导也逐步完成向市场化运营的改制，如中关村软件园孵化器、漕河泾孵化器、张江孵化器、上海云基地等都是国内具有代表性的产业孵化载体。

以张江孵化器为例，作为老牌的国资企业，也正是依托这样的优势，作为上海浦东新区综合配套改革的两大战略承载平台之一，张江高科把创业孵化功能作为其主体功能之一。2000 年年底，张江高新技术生产力促进中心更名为"张江高新技术创业服务中心"，更加强化对孵化企业的服务功能。在 2014 年就被认定为"国家级孵化器"的张江孵化器已构筑起"预孵化器+孵化器+加速器"三位一体的全程孵化体系。

成立公共服务平台，助推园区产业融合发展。张江孵化器提供服务的核心是集成和创新。在服务方面，张江一直积极资助企业设立技术中心，同时在几个主导产业中设立专业技术服务平台，为企业提供有关服务。目前张江园区已建成以数讯数字中心、知识产权服务和物流贸易服务等为代表的公共服务平台；以软件公共技术、新药安全评价等为代表的专业服务平台；以改制上市融资、小额贷款和创投基金等为代表的金融服务平台；以人才公寓、休闲中心、餐饮会所为代表的生活服务平台（表3-2）。

表 3-2 张江高科孵化器服务平台

公共服务平台	专业服务平台	金融服务平台	生活服务平台
数讯数字中心 知识产权服务 企业咨询服务 企业运营协调 园区接待中心 HR 俱乐部 财税经理俱乐部 物流贸易服务	软件公共技术 药谷公共服务 超级计算中心 芯片测试服务 新药安全评价 信息安全服务 动漫研发平台	改制上市融资 张江小额贷款 企业易贷通 创投科投基金 艾西益货币兑换 股权委托交易	员工人才公寓 电车免费班车 体育休闲中心 餐饮酒店会所 医院学校培训

整合公共资源，解决中小企业共性问题。张江新型孵化器的运作模式以解决目前园区中小企业面临的共性问题、帮助企业突破发展中的瓶颈、提高园区企业孵化率为根本出发点，在提供集约式空间服务的基础上，整合现有政府扶持、产业联盟、公共技术平台及专家顾问等公共资源，提供包括物业、公关、新政、会计、法律、投融资等在内的一系列专业服务，并根据企业不同发展阶段提供针对性的阶梯服务。

提供无形服务要素，创造成长软环境。张江高科还注重对园区内的高新技术企业提供无形要素服务，主要包括资源自由流转的制度设计，宽容创新的文化氛围和优胜劣汰的项目检出机制等，为高新技术企业提供良好的成长软环境。目前，张江园区产业呈现明显的融合发展态势，关联产业迅速发展，集成电路、软件、生物医药等优势产业资源纷纷集聚，同时相关产业链也在逐渐形成。

4. 高校院所型孵化器更加注重"成果转化"

技术创新服务型孵化机构是由高校或者科研院所作为投资方进行建设运营，其运营目的在于促进科研成果转化，实现市场化进程。特点在于依托大学、科研院所的技术条件优势，为在孵企业提供技术咨询服务，为初创型企业进行共性技术攻关，加速科技成果转化进程。以大学科技园、产业研究中心、实验室等形式存在，在发展的进程中逐步向政府、科研院所、企业等多元主体共同参与、"政产学研"相结合的方向转变。

深圳虚拟大学园：科技沙漠演变为创新绿洲。成立于1999年的深圳虚拟大学园作为我国产学研实践的先行者，在教产、科教协同创新方面做出了一系列富有成效的探索。2003年正式被认定成为国家大学科技园，开始走向多元主体协同创新发展道路。园区通过吸引聚集国内外各类创新资源，全面创新管理模式和运行机制，推动产学研协同创新，并将科教智力资源优势不断转化为实际生产力，已具备高端人才培养、科学研究、成果转化、创新企业孵化等功能，为深圳建设创新型城市做出了巨大贡献，成为我国开放式创新、协同创新的标杆。开放式管理、集群式技术转移、立体三层次科技孵化模式是其核心的运营机制（图3-2）。

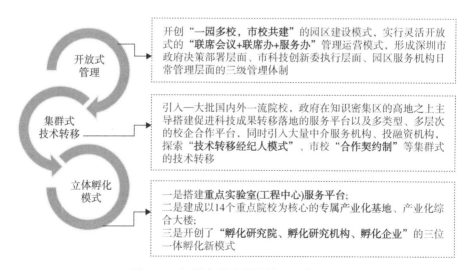

图3-2 深圳虚拟大学园核心运营机制

江苏省产业技术研究院：科技体制创新走在全国前列。江苏在推动科技体制机制创新上，始终坚持市场化的改革方向，在全国率先组建了省产业技术研究院，着眼于创新产业研发组织方式，加快重大基础研究成果产业化，实行一所两制、项目经理、合同科研、股权激励等一批改革举措，极大地激发了全社会创新创业活力。据统计，自2013年12月成立以来，江苏省产业技术研究院已培育建设 33 家会员研究所，集聚各类研发人员 5800 多人，累计成功转化 1800 多项科技成果，衍生孵化了近 400 家科技型企业。

"一所两制"是指同时拥有在高校院所运行机制下开展高水平创新研究的研究人员和独立法人实体聘用的专职从事二次开发的研究人员，两类人员实行两种管理体制（图 3-3）。项目经理制是创新科研项目的组织方式，赋予项目经理组织研发团队、提出研发课题、决定经费分配的权利。合同科研管理机制主要是引导研究所加快技术与市场对接的步伐，突破以往财政对研究所的支持方式，不再按项目分配固定的科研经费，根据研究所服务企业的科研绩效决定支持经费。在股权激励方面，鼓励研究所让科技人员更多地享有技术升值的收益，通过股权收益、期权确定等方式，调动科研人员的积极性。

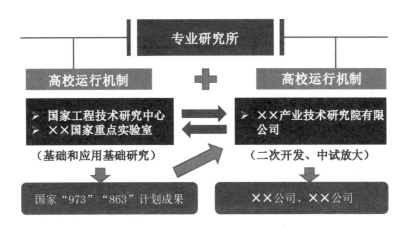

图 3-3　江苏省产业技术研究院"一所两制"❶

三、从涌入到淘汰，孵化器行业加速洗牌

从外部大环境来看，中国目前创业化浪潮泡沫化严重，全球经济形势

❶ 资料来源：江苏省产业技术研究院官网，http://www.jitri.org/SXGG_1s2z.html。

不稳定性风险增多，产业面临空心化，创业市场需求下降。从内部也就是从双创载体本身的问题来看，同质化竞争严重、自我造血能力不足、专业运营能力缺乏、服务质效低下等问题凸显。内外交困之下，整体行业亟须冷静下来思考如何重新出发。

（一）盲目跟风涌入，同质竞争严重

近几年，各地纷纷出台支持双创基地发展的政策，从财政补贴到税收减免，从用地优惠到项目支持，可谓竭尽所能。在政策红利和地方补贴的激励下，大量社会资本投资建设双创基地。众创空间、科技孵化器、创业基地、产业孵化园、创客工厂等各类创新创业创造载体如雨后春笋般涌现。尤其是在一些创业氛围不浓厚、仍需要依靠传统制造业支撑的三、四线城市，在空荡荡的园区中立一块孵化器的牌子，这种滥竽充数的政绩工程也不在少数。这就导致了一边红红火火、一边面临倒闭出局的局面，两极分化现象十分明显。

许多孵化器在政府的支持下一哄而上，在这个过程中不乏东施效颦者，比如先是做咖啡馆，后来全部做孵化器，再然后一窝蜂进入联合办公，多数人都是先进入市场，然后才开始思考商业模式。目前众多孵化器功能和提供的服务类似，严重的同质化注定了整合在所难免。比如，有些地方过于依赖财政补贴，办成大而全的"杂货铺"，缺乏创新特点和创业特色；还有些地方以物业管理的思路来运营双创基地，甚至出现地产商打着创新创业创造的旗号行地产开发之实的现象。

（二）商业模式模糊，自我造血不足

孵化载体从本质上来讲是一种经营业态，一定需要具备可持续的商业发展模式。近日有关新闻爆出美国共享经济巨头之一的 WeWork 遭遇 IPO 滑铁卢，共享办公行业的最大危机被剖开。其实国内的以孵化器、众创空间、联合办公等为名义开展的新型办公空间，如纳什空间、氪空间、梦想加、优客工场等近几年也是步履维艰，原本心存希望的他们因 WeWork 的折戟更是受到重大打击。国内的共享办公独角兽优客工场在迅速扩张的同时，目前所面临的风险也已经开始一步步暴露出来：第一，盲目扩张连锁店，不控制规模，整体服务水平下降，品牌影响力与用户黏度迅速削弱；第二，没有足够的成本控制能力、综合运营能力和快速招租能力，不能很快地实现现金回流；第三，同时懂地产、产业、运营服务的复合型人才较少，人才能力跟不上服务需求。

可见没有成熟的商业模式，仅仅只是通过疯狂地烧钱快速占领市场，后续资金链会很容易断裂，共享办公行业存在一个必须要面对的问题是仅靠办公空间的租赁收入难以支撑起一个完整的商业模型。孵化空间也只是基本的物理空间概念，而在这个基础之上的系统服务才是创业者最关心也是最需要的，除了基础性的服务外，要更多地考虑差异化服务以及营利模式。

(三) 管理机制受限，市场运作缺失

目前许多传统老牌的双创孵化服务机构通常采用事业单位管理、企业化运作模式，由政府相关主管部门和孵化机构共同成立创业基地运营中心或服务中心，中心拥有日常经营管理权。此种模式的管理机构和运营机构通常为"两块牌子、一套班子"，管理人员多来自政府机关或事业国企单位，缺乏专业的运营团队，直接影响了创业孵化载体的管理运作效率和服务水平。双创载体的运营可采用企业型的运营模式，成立专业化的创业运营团队和管理运营公司，为创业孵化提供全方位的创业服务。比如在产业定位、园区升级改造、招商引资、运营策划、资本运作及物业管理等方面全方位发挥专业能力，通过专业化分工与合作，实现社会和经济效益最大化。引进专业服务机构，形成有利于创业成果尽快产业化的服务体系。

(四) 忽视主体需求，服务质效偏低

创业孵化载体数量的增长已经高于"双创"的需求，并且质量良莠不齐，供给与需求存在严重不匹配的尴尬局面。一部分孵化机构注重硬件服务偏前端，诸如办公场地、后勤保障、物业服务，但是对于在孵企业急需的软性服务，如创业咨询、政策辅导、创业论证、商业策划、资金支持等都没有完善服务，造成了服务的偏差。另外，许多创孵载体服务内容是有了，但是仅仅停留在墙面上，落实到企业的究竟有多少不得而知，这些服务中有多少是符合服务主体需求的也无从知晓。虽然，每家孵化器的负责人都会向进驻者和媒体强调自己的环境、功能、氛围和服务，但是细看的话，其实基本大同小异。一个运行良好的创孵机构首先需要明白为谁服务、为什么这样做、如何这样做，根据入驻企业的需求对应地引入金融、技术、产业链协同、培训、人力资源外包等综合服务，集合社会各方资源，平台才能提高孵化的效率和成功率。

"专业化、精细化"具体实施的难度不小，未来大型孵化器可以内部整合资源做服务，小型孵化器生存空间可能会被严重压缩。靠拿地以及依赖政府资源的机构，一旦失去政府支持，商业模式就不具备生存能力。那些不能实现专业化、精细化的机构，以单向度服务为主体的机构，将会面临被洗牌的命运。

四、从盲从到创新，建好创业服务主阵地

（一）深化体制机制创新，增强市场化运作能力

我国大部分的孵化器是由地方科技管理部门、高新区管委会、经济开发区管委会以及其他政府部门和高校创办，这种类型的孵化器在初期可以享受极好的优惠政策和补贴扶持。但是，经营到了一定的程度，制度缺陷往往会暴露出来，一是会抑制孵化器产权投资多元化、社会化和产业化的进程，限制其与风险投资结合的机会；二是政府直接参与运作容易导致挤出效应，由于前期完全享受政府的无偿投入支持，过度优惠将会使其失去盈利的空间与动力；三是政府干预过多、激励与约束机制不匹配将会限制企业的竞争活力，容易造成国有资产流失。

随着投资主体参与的多元化，传统的创孵载体已经跟不上时代发展的要求。在市场经济蓬勃发展的大背景下，势必倒逼传统创孵平台引进企业化运营管理手段和市场化的运作机制。现代化的市场运作机制要求日常运营团队应配备专业管理队伍，具备较高的管理水平和较丰富的创业创新服务经验。积极引入第三方专业运营机构，有利于推动传统孵化器转型升级，实现高质量发展。

（二）注重服务内容创新，提升专业化服务水平

随着双创红利的越来越少，靠双创红利纯粹立一个空间"跑马圈地"

式的模式将不复存在，有效服务将被重视。双创孵化服务商更多地将会关注不同的场地运营、孵化运营和相关增值服务，慢慢开始往产业的对接、创新要素的对接和生态的建设上做布局和推动，往深层次地面向投资、面向产业、面向投后、面向加速的创新服务去探索。

一是服务模式创新化。伴随着创业企业孕育、生存、成长、成熟等不同生命周期发展阶段，创业孵化载体所提供的服务功能、组织性质也不断发生变化。单独的一种形式的创业孵化载体并不能满足企业生长的环境，基于企业的创业生命周期，创业孵化载体在功能上也要随之耦合、集成，突破传统单体孵化空间和功能局限，要形成纵向和横向孵化服务链，整体向链式服务模式转变。

二是服务平台线上化。随着技术的不断迭代更新，虚拟化、网络化在空间上的优势更加明显，信息传播成本更低、便捷性更高。创业孵化的高级形态和未来发展趋势也从依托于实体孵化载体向网络无界域的虚拟孵化器拓展，通过线上线下内外部资源的打通，实现各个产业链条和孵化利益相关者的数字化高端整合，企业孵化逐渐转为产业孵化和集聚，形成产业集群孵化生态体系。

三是服务手段智慧化。从孵化机构的服务内容来看，涉及物业管理、公共服务、媒体宣传、产业对接等方方面面，运营管理所涉及流程事项细碎、多样、复杂，利用云平台、大数据等手段能提高服务效率，精准对接服务需求，是未来满足服务对象多元化服务需求、全面提升运营管理与服务效率的有效保障。

（三）加强商业模式创新，打造生态化服务格局

未来双创孵化的发展趋势为重度垂直、"创业+产业"双生态圈模式的孵化器，在构建和完善创业服务生态圈的同时，还要立足重点领域开展生态化运营，有意识地定向征集、选择和培养相应的孵化项目，将传统产业的行业优势和创业公司的活力及快速成长优势融合在一起，逐步形成垂直行业生态圈，组团参与市场竞争，创造出 1+1>2 的更大价值，从而提高创业公司的成功率。

创孵机构主体之间会逐渐组成孵化器集群，实现资源共享和专业分工协作，为在孵企业提供更有利的孵化环境。同时，随着产业集群化的发展趋势，孵化器集群与产业集群建设深度嵌接，通过孵化延伸链接产业链条，补充完善产业集群模块，将逐渐成为主流。未来，孵化服务机构会进一步明确目标市场，在不断挖掘企业成长过程中产生的新型需求的同时，实现自身良性"造血式"运营发展；在发展路径的选择上，也会向产业生态、资本合作、平台对接以及政府服务等细分方向延伸。

（四）强化开放合作创新，提高国际化服务能力

一方面通过打造具有国际合作水平的服务平台，对接国际高端创新区域，促进国内外创业孵化人才、技术、资本等要素的对接，实现跨国孵化。上海杨浦创业中心、启迪之星、优客工场等都在海外设立孵化器和众创空间。我国已在全球 20 多个国家建立离岸孵化基地。美国硅谷的知名创投孵化 YCombinator 宣布成立 YC 中国公司，Plug and Play、Founders Space 拓展在中国布局。孵化器的国际合作还处于起步阶段，未来将有巨大的潜力和空间。

另一方面积极探寻孵化器国际化合作之路，筛选和引进海外优秀企业、创业者、优秀项目入驻国内园区，集聚高端创业人才，实现全球高端链接。北京中关村海淀创业园积极鼓励在孵企业聘用外籍实习生和员工，并对外籍人才来园创业给予免费办公场地和资金支持以及全程服务，已有来自欧美、非洲和亚洲的十几名外籍人才在海淀创业园创业。

第四章　回归本源的中小微企业金融服务

金融是现代经济的核心，是经济运行的血脉，做好产业金融服务对促进产业创新发展具有重要意义。回顾 2019 年，在金融科技加持下，我国产业金融正在迈入加速变革期，科创板、H 股"全流通"、普惠金融等一系列新举措相继实施，投贷联动、投保联动、众筹融资、P2P 贷款等一批新模式不断涌现，科技金融、绿色金融等新兴发展理念加速兴起，产业金融服务正在加速向实体经济回归。然而，中小微企业作为国民经济和社会发展的生力军，贡献了 50% 以上的税收、60% 以上的 GDP、70% 以上的技术创新、80% 以上的城镇劳动就业、90% 以上的企业数量，是我国经济新动能培育的重要源泉，是扩大就业、改善民生、促进创新创业的重要力量，却一直面临着融资难、融资贵的问题。深化小微企业金融服务，是我国推动金融供给侧结构性改革、增强金融服务实体经济能力的重要任务。在深入落实创新发展战略的当下，解决小微企业融资难、融资贵这一世界性难题，需要产业金融服务的不断创新，尤其是要提升小微企业金融服务的广度和深度，让金融服务真正做到"归回本源"。

一、产业金融服务行业整体呈现向好态势

（一）服务生态加速构建，产业金融方兴未艾

改革开放以来，产业金融服务在我国经历了 40 余年的发展，从政府主导的产业金融体系逐渐走向了开放型、多层次、国际化、科技化、多元化的产业金融市场格局。各类资金供应方、中介服务方以及资金需求方之间紧密互动，共同形成了产业金融服务的产业生态。

产业金融服务体系中主要有三大参与主体，分别是资金方（银行、投资机构、公募基金公司、私募基金公司、融资租赁公司、小额贷款公司、

政府引导基金、典当公司、天使投资人等）、需求方（各类企业及融资项目）和中介服务方（融资担保机构、保险机构、征信机构、财务顾问、证券公司、第三方评估机构、互联网金融平台等）（图4-1）。

图 4-1 产业金融服务全景图

随着我国金融行业的迅速发展，产业金融服务的资金供给市场从以银行业金融机构为主导逐渐转变成为多元主体争奇斗艳的格局，产品的供给也越来越多样化；通过信贷、票据、债券、股权投资、天使投资、创业投资等各类融资产品及服务的不断创新，资金方持续开拓着各式各样赚取投资收益的方式。

为了解决资金方与需求方之间存在的信息不对称、资源不对称、投资风险等长期制约产业金融发展的问题，中介服务机构顺势而生。以对接投融资双方的需求为目的，中介服务机构在产业金融体系中起着牵线搭桥的作用，帮助企业完成融资，同时为投资方的资金找到合适的去处。

具体来说，财务顾问为待融资企业或项目寻找合适的投资方，征信机构提供投融资双方的信用评级，第三方评估机构出具对企业资产、资信情况等方面的评估报告，保险公司为企业和金融机构提供投资险、信用险等保险服务，担保机构为企业进行融资担保……在产业金融服务链中，各类中介机构各司其职、多种中介服务环环相扣，最终促使投融资活动顺利完成。

未来，在金融科技赋能、资本市场转型的大势下，产业金融服务将迎来更加快速的发展。产业金融服务的价值链将不再是单向转动的，而是以平台的方式构建链接三大参与主体的生态圈，产业金融服务的多样性、完整性和可获得性大幅增加，服务范围覆盖至融资链上最弱势的小微企业，形成一个资源整合能力更强、服务体系更加综合化的多方共赢的商业生态系统。

（二）资本市场全面深改，投资能力不断提升

2019 年堪称我国资本市场制度改革的大年。6 月 13 日，科创板正式开板，以前所未有的速度和机制突破，不仅给资本市场的未来发展带来深远影响，也为广大科技型中小企业带来前所未有的机遇。9 月 10 日，资本市场"深改 12 条"出炉，QFII、RQFII 等便利外资流入措施落地，外资机构股比限制逐步取消，资本市场高水平对外开放全面推进。

随着资本市场深化改革措施的落地，我国资本市场的竞争力和投资能力进一步增强。央行数据显示，2019 年末我国社会融资规模存量为 251.31 万亿元，同比增长 10.7%；境外机构和个人持有境内股票 2.10 万亿元，持有境内债券 2.26 万亿元，外资持有比重几乎是 2016 年年末的两倍。资本市场的深化改革和投资能力的增强极大地推动了产业金融服务行业的发展，2019 年，我国产业金融服务资金供给端各类机构服务能力和水平显著提升：

一是信贷投放持续增加，利率水平稳步下降，覆盖面不断拓宽。截至 2019 年年末，全国普惠型小微企业贷款余额 11.6 万亿元，同比增长 25%；有贷款余额户数 2100 多万户，较年初增加 380 万户；新发放普惠型小微企业贷款平均利率较 2018 年平均水平下降 0.64 个百分点。❶

二是银行业金融机构的组织和产品体系不断健全。2019 年银行业新增人民币贷款 17 万亿元，同比多增 1.1 万亿元。大型银行充分发挥"头雁效应"，加大投入，降低成本；地方法人金融机构扎根当地，回归本源，

---

❶　中国新闻网. 2019 年末普惠型小微企业贷款余额 11.6 万亿，同比增 25%［EB/OL］.（2020-01-13）［2020-01-30］. http://www.chinanews.com/cj/2020/01-13/9058520.shtml.

多层次、广覆盖的服务组织机构体系逐步健全。银行业金融机构创新信贷产品和服务方式，服务效率不断提升。

三是股权投资市场遇冷但科技行业热度不减。截至 2019 年 11 月，中国股权投资市场资本管理量超过 11 万亿元，虽体量扩大，却难以掩盖股权市场募资和投资额双双下降的事实。同时，战略性新兴产业持续受到关注，人工智能、高端制造、医疗健康等领域的投资依然高涨；科创板开市不到半年，截至 2019 年年底共有 70 家企业上市，融资总额为 824 亿元，占 A 股 IPO 市场融资总额的 32%，远超中小板与创业板全年融资金额的总和。

四是债券市场发行量及投资者数量增加。2019 年我国债券市场共发行各类债券 45.3 万亿元，较上年增长 3.1%。截至 2019 年年末，我国银行间债券市场各类参与主体共计 25888 家，较上年末增加 5125 家；其中，境外机构投资者 2610 家，较上年末增加 1424 家❶，投资者数量进一步增加。

五是票据市场服务实体经济的能力不断增强，融资成本不断降低。2019 年票据市场业务总量达 131.45 万亿元，同比增长 19.04%，服务实体经济能力进一步增强。2019 年 12 月，票据贴现加权平均利率为 3.24%，同比下降 59 个基点，比贷款基准利率低 111 个基点；票据转贴现加权平均利率为 3.11%，比上年同期下降 61 个基点。票据市场利率持续下行，有效降低实体经济融资成本。

六是政府引导基金持续增长并发挥效能。截至 2019 年 6 月底，国内共成立 1311 只政府引导基金，政府引导基金自身总规模达 19694 亿元，政府引导基金母子基金群（含引导基金+子基金）总规模约为 82271 亿元。投中研究院的调查显示，多数政府引导基金可以帮助子基金投资企业对接政府资源；八成以上的政府引导基金其财政资金实际放大倍数大于 4 倍。说明政府引导基金可有效发挥财政资金杠杆效应、带动社会资本。

（三）中介服务快速发展，服务环境持续改善

我国产业金融中介服务起步较晚但发展速度快、发展势头较好，有效

---

❶ 新华社. 2019 年我国债券市场共发行债券 45.3 万亿元［EB/OL］.（2020-01-19）［2020-01-30］. http://www.gov.cn/shuju/2020-01/19/content_5470784.htm，2020 年 01 月 19 日.

地促进了产业金融活动的顺利进行，改善了中小企业融资难的问题。尽管行业的发展仍然不成熟，也无碍于风险分担和信用增进机制的初步建立。2019 年，我国产业金融中介服务行业主要呈现以下特点：

一是融资担保业务规模稳中有进，小微企业在保余额增加。2013—2018 年，我国融资担保行业在保余额逐年增长。截至 2018 年年末，我国担保行业在保余额 3.22 万亿元，同比增长 7.1%，较 2013 年年末增长了 25%，其中，小微企业融资担保在保余额 1.1 万亿元，较 2017 年年末增长 10%，占融资担保在保余额的 48%。各机构不断探索优化担保模式，创新担保产品，有效服务社会经济薄弱领域。

二是信用评级市场规模增加，开放程度提高。中国征信报告显示，截至 2018 年年末，全国在央行备案的信用评级机构 96 家，注册资本合计 21.8 亿元，较 2013 年增长 84%。2019 年 1 月 28 日，标普信用评级（中国）有限公司获准进入中国银行间债券市场开展的全部类别信用评级业务，外资评级机构业务范围进一步扩大。

三是投融资对接服务发展迅速，但整体服务质量偏低。一方面，FA 机构的数量快速增加。我国财务顾问行业在过去几年经历了快速扩张期，仅 IT 桔子上就收录了超过 260 家 FA 机构。然而各家 FA 机构的业务水平、运营策略、综合实力、业务重点存在极大的差别，规模普遍较小，形成自己独特品牌形象的机构数量较少，服务质量参差不齐。

（四）融资结构不断优化，小微企业愈受关注

2019 年我国企业融资结构持续改善。从融资渠道来看，银行是我国企业最重要的资金来源，银行贷款在我国企业融资结构中长期占比超过 60%；非标融资为第二大融资来源，占比约为 20%；债券融资占比则维持 10% 左右；股票及股权融资合计占比不超过 10%。2019 年我国企业活期存款同比多增 1793 亿元，增长速度较快；企业中长期贷款同比多增 3747 亿元，占比持续处在高位。

从企业所有制来看，国有企业的融资规模、融资结构及融资成本显著优于民营企业。截至 2018 年 6 月底，我国上市国有企业、民营企业及公众

企业总融资规模达到14.7万亿元、8万亿元以及1.4万亿元，国企融资规模显著高于民营企业及公众企业。上市国有企业平均融资规模达221亿元，上市民营企业平均融资规模则不到80亿元，差距十分明显。国有企业借款以银行信贷为主，利率较低，银行信贷在国企融资总额的占比长期保持在90%以上；民营企业相对来说更加依赖其他融资方式。

从产业类别来看，制造业企业融资规模最大，信息传输、计算机服务和软件业企业在股权市场具有融资优势。2019年制造业仅A股直接融资规模就多达10065.8亿元，同比增长34.16%，融资规模远高于其他行业；房地产、基建相关行业整体融资量大，以债务融资为主导；批发和零售行业对贷款的依赖程度很高，贷款占融资结构比重长期超过80%；信息传输、计算机服务和软件业受股权融资青睐。截至2018年第三季度，上市股权融资余额为1258.2亿元，私募股权融资余额高达1.9万亿元。❶

从企业规模来看，大型企业相较小微企业在融资成本、融资结构方面优势显著，但小微企业越来越受到金融市场的关注。在企业最依赖的银行融资渠道上，大型企业融资成本更低，与中小企业的资金利差在1.5个百分点左右；融资结构方面，大型企业拥有股票、债券、信托融资、收购、兼并或出售资产等多样化的融资渠道，小微企业的融资方式则普遍单一。伴随着我国小微企业数量的增加、小微企业融资需求的上涨以及国家对小微企业融资的鼓励，越来越多的金融机构开始关注小微企业，并推出面向小微企业的创新金融产品及定制化服务，对小微企业客户的重视程度日渐提升。

（五）产融政策持续加码，引导金融回归实业

2019年是我国产业金融政策密集出台的一年，国务院、发改委、央行、银保监会、证监会等部门在本年度推出了多项涉及金融机构与金融市场建设的重大举措，政策导向性明显，主要指向促进金融回归实体经济、加强扶持战略性新兴产业以及做好中小微企业融资服务等目标。

服务实体经济是金融发展的三大目标之一，也是产业金融发展的根本。2019年，我国金融体系对实体经济的支持力度进一步加大。据不完全统计，

---

❶ 任泽平，方思元，翟盛杰，等. 我国各行业企业融资结构：方式与成本 ［R］. 恒大研究院，2018.

2018 年至 2019 年上半年，央行、银保监、证监会等部门先后出台支持实体经济的政策措施 30 多项，地方层面也纷纷出台相关指导意见和配套措施，为实体企业创造良好的融资环境，主要围绕以下四方面开展：一是加大信贷投放力度，重视制造业金融服务，着力缓解小微企业金融服务供给不充分、结构不均衡问题；二是加大金融产品和服务的创新力度，提高服务实体经济效率；三是积极拓宽企业融资渠道，推进企业上市挂牌融资和直接债务融资，引导各类基金投资企业；四是落实配套政策保障，充分发挥政策考核引导作用，强化货币政策工具引导支持，加强金融机构内部考核激励。

与此同时，战略性新兴产业也将获更多金融政策的支持。银行信贷融资方面，央行、银保监会要求银行加大对战略性新兴产业、制造业转型升级重点领域的支持力度，根据科技型企业、高技术制造业的轻资产特征，创新金融产品，股权融资方面，证监会发布相关管理办法，允许符合国家战略的高新技术产业和战略性新兴产业相关资产在创业板重组上市；政府引导基金方面，地方政府依然热衷于针对战略性新兴产业设立专项基金，引导社会资本投资战略性新兴产业，以及推动科创企业的投贷联动创新试点。

此外，小微企业融资问题在 2019 年受到的关注达到了新的高度。财政部、央行、银保监局等部门的政策多管齐下，主要引导金融机构重点从增量、降价、提质和扩面四方面来做好小微企业的金融服务，具体措施有以下几点：一是增加有效供给，商业银行单列小微企业的信贷计划，对分支机构实行层层分解，压实责任；二是进一步降低小微企业融资成本，指导银行机构根据 LPR 的形成机制合理确定小微企业的贷款利率，严格查处小微企业融资不合理收费的问题；三是优化信贷结构，在监管的评价体系中，设置专项的指标，强化政策导向，引导银行加大对小微企业首贷和续贷的力度，丰富信用贷款、中长期贷款的产品；四是进一步落实差异化监管政策，优化小微企业贷款的风险分类制度，全面落实授信尽职免责的政策，适当提高小微企业的不良贷款容忍度；五是利用大数据、云计算、人工智能等新技术提升服务质量，改进小微企业授信的审批和风控模式，提高信贷的响应、审批和发放效率。

二、中小微企业金融成为产业金融发展的试金石

过去，在以国有企业、龙头企业为主导的工业经济时代，大型银行、证券等传统金融机构较好地满足了企业的融资需求。当前，在以成千上万的科技型中小企业为生力军的新经济时代，偏间接融资且以大型银行为主导的金融供给体系，由于其风险偏好低、重抵押物、风险识别能力弱等原因，无法有效解决广大科技型中小企业的融资难题。为此，有必要对科技型中小企业的融资需求特征、融资现状和融资困境进行重点分析，探讨针对科技型中小企业的产业金融服务创新，期待能通过创新的金融产品、服务模式，为科技型中小企业融资打开新渠道，让金融真正回归本源，更好地服务实体经济。

（一）中小微企业融资供需两端呈现不同特征

1. 需求端：企业在不同的成长阶段对金融服务需求差异明显

科技型中小企业一般要经历种子期、创立期、成长期、扩张期四个演变阶段。在不同的生命周期，其面临的风险、收益各不相同，因此在各个阶段的资金需求和融资方式也不相同。

（1）种子期企业创业风险大，资金需求小，依靠创业者自身或股权资本为主

资金需求。在种子期创业者需要借助各种资源禀赋以实现对关键性技术的突破，为此需要通过各种渠道筹集研发费用。由于创意尚未转化为研发成果，公司不具备相应的法人结构等原因，资金消耗仅会体现在企业的开办费用、可行性研究费用、一定程度的技术研发费用上，对资金的需求较低。该阶段，由于公司暂时没有销售收入，现金只见流出不见流入，加之创业产品和创新理念均处在起步设计阶段，还未经受市场的检验，因此产品开发风险较大，创业企业能否成功也具有很大的不确定性。

融资方式。对于多数种子期的创业企业来说，暂时的无盈利状态，使得其承担风险的能力也极为有限，因此，依靠创业者自身或是亲友相助，以及私人的股权资本（承担高风险，追求高收益），成为这一阶段创业企业最为青睐的融资方式。此外，部分初创企业也会在种子期采取负债融资的方式进行融资。

（2）创立期企业风险抵御能力尚弱而资金需求增大，以风险投资为主要融资方式

资金需求。初创期是创新技术转化的阶段，企业面临的市场层面不确定性风险较高，资金需求量大，但是相应的销售收入现金回流也十分有限。资产规模小，但对于资金的需求又极为迫切，企业能否获得足够的资金来占领市场充满了不确定性，这一状况就决定了在创立期，企业所面临的各种风险较大，其抵御风险的能力也较低。

融资方式。创立期的大多数创业公司会选择风险投资机构来进行融资。与此同时，在这一时期，由于公司未来发展依旧存在许多不确定因素，创业者也无法对预期现金流做到精准估计，因此投融资双方对企业的价值在很多情况下会出现分歧，对于股权比例的争夺也较为激烈。

（3）成长期企业仍面临诸多风险，但具备资产抵押担保能力

资金需求。成长期是研发成果产业化的阶段，在这一阶段，创业者往往会抱有扩充队伍，扩大生产线的愿景，以进一步开拓出企业发展的市场，企业资金需求量非常大，也需要金融服务机构提供信用评估、担保、投融资等服务。同时，在成长期，由于技术和市场的不确定性依旧很大，创业企业仍旧面临着诸多风险，但是相较于前两个阶段，其风险性正在逐步降低。

融资方式。在这一阶段，由于享有了一定的商誉，拥有了可以抵押的资产或者关联企业的担保，该时期的融资渠道也会变得较为通畅。除了股权融资以外，企业也可选择债务融资等进行融资。

（4）扩展期企业盈利与抵押能力双双提升，融资渠道进一步拓宽

资金需求。企业进入稳步发展的阶段，虽然现金流已经能够满足公司发展的大部分需求，但新的机会仍旧在不断出现。因此在扩张期，企业还是需要外部资金来实现自身的高速发展，直至发展成为一个成熟企业。从风险的角度看，随着企业资产规模的迅速扩大，其面临的风险也会大大降低，与此同时，企业的盈利与抵押能力的提升也增强了其抗风险的能力。

融资方式。进入扩展期，企业的市场前景相对比较明朗，因此专为创业企业融资提供服务的创业板市场便会自愿提供支持。在进入创业板市场之后，创业企业即有望成为公众公司，在公众市场上筹集进一步发展所需的资金。

2. 供给端：金融机构整体风险偏好低且资源市场化配置程度低

我国的多层次金融机构及市场体系主要包括银行、影子银行、债券市场和股票市场，对应我国企业外源融资的四大方式，分别为银行贷款、非标融资、债券融资以及股权融资。总体来说，直接融资占比明显偏低，且发展不充分；间接融资中以银行为主，其他金融机构占比较低；银行融资中以大型银行为主，中小银行占比较低。这一金融结构呈现显著特点：第一，金融机构的整体风险偏好较低；第二，金融机构具有冲规模的内生动力；第三，不充分的资本市场发展难以提供真正有效的风险识别机制，金融资源的市场化配置程度较低。❶ 具体表现如下：

（1）大型银行占据主导地位，缺乏专注于小微企业服务的中小金融机构

大型银行数量少、规模大，且风险偏好较低，在信贷投放时偏好地方政府和国有企业等预算软约束部门，而缺乏发展小微业务的内生动力。相较之下中小银行的风险偏好相对更高，更加深耕地方，更具有渠道下沉的优势，在支持小微、民营企业方面优势更为明显。但中小型银行规模小，经营管理能力较弱，且中小银行经营风格较为激进，定位不清晰，经营管理理念、战略规划及科技实力均较弱，强监管下面临较大的资产质量和资本补充压力，经营难度较大。

（2）影子银行尚处于发展初级阶段，只能作为中小企业应急性融资渠道

近年来大量社会闲散资金游离于银行体系外，形成不同形式的影子银行，借由多样化的渠道和方式进入实体经济，逐渐发展成为中小企业融资的一大途径。相较于美国影子银行体系作为对贷款证券化和融资的机构，被视为银行产品的纵向延伸和补充，我国影子银行目前还处于直接复制商业银行核心业务的初级阶段，尚未建立基于贷款销售、信用风险转移、资产证券化等复杂交易的信用创造机制。影子银行运作不规范、供求失衡等问题加大了资金成本，因此难以成为中小企业的主要融资渠道，只能作为

---

❶ 任泽平. 金融供给侧结构性改革未来如何发力？[J]. 中国品牌，2019（7）：90.

过渡性的应急资金来源。❶

（3）债券发行行政色彩较浓，缺少适合中小企业融资的债券产品

现有的债券市场规则是建立在有利于大型国企、政府融资平台的基础之上，且没有遵循按价格（利率）配置资金的市场原则，债券发行的行政色彩较浓。能够通过债券市场成功融资的中小企业数量较少，仅限于少数优质企业，中小企业债券发行规模较小，对于量大面广、对资金需求迫切的中小企业群体而言，贡献非常有限。中小企业债券的票面利率通常较高（高于同期的银行利率水平），融资成本除了基本的利息支出外，还包括发行过程中产生的信用评级费、承销费、律师费、资产评估费、审计费等，形成较高的隐性成本。同时，债券发行手续烦琐、程序冗长，这与中小企业对资金需求的"短、小、频、急"的特点不相匹配。❷

（4）股票多层次市场尚未成熟，中小企业难以适应严格的融资条件

我国在主板市场之外，建立了中小企业股票交易的"初级市场"，进行了很多有益的探索和尝试，如"新三板"市场和各地的区域证券交易市场。但中小企业通过股票市场融资的占比依然很小，除中小企业自身的原因外，证券交易所自身问题及监管环境对其影响也较大。一方面，利润最大化的经营原则使得证券交易所更愿意为大型企业提供融资服务，规模经济效应小的中小企业相较于大企业吸引力较低。另一方面，监管环境对于中小企业来说过于严格，对中小企业通过股票市场渠道进行融资造成了一定的阻碍。❸

（二）中小微企业融资虽难，但形势正在好转

1. 中小企业融资需求逐年增加且融资缺口超四成

2017年，世界银行、中小企业融资论坛、国际金融公司联合发布了对新兴市场中小微企业融资缺口的评估报告，报告测度了新兴市场中小微企业的

---

❶ 徐军辉. 中国式影子银行的发展及其对中小企业融资的影响［J］. 财经科学，2013（2）：11-20.

❷ 张明喜，朱云欢. 我国中小企业债券市场发展：创新、不足与对策［J］. 南方金融，2015（4）：61-66.

❸ 白炀. 我国中小企业证券市场融资途径分析［J］. 全国流通经济，2019（5）：132-134.

正式金融部门融资缺口和受融资约束的中小微企业数量。数据显示，中国中小微企业部门潜在融资需求为 4.4 万亿美元，融资供应为 2.5 万亿美元，融资缺口接近 1.9 万亿美元，融资缺口率达 42.9%，融资缺口占 GDP 比重 17.3%。

（1）受融资约束的中小企业比例较高。中国受融资约束的中小微企业总数达 2300 多万家，其中受完全融资约束的企业数量接近 2000 万家，占面临融资约束的企业总数的 87%，面临部分融资约束的企业总数为 300 多万家，占面临融资约束的企业总数的 13%。从受融资约束的企业占比来看，中小企业中受融资约束的比例为 42.4%，略高于微型企业的 40.8%，中小企业的融资状况整体差于微型企业（表 4-1）。

表 4-1　受融资约束的中小微企业数量与占比❶

	微型企业	占全部微型企业比例（%）	中小企业	占全部中小企业比例（%）	合计
完全融资约束	15700281	35.2	4201512	35.8	19901793
部分融资约束	2498833	5.6	769822	6.6	3268655
总计	18199114	40.8	4971334	42.4	23170448

（2）中小企业内部融资缺口率高。中小微企业整体融资缺口率达 42.9%，融资缺口占 GDP 比重为 17.3%。其中，中小企业融资缺口额占总融资缺口额的比重高达 95%，融资缺口率（融资缺口额占总融资需求比例）为 41.0%，内部融资缺口率（融资缺口额占中小企业融资需求比例）为 42.1%，融资缺口占 GDP 比重约为 16.5%，可见中小企业融资缺口量大，缺口率高，占 GDP 比重高，是融资难的主要群体；而微型企业虽然内部融资缺口率较高，达 75.5%，但其缺口额小，仅占总缺口额的 5%（表 4-2）。

---

❶ 数据来源：SME Finance Forum-MSME Finance Gap Database。

表 4-2　微型和中小企业的融资缺口及其相关比率❶

	融资需求 （亿美元）	融资缺口 （亿美元）	融资缺口率 （%）	内部融资 缺口率（%）	融资缺口 占 GDP 比重 （%）
合计	44000	18904	42.9	—	17.3
微型企业	1130	854	1.9	75.6	0.8
中小企业	42870	18050	41.0	42.1	16.5

2. 银行业金融机构对中小微企业的信贷服务持续改善

银行信贷是中小企业的主要融资方式。截至 2019 年第三季度，全国小微企业信贷余额为 36.39 万亿元，但银行放贷周期长、手续繁杂，对中小企业的授信额度低，难以给到与龙头企业一样的利率。根据人民银行统计，小微企业平均在成立 4 年零 4 个月后第一次获得贷款。也就是说，小微企业要熬过了平均 3 年的死亡期后，才会通过银行信贷的方式获得资金支持，不过小微企业在获得第一次贷款后能获得第二次贷款支持的比率占 76%，得到 4 次以上贷款支持的比率为 51%，后续贷款融资的可得率比较高。融资租赁作为新兴金融业态发展迅速，但目前融资规模仍然偏小，2015 年到 2018 年，融资租赁余额分别为 1.2 万亿元、1.6 万亿元、1.9 万亿元和 2.1 万亿元。

3. 中小微企业直接融资的渠道正在快速得到扩展

直接融资方式的门槛较高，融资额较低，对于直接解决大量中小企业，尤其是规模较小的中小企业的融资困境杯水车薪。2019 年，PE/VC 投资额 537 亿美元，与 2018 年相较，创投交易数量几近腰斩，降幅高达 48.05%，同时交易总金额骤降 44.51%；中小板、创业板、科创板融资额分别为 346 亿元、301 亿元和 824 亿元，三者合计 1471 亿元。债券市场创新中小微企业融资产品，支持金融机构发行小微企业专项金融债、微小企业贷款资产支持证券等，为小微企业腾挪信贷资源。2018 年，共支持 16 家银行业金融机构发行小微企业专项金融债券 1245 亿元，募集资金全部用于

❶　数据来源：SME Finance Forum-MSME Finance Gap Database。

发放小微企业贷款，共支持 5 家银行业金融机构发行微小企业贷款资产支持证券 108 亿元，累计支持中小微企业注册各类创新债务融资工具 3917 亿元。中小企业私募债发行额相对较大，存量接近 1.2 万亿元。而来自小额贷款公司、民间借贷和亲朋借款等非正规融资渠道的比例在 30% ~ 40%。

4. 中小微企业金融服务政策更加健全且力度不断加大

（1）政策纾困，打破产业金融体制机制"藩篱"

2009 年 9 月，国务院发文提出促进中小企业发展的若干意见，提出切实缓解中小企业融资困难的多项措施，包括全面落实支持小企业发展的金融政策，加强和改善对中小企业的金融服务，进一步拓宽中小企业融资渠道，完善中小企业信用担保体系，发挥信用信息服务在中小企业融资中的作用。

为响应和落实《国务院关于进一步促进中小企业发展的若干意见》的纲领性文件，一行三会、工信部联合多部门分别于 2010 年 7 月、2011 年 12 月出台《关于进一步做好中小企业金融服务工作的若干意见》《关于加快推进中小企业服务体系建设的指导意见》两个文件，从金融服务和信息服务层面助力中小企业发展。

针对中小企业资产规模较小、缺乏合格固定资产抵押品的特征，财政部等部委于 2010 年 8 月出台《关于加强知识产权质押融资与评估管理支持中小企业发展的通知》，细化中小企业知识产权质押融资的各项措施，包括建立促进知识产权质押融资的协同推进、风险管理、评估管理、流转机制，创新知识产权质押融资的服务机制。

针对中小企业中科技型企业的融资问题，2016 年 4 月，中国银监会、科技部印发《关于支持银行业金融机构加大创新力度开展科创企业投贷联动试点的指导意见》，通过开展投贷联动试点，推动银行业金融机构基于科创企业成长周期前移金融服务，为种子期、初创期、成长期的科创企业提供资金支持，有效增加科创企业金融供给总量，优化金融供给结构，探索推动银行业金融机构业务创新发展。

2017 年 9 月，新修订的《中华人民共和国中小企业促进法》（下称新《促进法》）颁布，并于 2018 年 1 月 1 日开始实行。新《促进法》立足我国中小企业当前实际情况，从财税支持、融资促进、创业扶持、市场开拓、权益保护等方面增加或修订具体措施，并将实践中行之有效的政策和做法上升为法律规定，目的是解决中小企业面临的负担重、融资难等突出问题，回应中小企业诉求和呼声，进一步改善中小企业经营环境，促进中小企业持续健康发展。针对中小企业融资难问题，新《促进法》单设一章"融资促进"，从宏观调控、金融监管、普惠金融、资本市场、担保融资、保险业务、征信评级等层面多管齐下，全方位优化中小企业的融资环境。

（2）政策性资金注入，为市场化服务树立信心

完全依靠市场机制无法有效破解中小企业融资难题，政府作为一国经济和产业的重要推动者，需要克服"市场失灵"问题，防止"挤出效应"的发生。自 2002 年，北京中关村科技管理委员会成立我国第一只政府引导基金——中关村创业投资引导资金后，各级政府引导基金（或称之为政府投资基金、股权基金、产业投资基金）如雨后春笋般出现，发挥政府财政资金"四两拨千斤"的作用，以股权投资方式有效破解中小企业融资难题，推动产业发展。根据清华大学中国金融研究中心和展恒理财联合发布的《政府引导基金报告》，截至 2018 年 10 月，全国共有 2041 家政府引导基金，总募资规模达 3.7 万亿元。各级政府引导基金数量与目标规模分布如图 4-2 所示。

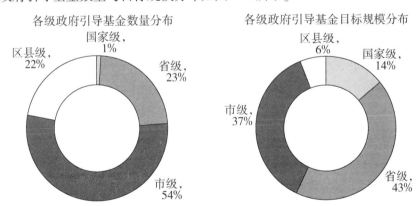

图 4-2　各级政府引导基金数量与目标规模分布❶

在政府性基金的实际运作过程中，出于对投资成效快、周期短的片面追求，更倾向于选择立竿见影的项目进行投资和招商引资。从数据看，政

❶　数据来源：投中研究院。

府引导基金对体量大、产值高的企业有侧重，以换取成熟项目资源。但从长远看，引导基金只有将早期投资与中后期投资相结合，才能培养一批优质项目池，形成产业持续发展能力。2018 年 12 月，国务院办公厅印发《关于推广第二批支持创新相关改革举措的通知》，指出要针对地方股权基金中的种子基金、风险投资基金设置不同比例的容错率，推动种子基金、风险投资基金投资企业发展的早期阶段。国家也开始鼓励政府引导基金参与到直接投资行为中来，并且引导资金更均衡地投向各阶段，改善早期阶段投资少的局面。

（三）多重因素导致中小微企业融资难、融资贵

中小企业金融服务面临诸多困境，其根源在哪里？对中小企业金融服务困境根源进行分析将为解决中小企业金融服务问题提供保证。

1. 中小企业自身素质偏低影响金融服务可持续性

（1）企业自身抗风险能力弱，融资风险成本高

相比大型企业，中小微企业规模小、竞争力不强，容易受到宏观经济形势和行业周期的影响，自身抗风险能力比较弱，其金融服务风险成本更高。数据显示，我国中小企业的平均寿命在 3 年左右，成立 3 年后的小微企业持续正常经营的约占三分之一；而美国中小企业的平均寿命为 8 年左右，日本的中小企业平均寿命为 12 年。因此我国金融机构在为小微企业提供融资服务中面临着更高的风险成本，截至 2018 年年末，全国金融机构对小微企业贷款不良率为 3.16%，单户授信 500 万元以下的小微企业贷款不良率为 5.5%，分别比大型企业高 1.83 个和 4.17 个百分点。

（2）企业业务记录、财务数据缺失或失真

相比大型企业，中小微企业治理结构不够完善，财务制度不健全，经营记录、财务数据等信息常常存在记录不完善、标准不符合规范、可用性可读性差等问题。而业务记录、财务数据，是银行审核企业资信状况时所依据的重要材料，业务记录、财务数据的缺失或失真，导致金融机构无法准确识别企业的生产经营及财务状况、金融服务的信息获取成本较高，从而使得企业融资可得性较低、资金成本较高。

（3）企业资产规模小，缺乏合格抵押品

中小企业的资产状况不仅影响着企业的未来资金流和盈利能力，还在中小企业出现违约时发挥着补偿损失的功能，因此固定资产的变现能力也是金融机构的重点考察对象。中小企业的土地大多存在"土地使用证"和"房屋所有权证"两证不全的问题，而厂房大多是租来的，因此无法像一般的企业那样将土地厂房作为抵押。2018 年，中小型工业企业的平均资产规模分别为 4.95 亿元和 1.02 亿元，二者合计平均值为 1.58 亿元，中小企业资产规模较小（表 4-3）。在抵押不足的情形下，商业银行出于谨慎原则，难以向中小企业发放贷款。

表 4-3　2018 年规模以上大、中、小型工业企业平均资产规模❶

	大型企业	中型企业	小型企业
平均资产（亿元）	52.85	4.95	1.02

2. 大中型银行为主的金融组织体系导致供需错配

中小微企业融资具有"点多面广"和"短平快"的特点，我国目前的金融组织体系和机构布局在广度和深度上仍显不足，金融服务的能力和水平仍然具有改进空间，与广大中小微企业对金融服务的期待还有差距。我国金融组织体系以大中型银行机构为主，中小金融机构在业务规模、覆盖面、市场份额上都相对较低。大中型金融机构虽然普遍成立了普惠金融事业部和小微企业专营机构，但在差异化信贷管理政策、授信审批权限、尽职免责、考核激励等制度安排上还未全面落实到位，基层信贷员对小微企业还存在"不愿贷、不能贷、不会贷"的问题。同时，金融机构服务手段和创新能力不够，仍存在较普遍的抵押文化，对企业发展潜力、人才储备、技术能力等"软信息"的评估和精细化分析能力不强，风险定价模式单一，缺少差异化、针对性的金融产品和服务方式创新，与小微企业的发展特点和融资需求不相适。

---

❶　数据来源：2018 年中小企业运行报告。

3. 多层次资本市场建设滞后加大了直接融资的难度

科技型中小微企业具有高成长、高风险并存的特征，前期需要大量资金投入，同时也面临更大的经营风险，与传统商业银行信贷模式不匹配，需更多地利用资本市场实现融资。相比发达经济体，我国资本市场等直接融资体系在服务小微企业方面的功能发挥不足。一是股权融资市场偏重于大中型企业。中小板、创业板等中小企业股权融资市场门槛高、限制条件多，初创型企业上市融资难度大。新三板存在流动性不足、定价功能不健全、生态不平衡、预期不明确等问题，影响了市场融资功能的发挥。截至2018年年底，仅10691家中小企业在新三板市场挂牌，相对于全国几十万家的中小企业无异于凤毛麟角。二是创业投资、天使投资发展仍不充分。基金数量偏少、运作模式不够成熟，偏好盈利能力强、业务模式清晰的较成熟企业，对初创期企业的支持培育仍然不够。投贷联动等融资模式尚处于探索阶段。三是债券市场产品层次单一。缺乏针对中小微企业的多层次债券产品和评级体系，近年来试行的中小企业集合债券在债务清偿方面涉及债权债务关系过于复杂，具体操作难度较大，导致中小微企业在债券市场融资的意愿不高。

4. 信息、征信、担保等中间服务不完善推高融资成本

（1）正规金融机构收集中小企业的信息难度大，引发的信息不对称问题降低了融资可得性，推高了融资成本

大型正规金融机构内部的信息传递成本高，在软信息的收集上劣势较大，而中小企业的财务不规范使得中小企业的硬信息难以收集。信息收集难度大导致金融机构与中小企业间存在严峻的信息不对称问题，正规金融机构无力快速有效地判断中小企业的实际经营状况，无法有效约束企业主的行为，从而降低了融资市场对于中小企业资金的有效供给。同时由于中小企业"硬信息"不足，正规金融机构即使发放贷款，也往往要求中小企业采取抵押、担保等方式进行增信，从而推高了中小企业借贷成本。从表4-4中可以看出，信用贷款的综合成本最低，为7.07%，而质押、抵押和担保贷款在利息成本之外，银行还要收取额外的抵押担保费用和其他收费，导致了较高的贷款综合成本，分别为7.17%、7.81%和9.95%。其中，

质押和抵押贷款对于信用贷款的溢价并不太大，然而担保贷款对于信用贷款的溢价却高达 2.88%。

表 4-4　不同贷款方式的综合成本

贷款方式	贷款综合成本	利息成本	抵押担保费用	其他收费
信用	7.07%	7.04%	0	0.03%
质押	7.17%	6.90%	0.23%	0.04%
抵押	7.81%	7.44%	0.27%	0.10%
担保	9.95%	8.41%	1.48%	0.06%

小型商业银行和非正规金融部门在获取"软信息"方面具有优势，对于补充中小企业融资渠道、缩小中小企业融资缺口具有重要作用，但也推高了中小企业融资成本。它们擅长依靠人缘、地缘和其他商业信息获取借款人的信息，从而在向信息不透明的中小企业提供融资服务上更具有优势。但是，一方面小型商业银行和非正规金融部门的资金必然比大型商业银行的资金要求有更高的回报，另一方面非正规金融部门的资金投向了风险程度更高的企业，因此必然要求有更高的风险溢价，二者的合力共同推高了非正规金融部门的融资成本。

（2）金融中介服务缺失是中小企业金融服务困境的外因

金融中介机构是解决中小企业融资问题的重要力量。目前，优秀的金融中介服务机构依然稀少，众多环节的中介服务机构能力偏低，直接导致中小企业融资一直存在明显的短板。征信系统对中小企业的覆盖面、信息来源和信息共享程度仍然有限；政策性担保机构占比较低，商业性担保机构实力较弱，难以满足中小企业担保需求；信用保证保险制度立法有待完善；缺乏统一的中小企业金融服务评价考核标准，对中小企业的其他金融服务关注较少。各地政府、园区运营方针对该难题纷纷鼓励和引进第三方服务机构，但多数机构仍围绕数据统计分析对企业进行信用审核，缺少更深入的企业需求挖掘、风险评估，以及数据更新、投后服务等线下"一对一"服务跟踪，机构与机构之间也缺少服务协作、信息共享，导致有融资需求的优质中小企业和寻找投资标的的金融机构之间没有形成有效匹配。

三、中小微企业金融更需产品和服务创新

（一）互联网金融"破冰"中小企业融资困局

互联网金融是互联网与金融业务结合产生的多种创新金融模式的集合。其大致有三类参与机构：第一，传统金融机构的互联网化、科技化业务板块；第二，互联网金融机构，如蚂蚁金服、腾讯 FiT、乐信、宜人贷；第三，金融应用见长的科技企业，如百融云创、第四范式等（图4-3）。随着行业的深入发展，这三类机构的边界正在变得越来越模糊。

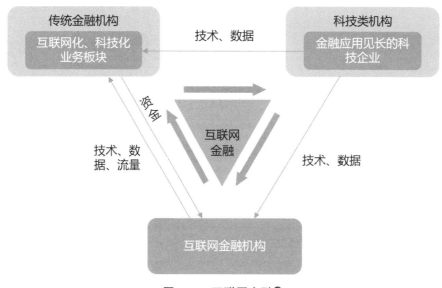

图4-3 互联网金融❶

互联网金融沿袭了互联网"开放、平等、协作、共享"的精神，相对传统金融服务业，互联网和移动互联网突破了时间和地域的限制，可以便捷、低成本地将金融服务延伸到所有互联网覆盖的区域。另一方面，基于云数据的互联网金融，具有对各种信息搜集与处理的优势，信息生产的方式也更有效率，因而其可以更好地发挥信息筛选及风险管控功能，并以更低的成本解决信息不对称的问题，完善金融识别风险能力，从而更好地实

---

❶ 资料来源：艾瑞研究院。

现金融的资源配置功能。

互联网金融缓解小微企业融资难的路径创新主要有股权众筹、网络小额贷款等。

1. 股权众筹开启小微企业融资新模式

股权众筹融资是指通过互联网形式进行公开小额股权融资的活动，通过股权众筹融资中介机构平台进行。股权众筹融资作为多层次资本市场有机组成部分，填补了资本市场最底层、最大众化的那部分空白。在原有的资本市场结构中，小微企业无论是通过主板上市，还是债权、其他股权融资，都是比较困难的。而现在，股权众筹网络市场为小微企业融资开辟了一条新的途径（图4-4）。

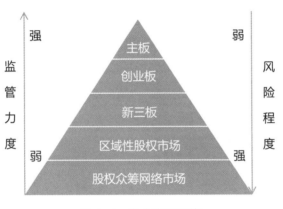

图 4-4　资本市场结构

根据国家互联网金融安全技术专家委员会对互联网股权众筹平台的持续监测，股权众筹平台上线时间主要集中在 2014 年和 2015 年。其中，2015 年被称为股权众筹的"元年"。截至 2018 年 3 月，国内互联网股权众筹平台 310 家，其中开展互联网股权众筹在运营平台 105 家。在发布项目方面，监测到累计发布项目 9.8 万个，目前在发布项目 8000 余个；在成功融资项目方面，监测到累计成功融资项目数 3966 个，成功融资总额 319 亿元。

股权众筹融资的创新模式，改善了小微企业在资本市场融资难的困境。小微企业在原有资本市场融资时遇到的门槛高、融资成本高、无法获得关注等问题，在股权众筹网络市场都得到了一定的缓解。首先，股权众筹网络市场的开放性和大众化，欢迎一切有融资需要的小微企业申请，目前暂无相关门槛规定。其次，由于建立在广泛开发的互联网基础上，小微企业的项目会被更多的人关注，小微企业获得关注和支持的可能性就更大。最后，由于股权众筹融资带有互联网金融的普惠金融属性，降低了普通大众参与股权市场的门槛，也间接降低了小微企业融资的门槛。❶

2. 网络小额贷款是小微企业融资的重要补充

网络小额贷款是指互联网企业通过其控制的小额贷款公司，利用互联网向客户提供的小额贷款。2010 年 3 月，国内第一家网络小贷公司——浙江阿里巴巴小额贷款股份有限公司在杭州正式成立，由此拉开网络小贷序幕。2014 年以后由于各地陆续出台鼓励和扶持政策，网络小贷进入高速发展轨道，尤其是在 2016 年，网络小贷公司数量急速增加。据网贷之家研究中心不完全统计，截至 2017 年 3 月，全国共批准了 82 家网络小贷牌照（含已获地方金融办批复未开业的公司）。2013—2017 年网络小额贷款公司数量如图 4-5 所示。

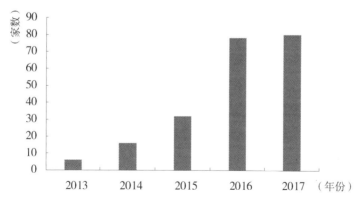

图 4-5　2013—2017 年网络小额贷款公司数量❷

网络小额贷款的经营模式主要分为生态型和开放型两类，生态型是指

---

❶　邱勋，申睿. 互联网金融创新与小微企业融资对接机制研究——以浙江为例 ［J］. 攀枝花学院学报（综合版），2017（4）：33-41，64.

❷　数据来源：网贷之家研究中心。

利用母公司的商业生态体系进行闭环贷款业务，开放型是指通过大数据分析面向所有互联网用户进行放款。生态型以阿里"网商贷"为典型代表，只为阿里电商生态体系内的店主提供小额贷款服务，运用大数据、云计算和数据挖掘等对客户海量的网络行为数据进行分析和挖掘，对客户进行快速征信、评级和放贷，贷前、贷中及贷后管理标准化、一站式完成，体现出互联网金融相对传统金融在风控、定价和成本的优势。据网商银行发布的 2018 年年度报告，截至 2018 年，网商银行历史累计服务小微企业和小微经营者客户 1227 万户，户均贷款余额 2.6 万元。

网络小贷解决小微企业融资问题的立足点在于：首先，网络小额贷款的对象一般是互联网生态圈中的小微企业，这使得网络小额贷款很有针对性；对于生态圈中的小微企业，这样的融资方式和融资环境都相对较好，降低了小微企业的初期融资成本。其次，因生态体系内部小微企业的标准化程度高，可以大批量、个性化地为数量庞大的小微企业进行审核和贷款，缓解了小微企业因融资需求复杂遇到的难题。最后，依靠云计算、大数据等技术，加上生态圈内的小微企业数据可追溯、真实性有保障，大大降低了风险控制的难度和成本，一定程度上克服了小微企业没有信用记录带来的融资难处境。❶

当前互联网金融监管体制不完善，股权众筹、网络小贷等融资模式，缺乏相应法律的约束规范，并且互联网金融信用信息支持并不充分，通过云计算、大数据信息对用户各项信息进行汇总评级做出放贷决策，也存在一定的风险。但互联网金融为改善中小企业融资环境的价值依然得到认可。未来除了继续深化大数据、云计算等金融科技新技术应用外，互联网金融更应该按照金融业发展的规律，在依法合规、风险管理等领域进行商业模式的深度探索和改革。

---

❶ 邱勋，申睿. 互联网金融创新与小微企业融资对接机制研究——以浙江为例 [J]. 攀枝花学院学报（综合版），2017（4）：33-41，64.

（二）知识产权质押融资激活中小企业创新活力

知识产权是科技型中小企业的核心资产，具有很大的潜在价值和升值空间，以知识产权为质押标的的贷款方式为科技型中小企业开辟了新的融资渠道。近年来，随着《国务院关于进一步支持小型微型企业健康发展的意见》《关于加强知识产权质押融资与评估管理支持中小企业发展的通知》等一系列政策文件的出台，国家层面大力推进知识产权质押融资，地方层面密集出台配套措施，各级政府充分发挥管理职能，积极引导知识产权服务机构、评估机构、担保机构和金融机构多方发力，共同破解科技型中小微企业的融资难题。在2019年3月的全国两会上，政府工作报告中还专门提到了"扩大知识产权质押融资"。6月26日，国务院召开常务工作会议对知识产权质押融资工作做出了新部署，要求支持扩大知识产权质押融资，以拓宽企业特别是民营小微企业、"双创"企业获得贷款渠道。这一部署，将知识产权质押融资这一促进知识产权运用效益提升、缓解创新型中小微企业融资难问题的工作再次推进了一大步。

近几年，我国知识产权质押融资规模不断扩大，有效缓解了科技型中小企业因缺少不动产担保而面临的资金紧张难题。如图4-6所示，2019年我国专利、商标质押融资总额达到1515亿元，同比2018年我国专利、商标质押融资总额1219亿元，增长了23.8%。其中，专利质押融资金额达1105亿元，同比增长24.8%，质押项目7060项，同比增长30.5%，相比2018年增速加快。

在推广知识产权质押融资的长期实践中，国内逐步形成了以"银行+企业专利权/商标专用权质押"为特点的北京模式、以"银行+政府基金担保+专利权反担保"为特点的浦东模式、以"银行+科技担保公司+专利权反担保"为特点的武汉模式为代表的三种运营模式。此外，全国其他地区也在积极探索适合当地情况的质押融资模式。例如，江苏省推出了将保险公司的险资直接用于知识产权质押融资的"政融保"模式，四川省推出了"银行贷款+保险保证+风险补偿+财政补贴"的便民融资模式。

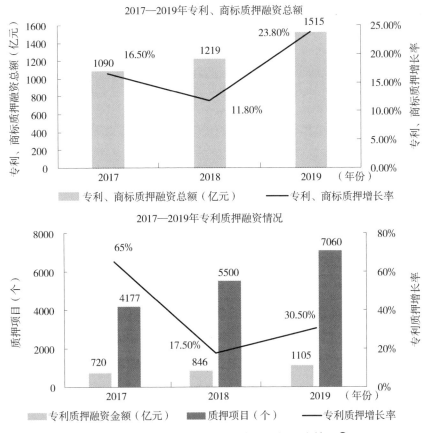

图 4-6　2017—2019 年知识产权质押融资情况❶

专栏　知识产权质押融资的"北京模式""上海模式"和"武汉模式"❷

北京模式，是一种以银行创新为主导的市场化的知识产权直接质押贷款模式。在该模式下，银行通过金融产品和金融服务的创新，携手专业评估机构，积极主动参与到科技型中小企业知识产权质押融资。北京模式的最大特点在于政府机构并没有直接参与到知识产权融资质押的法律关系中，仅对符合知识产权质押贷款条件的科技型中小企业在知识产权质押融资中给予贴息支持。该特点也造成了由于缺少政府机构作为担保人，银行在开展知识产权质押贷款时为保证风险可控往往设置严格的贷款条件，贷款对象一般为处于成长期、有一定规模且具有还款能力的科技型中小企业，处于初创期的科技型中小企业则难以获得贷款。

❶ 数据来源：国家知识产权局统计数据。
❷ 欧晓文. 科技型中小企业知识产权质押融资模式探究——基于北京、上海浦东、武汉模式的比较 [J]. 现代产业经济, 2013 (7)：60-64.

上海模式是一种以政府推动为主导的知识产权质押贷款模式，涉及的主体不仅包括企业、银行，还包括政府机构即浦东生产力促进中心，该中心作为政府职能的延伸，以担保人身份直接介入科技型中小企业知识产权质押贷款业务中并承担了95%以上的风险。该模式大大增强了银行向科技型中小企业放贷的信心，但从长远看，政府机构承担了巨大风险，一旦企业无法偿还银行贷款，政府机构作为担保人就要向银行清偿债务，这无疑加大了地方财政的债务危机。

在北京模式和上海浦东模式的基础上，武汉推出了混合模式并在实践中进行创新，引入专业担保机构——武汉科技担保公司，一定程度上分解了银行的风险，促进了武汉知识产权质押融资的发展，具有很大的推广价值。

在各地政府引导和支持下，一批优秀的知识产权金融服务机构和服务平台涌现出来，这些机构和平台作为企业和金融机构之间的桥梁和纽带，对推广和实施知识产权质押融资起到了重要作用。以北京中关村为例，2012 年，在中关村知识产权促进局的主导下，中关村知识产权投融资服务联盟成立，联盟汇聚了北京知识产权运营管理有限公司（下称北京 IP）、中国技术交易所、连城资产评估有限公司（下称连诚评估）、北京中关村科技担保有限公司、北京银行中关村分行、交通银行北京市分行等多家机构，尝试建立知识产权投融资快速通道和全流程服务体系。这些知识产权服务机构也在长期探索中不断积累经验，先后推出了各具特色的金融服务产品，例如北京 IP 于 2016 年推出了"纯"知识产权质押融资创新产品"智融宝"，以贷先行、投贷联动。截至目前，北京中关村区域已有 400 余家企业通过专利权质押获得了融资，融资总额超过 100 亿元，占同期北京市专利权质押融资笔数和融资总额的比例均超过 85%。

知识产权金融服务机构也积极探索完善知识产权质物处置机制，尝试借助各类产权交易平台，通过定向推荐、对接洽谈、拍卖等形式进行质物处置，以保障金融机构对质权的实现；同时完善知识产权质押融资风险管理机制，鼓励开展同业担保、供应链担保等业务，探索建立多元化知识产权担保机制。北京 IP 还与北京市海淀区政府共同出资共建了首期规模4000 万元的"中关村核心区知识产权质押融资风险处置资金池"，为银行贷款提供全额的风险处置。

（三）金融科技有望重塑中小微企业金融服务

金融科技为整个产业的重构和升级带来前所未有的机遇。通过科技手段进行产业赋能和数据打通，产业金融的产品和服务将更加智能、场景结合将更加紧密、数据价值将更加凸显，不断催生融资模式、融资渠道和融资服务的创新，更好地助力中小企业的发展。

1. "ABCD+I" 技术助力中小企业融资改善

以 "ABCD+I"，即 "人工智能、区块链、云计算、大数据、物联网" 为代表的金融科技在产业金融创新中扮演重要角色，驱动产业链的各环节实现突破，成为数字经济发展的新引擎，对于解决中小企业融资难的问题能发挥极大的作用。

人工智能（AI）有利于中小企业的信用评估、财务管理的优化、投资组合的智能化以及服务效率的提升。通过人工智能技术对中小企业进行信用风险分析，能够帮助金融机构快速有效地识别中小企业的信用风险，提高中小企业融资效率，增加中小企业融资可得性。利用 RPA（机器人流程自动化）技术，可为中小企业解决财务管理相关问题提供低价高效的方案。基于投资组合理论和机器学习算法技术，人工智能可以根据中小企业的风险偏好、财务状况、投资目标和行业背景，找出针对该中小企业的最优投资组合，并且根据市场变化进行动态调整。智能客服通过生物认证、语音识别、自然语言识别等技术，可以分析客户语言和行为、提取客户需求，并利用知识图谱和数据库内容构建客服机器人的回答体系，提升对于中小企业的服务品质。

区块链（Block Chain）在中小企业金融服务中应用广泛，有利于解决中小企业 "信息孤岛" 问题，拓宽融资渠道，降低融资成本和融资风险。区块链技术让交易信息公开透明、不可篡改，使得中小企业能够准确记录企业生产经营活动中发生的业务，规范了贷款流程，降低了银行审核成本，解决了信息不对称带来的贷款难问题。在区块链去中心化、智能合约的支持下，供应链金融中核心企业的担保地位被弱化，中小企业的话语权得到提升，中小企业的信用额度增加。

云计算（Cloud Computing）为其他技术的应用提供了基础设施支持，

间接提升了中小企业的融资效率。云计算通常不直接作用于服务过程或是应用于金融产品，而是通过对金融机构经营管理类系统、渠道类系统和核心业务系统等 IT 系统的云化，为大数据技术和人工智能技术应用提供基础设施支持，使得金融机构能够及时快速地对接中小企业客户，提升中小企业金融服务的可得性，降低中小企业获取金融服务的成本。

大数据（Big Data）在企业征信、风险控制、风险定价和供应链金融领域应用广泛。把大数据技术运用到传统征信服务中，通过大规模数据的采取、存储、计算和分析，能够更为准确地分析中小企业信用状况。大数据风控可以更早地发现违约风险和欺诈风险，及时避免损失的发生，提高金融机构的风险管控能力；利用中小企业数据库，通过大规模数据分析，可为中小企业提供个性化的风险定价模式。以核心企业为切入点，大数据技术可以帮助银行建立涵盖整个供应链的企业关系图谱，持续性监测供应链上各企业的多维度数据，为供应链上的企业尤其是中小企业，提供更优质的金融服务。

物联网（IOT）金融的应用有利于扩展中小企业信贷规模、提高管控效率、开拓融资服务新模式。物联网技术和设备的应用，可以解决供应链金融存在的大部分问题，提升供应链金融对中小企业融资的服务能力。而物联网技术万物互联、客观验证的特点，在风险控制上强调企业生产场景中的全过程，可帮助金融机构实现在贷前、贷中、贷后的实时过程管理。将物联网设备应用于仓库、物流过程中，进行实时监管，从时间、空间两个维度满足银行"客观验证"的需求，则可以撬动新型动产质押的市场。

2. 多种技术综合应用催化金融产品创新优化

人工智能、区块链、云计算、大数据和物联网技术不仅在产业金融领域各自具有丰富的应用场景，还能实现多种技术的综合化应用，为中小企业提供更优质的服务，拓宽中小企业的融资渠道。

以"新型动产质押"融资为例，这款产品综合运用了区块链和物联网技术，是 2018—2019 年江苏省内多家银行业金融机构争相推出的热点融资产品，对于推进普惠金融、支持中小企业发展具有重要意义。基于物联网与区块链技术的动产质押系统架构如图 4-7 所示。

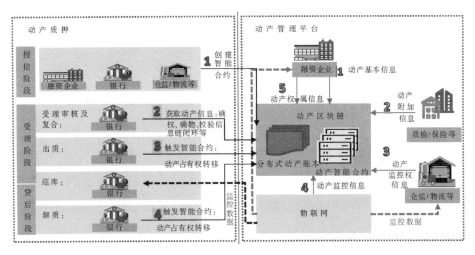

图 4-7　基于物联网与区块链技术的动产质押系统架构❶

"新型动产质押"在传统动产质押内部管理系统的基础上,利用物联网技术监控质物的物品形态,实现智能监控、自动预警以及质押解押指令远程下达;通过多重感知和数据收集,利用物联网技术分析业务的真实性,实现信息去孤岛化。在信息交互的基础上,利用区块链技术记录质物的所有权,溯源并记录质物的当前归属,以智能合约化实现条件达成和自动触发执行,并通过去中心化接入仓储方、质检方和交易中心等业务相关方。

金融机构通过建立线上供应链融资业务管理系统,与仓储物流监管机构 ERP 直接对接,实现数据的实时交互和智能监控,进而引起动产质押融资产品结构流程的变化。所有业务相关方都可以作为区块链的节点接入动产质押区块链联盟中,同步更新质押品存证信息。智能管理、实时监控和信息同步功能的实现,使得保管要求严格、价值偏低、更新换代较快的不受传统动产质押欢迎的产品,成功迈入新型动产质押市场。

---

❶　孙丽丽. 新型动产质押融资的产品架构、业务特征与对策建议 [J]. 金融纵横, 2019 (11): 41-47.

与传统动产质押融资相比，新型动产质押融资具有监控管理智能化、业务流程线上化、参与主体多元化、质押品种类多样化和客户普惠化等优点。更重要的是，质押品种类范围的扩大有效降低了动产融资客户的门槛，使动产质押业务能够覆盖到只有几万元至几十万元小额融资需求的客户群体，真正造福于中小微企业。

（四）产业运营商有望成为产业金融服务新平台

1. 产业金融服务平台化有助于化解中小微企业融资难题

平台经济时代，在金融科技的助推下，专业的产业金融服务平台将产业金融服务生态圈内的金融机构、中介服务商、众多企业等多方参与主体整合在一起，形成了更有效的产业金融服务市场。上下游各个主体之间拥有了更好的连接手段、融通手段及风控手段，对促进产业金融服务行业的发展大有裨益。产业金融服务平台实现了信息的透明化、完整化，使资源配置向帕累托最优状态靠近。平台有助于打破传统金融服务的经营原则和价值创造方式，让资金供需双方的信用信息透明化、完整化，能够自行对信息进行甄别、匹配、定价及交易，大幅降低了交易双方的成本，提升了运作效率，激发了金融服务的活力。面向中小微企业的金融服务平台构建如图 4-8 所示。

对于中小微企业来说，金融服务的获取变得更加方便快捷。产业金融平台大大降低了中小微企业获得金融服务的门槛，使得更多的中小微企业拥有获得融资的机会，切实地帮助中小企业打破独立融资、独立推广的较弱融资格局，促进了供给侧改革下中小微企业"减负"目标的实现。对于金融机构等资金方来说，信息的共享帮助它们节约了收集信息的精力和成本，使它们能够更专注于金融产品的开发和创新，更专注于提供更优质的金融服务。接入多功能的平台为服务机构打开了更大的市场，还有助于增强用户黏性，提升服务机构的整体效益。

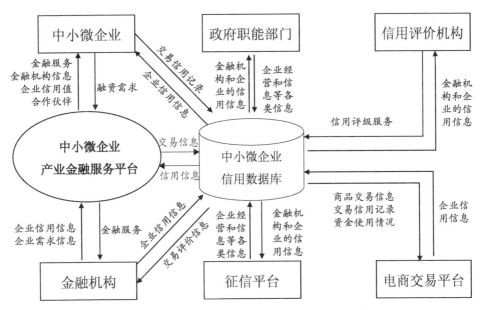

图 4-8　面向中小微企业的金融服务平台构建❶

2. 产业金融服务平台将加速由政府主导走向市场化

产业金融服务平台以大数据技术为构建基础，需要接入"政府职能部门、人民银行征信中心、投融资机构、金融中介机构、企业数据"等信息资源。由于信息可获得性、数据真实性、平台权威性等条件的制约，产业金融服务平台成立初期往往由政府主导，或是在政府的大力扶持下建设发展，中关村科技金融服务平台、苏州高新区科技金融服务中心、深圳金服等知名产业金融服务平台都是如此。当平台逐渐发展成熟后，政府的参与度不断降低，取而代之的是更多民间资本、民营机构的深度参与，引领产业金融服务平台走向市场化。

以中关村科技金融平台为例，该平台于 2002 年成立，创建初期主要在政府的补助下运营，由政府引导科技融资；随着平台的发展壮大，中关村将推进金融服务平台的市场化发展作为重点之一，逐步实现了运营机制、服务内容以及服务范围的市场化。目前，中关村科技金融平台提供的

❶ 吴建材，蔡镇声. 减少中小微金融服务中信息不对称问题的研究——从建立"互联网+金融生态系统"的角度 [J]. 特区经济，2019（6）：150-153.

服务涵盖创业投资、天使投资、境内外上市、代办股份转让、并购重组、技术产权交易、担保贷款、信用贷款、企业债券和信托计划、信用保险和贸易融资等十余个领域，市场竞争力不容小觑。❶

在产业金融服务平台市场化的大势下，未来产业金融服务平台领域将迎来三类玩家竞逐。一是由政府主导转为市场化运营的产业金融服务平台，主要包括地方政府投融资平台和产业园区投融资平台；二是完全市场化的专业型产业金融平台公司，它们大部分仍然处于刚刚起步的阶段，以互联网公司为主，比如IT桔子和微链；三是产业运营专业服务商，它们依托自身运营的产业园区和服务的众多企业，整合多方资源，促进资金方、中介服务方和企业之间产业金融活动的顺利进行。

3. 产业运营商拥有打造产业金融服务平台的独特优势

首先，产业运营商在企业客户的获取上具有先天优势。入驻产业园区、写字楼等产业空间载体的企业以中小微企业为主，它们都是产业运营商构建产业金融服务平台可获得的天然客户；而在产业招商过程中累积的大量客户资源、园区入驻企业的上下游企业，则是产业金融服务平台的潜在客源。

其次，产业金融服务属于多功能集成的产业服务平台可提供的子服务之一。数字经济浪潮下，产业运营商们纷纷借用科技手段，争先恐后地搭建集多种产业服务功能于一体的"互联网+"产业服务平台。产业金融服务起着为中小微企业输送血液的作用，是整个产业服务体系中不可或缺的一部分，平台的产业金融服务功能若是建设完善，那么其综合竞争力将获得极大的提升。从技术层面来说，产业金融服务功能在产业服务平台上实现叠加要比搭建一个全新的产业金融服务平台更具可行性，同时更有利于用户的累积和平台的质量管理。

第三，产业运营商的资源整合能力是产业金融平台成功的关键。由于产业金融服务平台本身并非金融产品及相关服务的供给方，而是连接资金

---

❶ 孙雪娇，朱漪帆. 科技创新与金融服务协同发展机制研究——基于中国科技金融平台演化视角的多案例分析 [J]. 金融发展研究，2019（1）：73-79.

方、中介服务方和企业的载体，平台构建方的资源整合能力成为产业金融服务平台成功与否的决定性因素之一。产业服务的综合性、复杂性决定了产业运营商需要具备不断整合多方资源要素的能力，因此相较互联网公司和其他市场化主体来说，产业运营商在资源整合方面具有优势。

产业金融服务平台化对于产业运营商来说是重要的发展机遇，背靠产业园区和企业，打通"线上+线下"的一体化产业金融服务，产业运营商有机会以整合产业金融服务契机，构建围绕企业发展需求的产业服务生态系统。运营主体的资源整合能力越强，构建产业金融服务平台的优势就越大，越容易在竞争中脱颖而出。

第五章　加速全场景覆盖的智慧园区服务

是否记得美国大片《钢铁侠》中人脸模拟识别、语音智能控制、3D全息投影等高科技技术？是否记得英剧《黑镜》中充满人工智能和虚拟现实的生活场景？人工智能、智能穿戴、人脸识别、语音控制、全息投影这些在电影中惯用的黑科技，已经离我们越来越近，有些甚至已经实现，融入了人们的日常生活。试想一下，无人驾驶的汽车在园区内有序穿梭、并可自动泊停维护，机器人管家24小时服务于每栋楼宇内，在园区内任何地点都可发起远程视频会议。佩戴上VR设备，远在千里外的参会人员犹如近在眼前……这就是未来智慧园区的生活和工作场景（图5-1）。从高端楼宇发端，智慧化的园区、楼宇、空间管理已经蔓延开来，这将是一个快速发展、潜力巨大的市场。但究竟何为"智慧园区"，如何实现"智慧"，目前国内发展情况如何，未来又将走向何处，这些问题都值得深思。

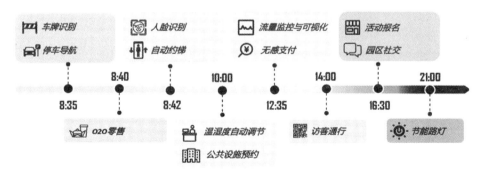

图 5-1　未来智慧园区的一天

一、"5IABCD"新技术让智慧化建设提速

随着城市化的加速发展，世界城市饱受"城市病"的困扰，于是"智慧城市"便应运而生。全球发达国家和城市开始积极建设部署智慧城市，

如新加坡"智慧国 2015"、韩国首尔"U-city"、美国马里兰的"智慧增长计划"等，我国也将北京、天津、上海等 90 个城市作为首批智慧城市建设试点城市。

在智慧城市的发展引领下，"智慧园区"理念开始进入大众视野。智慧园区是成熟园区的升级方向，也是新兴园区的规划起点。随着"5IABCD"（即 5G、物联网、人工智能、区块链、云计算和大数据）等新一代信息技术的迅速发展和深入应用，以智慧化提升园区竞争力已成大势所趋。

（一）从社会治理到民生服务的场景延伸

智慧城市建设初期以基础设施和基本公共服务为导向，重点关注政府政务服务等基础功能的实现和居民一般公共服务需求的满足，基于该领域的应用具有公共物品的属性，由城市政府主导；随着新技术的快速发展和城市场景中的服务需求不断复杂化，有越来越多的产品和服务能够且需要由市场以更高的效率和品质提供。典型代表如支付宝的城市服务板块，就是由政府开放市场、政企合作共同提供城市公共服务。阿里巴巴与各地方政府合作，打造统一的掌上民生服务平台，涉及医疗、交通、交管、社保、公积金、公安户政、缴费、教育等民生服务。智慧城市的服务内容划分如图 5-2 所示。

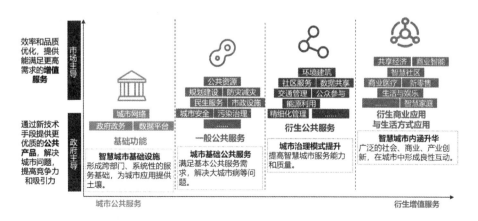

图 5-2　智慧城市的服务内容划分

2019 年，智慧城市建设进入"吐故纳新"的阶段，从应用建设为导向转向平台建设为导向、从项目建设为导向转向运营服务为导向、从政府管理和民生服务为导向转向产业促进为导向。城市云中心、城市大数据中心、城市统一运营中心逐步成为建设重点，智慧交通、智慧市政、智慧环保成为创新建设场景。IDC 预测，到 2022 年，中国智慧城市投资将达到 2000 亿元❶。

（二）从智慧城市到智慧园区的阵地转换

随着数字技术的快速发展，数字化与空间服务的结合将愈加紧密。其中，新一代信息技术与空间结合最为紧密的数字化建设浪潮是过去十年的智慧城市建设。同时，不同面积范畴的智慧空间新建设浪潮也"一日千里"（图 5-3）。典型代表如阿里巴巴通过"ET 城市大脑建设思路"，利用实时全量的城市数据资源全局优化城市公共资源，即时修正城市运行缺陷，实现城市治理模式、服务模式和产业发展的三重突破。同时，阿里云宣布将深度推进社区、特色小镇智能化平台的建设，充分探索"互联网+"时代的智慧园区，打造极具竞争力的智慧平台新范本。

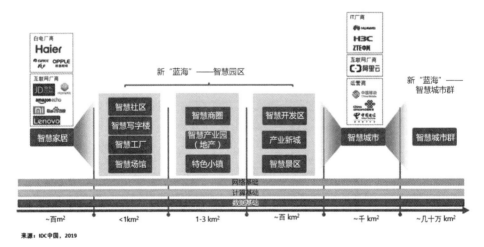

图 5-3　空间视角下智慧化建设的"新蓝海"

❶ IDC 咨询. 智慧城市吐故纳新全空间智慧化建设扬帆起航 [EB/OL]. （2019-02-22）[2019-11-23]. https://www.qianjia.com/html/2019-02/22_325762.html.

　　我国智慧园区建设正在进入快速发展期，2019 年数字化投资超过1600 亿元，未来三年增长近 20%。一是由于智慧家居和智慧城市的快速发展，智慧园区作为空间视角下的"中段"，是智慧家居的升级版、智慧城市的缩小版。二是由于宏观经济变化，产业发展被摆到更重要的位置，而产业的核心是企业，园区是线下企业服务的入口。IDC 预测，到 2020 年，智慧园区市场的投资增长速度将远超智慧城市市场投资的增长速度。

　　产业园区是实现产业集聚、发展规模化产业、实现经济转型升级的重要途径之一，如何为园区企业和个人提供全方位的智慧服务，是产业园区服务的根本问题。目前，我国拥有各类产业园区约 2.5 万个，其中超过40% 的产业园区在建或宣布要建设智慧化园区。❶ 未来，通过新一代信息技术在智慧园区建设中的应用，将健全各类数据采集、业务成果展示等手段，打破空间分散可能带来的管理与服务制约，为园区运营服务提供更多更及时的线上支持，促进园区人、财、物等各类数据资源及要素的统筹融合和最优配置，提供精细化管理和服务。

二、智慧园区的内涵外延在不断深化

(一) 需求反映了智慧园区的基本特征

　　智慧园区是利用新一代信息与通信技术来感知、监测、分析、控制、整合园区各个关键环节的资源，在此基础上实现对各种需求做出智慧的响应，为园区服务对象创造一个绿色、和谐的发展环境，提供高效、便捷、个性化的发展空间。简言之，智慧园区就是通过新一代信息技术的应用，实现园区整体运行具备自我组织、自我运行、自我优化的能力，以实现园区运行状态最优化为终极目的。可见，智慧园区是智慧城市在微观层面的重要表现形态，其体系结构与发展模式是智慧城市在一个小区域范围内的缩影，既反应了智慧城市的主要体系模式与发展特征，又具备了一定不同于智慧城市发展模式的独特性。

　　作为承载产业与经济发展的重要载体，产业园区根据业务类型、收入

❶ 中国低碳智慧园区产业技术创新战略联盟. 中国智慧园区发展蓝皮书（2018）［R］. 2018.

规模不同，在组成主体和信息化需求方面均存在差异。产业园区的主要参与方包括园区管委会、园区企业和园区居民，其中，园区管委会的智慧需求主要集中在以资源整合和信息共享为基础的电子政务、园区管理、公共服务、商务促进等，园区企业的智慧需求主要集中在以创新发展和产业链协同为目标的生产经营管理、采购管理、营销管理、综合管理等几大方面，园区居民的智慧需求主要集中在以提升幸福感为目标的衣食住行等方面。

围绕产业园区各参与主体的差异化需求，智慧园区需要将"智慧基因"渗透到园区管理、工作、生活的各个细节，一个符合要求的智慧园区需要具备以下基本特征：（1）以人为本。以人的需求作为根本出发点，以个体推动社会进步，以人的发展为本，实现面向未来的数字包容，让园区中的人生活更美好。（2）全面感知。通过感知技术，将人、物的相关信息进行全面的感知与互联，形成智慧的泛在信息源。（3）内生发展。园区形成具有持续创新发展的内生驱动力量，围绕这种内生发展动力，城市各构成要素之间实现自我适应调节、自我优化和完善。（4）智能协同。实现泛在信息之间的无缝对接，协同联动，是园区实现智慧的重要途径。综上，智慧园区是集"智"与"慧"于一体的城市新形态，一个成功的智慧园区只有具备以上四大特征，才能从根本上实现"融合、服务、创新、协同"的目标。

（二）场景主导了智慧园区的发展方向

1. 园区业态及人员结构的不同形成差异化的智慧服务场景

不同业态园区建设的驱动力和目的各不相同，表现在智慧园区服务需求上也就各有侧重。如住宅地产园区关注物业管理、能源管理、智能家居等智慧服务，产业地产园区对办公系统、会议系统、人才服务、金融服务等智慧服务有更强烈的需求，政府产业园区则更看重招商和管理方面的智慧服务，而对于制造、教育等行业的专业型园区，其智慧园区服务需求则更有行业针对性，不同园区面向不同的应用如图5-4所示。

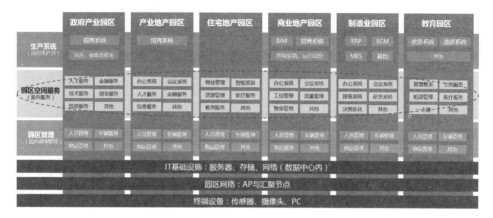

图 5-4　不同园区面向不同目的的应用全景图❶

　　不同业态园区对智慧服务需求的差异性归根结底在于园区人员结构的不同。智慧园区的涉众通常包含园区管理人员、园区服务人员、入驻企业、创业者、从业人员、商家、外部访客 7 类角色。❷ 而在智慧园区建设过程中，需要满足不同人群的需求。例如，园区管理人员需要高效智能的管理工具、绿色节能的设备设施；入驻企业和创业者需要可以促进长远发展的各类企业服务资源；从业人员需要良好的办公环境及完善的生活服务，等等。

　　总体而言，园区作为融合产业发展、居民生活、基础设施等为一体的空间集合，不同业态的园区、不同类型的群体产生了不同的智慧园区应用场景需求。基于产业园区发展目标，可以将智慧园区的应用场景大体概括为四类，即辅助决策、园区管理、企业服务和生活服务，每一类中又集合了众多细分应用场景，而且该分类是动态开放的，未来将会随着需求和科技的发展而不断演变（图 5-5）。

❶　资料来源：IDC 中国，2019。
❷　资料来源：《智慧园区涉及的 7 类角色，以及他们的需求分析》，北京亿联星科技。

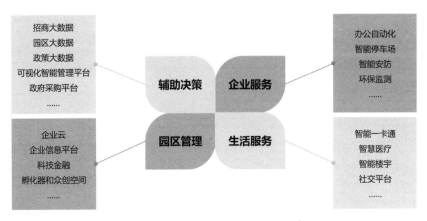

图 5-5　智慧园区应用场景分类❶

2. "智慧"只是工具，智慧园区的应用场景要以人为中心

谈到智慧园区，大部分人会将焦点放在"智慧"上。但我们认为，智慧园区的"智慧"并不是目的，而是更好地为用户服务的工具。因此，智慧园区的应用场景应该以人为中心，而非以科技为中心。用户的体验将推动并决定未来智慧园区应用场景的发展。智慧园区方案供应商在提供解决方案时，应该着重于其应用场景能够解决的实际问题，以及具体的用户群体。典型代表如国际领先的房地产顾问服务公司高力国际的智慧园区应用场景体系。高力国际依托以用户为中心的理念，将智慧园区的应用场景分为五大领域，包括通行、设施与能源、安全、环境与社区，并以此构建了完整的应用场景体系。每个领域涵盖了数个子系统，而每个子系统则包含了众多针对用户特定需求的不同应用场景（图 5-6）。

---

❶　资料来源：前瞻产业研究院，《中国智慧园区规划面临的问题与发展战略分析报告》，2019-10-28。

图 5-6　高力国际智慧园区应用场景体系❶

（三）价值代表着智慧园区的落地潜力

园区的管理是全方面、多层次的。一般随着园区规模扩大，领导者管理半径与管理纵深相应变大，园区相关主体日益多元，服务需求更加多样，做出准确决策、提供优质服务的难度也大大增加。从员工到企业，从各级部门到各行业的逐级管理与服务问题、不同市场环境的兼顾适应与风险控制问题、专业分工细化带来的资源整合及协调问题等，都是园区在运营管理中所面临的挑战。而智慧园区的建设对于解决上述问题具有重要的现实意义，主要体现在以下几个方面。

1. 提升园区管理服务能力

借助新一代信息和通信技术，加强园区公共资源的整合，并对园区运营管理部门、园区入驻企业、园区用户之间的信息进行充分共享与业务协同，实现管理方式多样化、管理手段高端化、管理过程精细化、管理水平高阶化，全面提升园区的综合管控能力与服务水平。

2. 推动园区产业蓬勃发展

园区的繁荣源自园区产业，而园区产业的入驻与稳固，则依赖于园区的综合软实力，包括园区所能提供的公共信息服务、融资服务、交流合作、成果展示等。因此，通过智慧园区建设，搭建服务于园区企业的公共信息与服务平台、融资服务信息平台、企业交流合作平台、技术成果展示

---

❶ 资料来源：高力国际，《乘风破浪——智慧引领商务园区未来》，2019-9-16。

和转化平台等，为园区企业提供融资服务、IT 资源服务和各类生产、经营支撑服务，推动园区产业蓬勃发展。

3. 促进园区可持续性发展

数字化转型涉及所有的行业，智慧园区已成为我国新旧动能转换的必然需求。园区系统是城市系统在一个区域范围内的缩影，以产业园区数字化、智慧化改造带动各类产业平台整合提升，是变革传统生产方式、组织方式的基本路径，是新型工业化、信息化、城市化、生态化融合发展的重要载体，是增强高质量发展新动能、促进园区可持续发展的有效举措。

4. 增强园区综合竞争实力

通过智慧园区建设，改善园区自然生态环境，巩固园区硬件设施环境，提升园区财政、法律、金融、投资、信息、人才以及管理、服务等软环境，吸纳更多优质企业入驻园区、更多优秀员工服务于园区，确保企业"引得来、留得住、发展好"，高层次人才"引得来、留得住、用得好"，彰显园区综合竞争力与吸引力。

（四）技术决定智慧园区的应用广度

智慧园区广义上是指园区信息化、智能化，通过新一代信息和通信技术的应用，实现园区基础设施优化、运营管理精细化、功能服务信息化和产业发展智慧化，涉及的关键技术主要包括物联网、云计算、大数据、5G、人工智能等。

1. 物联网

物联网就是物物相连的互联网，在智慧园区的建设中，通过现代通信技术、射频识别技术（RFID）、全球定位系统、红外传感器等多种信息传感设备，实现园区中物与物、物与人与网络的连接，构建一个统一的数据平台，将数据汇集到数据服务平台，由平台提供数据应用服务，实现高效、便捷的集中式管理，降低运营成本。利用物联网开放性的特点，实现网络连接，从根本上打破"信息孤岛"。

2. 云计算

云计算作为分布式计算、网络存储、虚拟化、负载均衡等融合的产物，按需提供动态扩展的计算和存储资源，具有高性能、虚拟化、动态化、扩展性、灵活性等特点，恰好满足智慧园区业务创新、快速部署的要求，在实现数据共享、打破"信息孤岛"、整合重用资源等方面具有天然优势。

3. 大数据

智慧园区大数据技术的应用主要体现在为园区提供大数据平台和工具，在云平台上集成了园区管理和服务的各个系统，沉淀了海量的数据。大数据中心作为智慧园区的基础设施，是园区智慧的基础，为园区提供全面、统一的自动化服务，实现各部门间、各级产业服务机构、园区和企业间的数据交换共享，园区大数据处理、数据挖掘和数据服务，将为园区有效、高效的决策和服务提供支持。

4. 5G 与人工智能

智慧园区发展当下所面临的最大机遇便是 5G 网络与人工智能的大规模快速应用场景。在园区基站部署 5G 网络，接入本地服务，在全园区实现免流量费、低延迟、高速度、大流量的数据以及应用服务。人工智能则能够快速处理园区沉淀的大数据，基于更深的见解做出判断及前瞻或实时决策。

三、智慧园区正在迎来"裂变"时刻

（一）国内智慧园区发展总体上正处于园区互联阶段

从国内产业园区和信息技术的发展来看，产业园区的智慧转型之路整体上可分为三个发展阶段：第一阶段是由政府与智慧方案供应商主导推动的应用培育阶段；第二阶段是政府、业主联合智慧方案供应商积极推进的园区互联阶段；第三阶段是园区各相关方均积极参与的智慧社区阶段（图5-7）。这三个阶段既可代表某一个单独项目的发展历程，同时也可反映智慧园区从近期到中长期的整体发展趋势。

整体而言，当下国内智慧园区的发展正处于园区互联阶段，产业园区内开始使用更多类型的应用场景，包括智慧停车、刷脸门禁、人员管理、资产管理、智慧办公等，同时沉淀更多的应用数据，并利用所获得的数据开发更丰富有效的应用场景，带来更高的价值。政府、业主积极寻求与智慧方案供应商合作，在不同项目中为更多类型的相关方，尤其是企业用户

及其员工，以及园区内的服务商提供更多智慧应用，智慧园区的用户网络也不断扩大，产业园区的盈利能力即将迎来大幅提升。未来，随着更多的数据源被打通，以及大量的用户参与到应用场景中，科技将会让园区成为一个紧密连接的智慧社区，而其中每个人都将沉浸于智慧体验之中。

	应用培育	园区互联	智慧社区
领导者	› 政府 › 智慧方案供应商	› 政府 › 业主 › 智慧方案供应商	› 产业园区所有相关方
应用场景使用情况	› 少量应用场景，主要集中于效能与设施管理类 › 部分政府主导与企业自用园区可能尝试更多应用场景	› 开始使用更多类型的应用场景，同时产生更多的用户数据，主要目的是为业主提升园区的盈利能力	› 园区内用户主动参与到智慧场景中，并高频率使用，形成沉浸式的智慧体验
主要挑战	› 使用数据平台需要连接所需的数据源（打通信息孤岛） › 通过智慧管理达成显著的成本节约或盈利提高，以促使业主更多使用智慧科技	› 利用所获数据开发更丰富有效的应用场景，带来更高的价值 › 使更多类型的相关方，尤其是企业用户及其员工以及园区内的服务商，使智慧的用户网络得以扩大	› 用经济合理的成本为已安装的软硬件持续升级至所需的最新版本

图 5-7　智慧园区发展的三个阶段❶

（二）从单向管理到服务互动，落地场景加速裂变

智慧园区发展的初期，仅有少量应用落地，主要集中在能效与设施管理领域。近年来，随着物联网通信瓶颈的突破，使得云计算、大数据、5G、人工智能等新型技术能够充分地触及智慧园区的每一个角落，从各个层面提高园区的运营和服务效率。各类新型技术的应用，使得智慧园区从原有节能减排、优化流线、实时监控等单向管理功能，走向刷脸支付、智慧门禁、智慧社交等智慧互动服务，不仅直接为新型生产提供基础设施，同时打开新型智慧服务场景的入口，成为一个符合用户生产生活需要和城市发展方向的平台，从决策支持、管理高效、产业生态、资源共享、安全环保等多个方面提升园区资源效率和经济效益，实现经济与环境的双赢。

---

❶ 由作者根据多份互联网公开资料总结整理所得。

可见，智慧园区发展总体上遵循从管理到服务、从"节流"到"开源"的路径。究其原因，如图 5-8 所示，一是各细分应用场景的实施难易程度不同。人员管理、车辆管理、物品管理等管理领域组织性强、需求差异化程度低，智慧应用的决策通常是单向的，因而更容易实施；服务领域则涉及各种各样的群体类型，通常需要面临多头沟通，且服务需求多样、分散，实施难度更大。二是各细分场景实施后所带来的经济效益不同。在园区经营过程中，通过智慧应用达到显著的成本节约是初期促使业主更多实施智慧园区应用的主要因素。未来，随着智慧园区应用场景更加丰富，将能够帮助业主提升园区的盈利能力。但目前智慧园区的盈利性还未完全明确，整合数据资源所需的成本是主要考虑因素之一，而另一个因素则是未来不确定的硬件与软件升级成本。

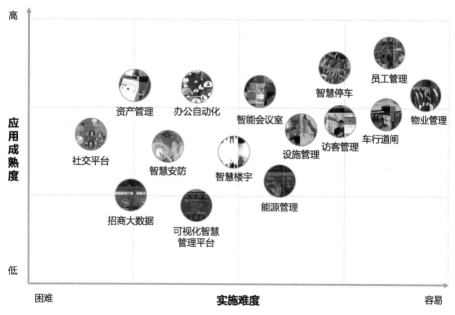

图 5-8　智慧园区主要应用场景实施分析❶

(三) 上下游企业不断涌入，行业生态加速构筑

通过解构智慧园区行业链条，可以发现，智慧园区是一个非常复杂的

---

❶ 由作者根据多份互联网公开资料总结整理所得。

行业，产业链条长、科技含量高、带动能力强、参与主体多元，市场潜力和容量巨大。如图 5-9 所示，智慧园区市场的主要参与者包括园区服务运营商、应用软件开发商（ISV）、系统集成商（SI）和平台服务商。从产品标准化程度来看，平台服务商、传统业务服务供应商和设备提供商主要提供标准化产品，而园区服务运营商、应用软件开发商和系统集成商则更注重定制化方案的开发。

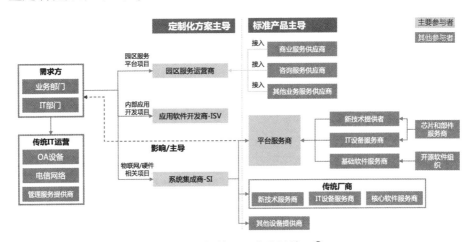

图 5-9　智慧园区产业链情况❶

从市场竞争格局来看，与传统智慧园区建设不同，当前智慧园区建设的参与方不仅仅以集成商为主，平台服务商、新技术服务商、运营服务商都在不断切入。尤其以华为、阿里、腾讯为代表的平台服务商对智慧园区市场关注度的提升，将加速此市场发展。另一个值得关注的群体是运营服务商，它们从资产增值的视角帮助园区拥有方进行技术化手段运营。

从技术应用来看，智慧园区建设，一方面是"补短板"，园区市场与其他行业的数字化转型相比成熟度较低，如何应用已经成熟应用的技术，如云计算、大数据、移动互联网等来完善园区的运营是其中一个重要方向；另一方面是"找创新"，如何通过更创新性的技术，比如无人驾驶、机器人、AI、区块链、物联网、5G 等，找到其与园区业务的结合点，实现创新。

❶　IDC 中国，2019。

不同类型的公司正在快速进入智慧园区市场。除电信运营商、互联网巨头、IT 厂商、集成商和独立软件开发商、园区所属企业、创业公司以外，投资公司和金融公司主导的科技公司也在逐步向这个市场渗透。

智慧园区不同厂商扮演不同角色与优劣势对比如图 5-10 所示。

扮演角色				公司	厂商类型	优势	劣势
服务运营商	应用软件开发商	系统集成商	平台服务商				
		√√√	√√	中国电信 中国联通 中国移动	电信运营商	当地政府和园区客户关系 数据中心与网络	新技术创新缺失
			√√√	阿里、腾讯	互联网巨头	软件架构能力 C端、B端服务触达能力	企业级业务的Know How缺失
	√√	√√	√√√	华为、浪潮、大华	IT厂商	行业经验丰富 完善的销售渠道	服务触达能力 运营能力
	√√√	√√		软通动力、东软	集成商和独立软件开发商	行业经验与Know How	细分市场玩家，难以成规模复制
	√√√	√		万网科技 万睿科技 汇智科技	园区所属企业	行业经验与Know How	细分市场玩家
√√√				巨州云、园圈科技	创业公司	新业务模式	资源有限、护城河较量

图 5-10　智慧园区不同厂商扮演不同角色与优劣势对比❶

总体而言，目前智慧园区服务商水平良莠不齐，智慧应用仍处于碎片化、孤立化阶段，基于平台的服务尚未形成机制，且暂未出现行业龙头。究其原因，主要有以下几点：

一是智慧园区标准与评价体系尚不健全。虽然目前已经出台了一些关于智慧园区建设和评价的地方标准，但相关的国家标准和评价指标体系仍处于探索阶段。如上海市、山东省、成都市等先后印发《智慧园区建设与管理通用规范》，为智慧园区的规划、建设、运营和管理提供执行标准。

二是智慧园区实践中呈现的复杂性和多样性。智慧园区涉众广泛、需求多样，任何一家企业无法同时满足所有的智慧园区服务需求，从自身能力和经济效益出发，更多的企业会选择主攻一个或关联性较大的几个细分

---

❶ IDC 中国，2019。

领域。

三是智慧园区科技含量高、专业性强。一方面，目前市场上的智慧园区服务平台大多停留在设备、网络组建等简单集成和扩展阶段，难以将物联网、人工智能等先进技术和园区产业很好地结合起来；另一方面，一些通用的智慧园区企业尚不能将技术和园区具体的业务场景有效融为一体，只能作为单个专业技术服务商来运作，缺少构建整体系统的能力，这就导致基于平台的服务难以有效落地。

（四）东部沿海强势引领，中西部地区紧随其后

目前，中国智慧园区建设初步呈现集群化分布特征，从国家级高新技术产业开发区、国家级经济技术开发区智慧园区的建设情况来看，已经形成"东部沿海集聚、中部沿江联动、西部特色发展"的空间格局。环渤海（以京津冀为中心）、长三角和珠三角以其雄厚的产业园区作为基础，成为全国智慧园区建设的三大集聚区；中部沿江地区借助沿江城市群的联动发展势头，大力开展智慧园区建设；广大西部地区则凭借产业转移机遇，结合各自地域特色和园区产业发展基础，正加紧布局智慧园区建设工程。

环渤海地区（以京津冀为中心）截至 2018 年年底已经坐拥 30 个国家级高新技术产业开发区、41 个国家级经济技术开发区，园区经济发展迅速，智慧园区建设需求旺盛。

长三角地区作为智慧园区建设的先行地，上海市从政策规划、技术标准和行业组织等层面做了大量探索性工作。江苏省全省 9 个国家级高新区中 6 个进行了智慧园区建设，22 个国家级经开区中有 10 个进行了智慧园区建设。浙江省则将数字经济作为"一号工程"打造，多措并举，如设立 100 亿元数字经济产业基金，重点打造 100 个"无人车间""无人工厂"，实施 100 个园区数字化改造等。

珠三角地区经济发展迅速，产业集中度较高，广州、深圳、东莞、佛山等工业园建设走在全国前列，智慧园区建设也取得了较大的成果。例如，深圳借"工改工"示范项目创建智慧园区，并通过信息化助力中小企业转型发展，目前已建有天安云谷智慧园区、宝安科技园升级智慧园

区等。

未来一段时间，中国智慧园区或将迎来全新的建设浪潮。当前全国各地正在加强智慧化的建设投资力度，各地不同类型的园区也根据自身的发展定位与市场竞争情况制定了各自的发展规划，智慧园区在国家政策的指引下发展前景一片大好。聚焦空间维度，智慧园区建设将由东部沿海向内陆地区延伸，中西部大量园区将会在承接东部沿海地区产业转移的同时，吸收来自这些地区的"智慧效应"。

四、智慧园区的难题挑战依然不少

智慧园区建设是一项复杂的系统性工程，具有建设周期长、智能化要求高、涉及专业复杂、产品众多等特点，国内智慧园区建设起步晚、经验积累不足，且缺乏统一的建设或指导标准，仍面临诸多的问题与挑战。

（一）重概念、轻实施，可持续发展能力不足

一方面，部分园区开发商为了项目前期拿地或政绩工程，通常以"智能化""智慧化"等新鲜字眼去吸引眼球，或者"为了建设而建设"，但其实换汤不换药，建成的智慧园区并不"智慧"，仅是流于形式，最终还是与传统园区一样；另一方面，部分园区开发商和管理者对"智慧"认识不足，理解片面，单纯地认为采购了计算机和管理软件对园区的日常业务进行管理，就已然实现了园区的智慧化建设。究其原因，就是对园区项目前期定位、后期运营模式的刻画以及各类增值服务的拓展等缺乏科学研究和系统思考，最终导致的结果是积极性很高，但效果并不理想，甚至造成大量的资源浪费。

（二）园区智慧化建设集成度低，缺乏统筹规划

虽然从政府到企业都已经意识到了智慧型园区是未来园区发展的必然趋势，但目前我国园区智慧化建设缺少标准化政策文件，在技术应用、功能选择、空间布局等方面仍缺乏整体战略上的指导和统筹规划。很多先进的技术无法应用到园区建设中去，部分建设者甚至认为采用的智能化系统越多，园区的智慧化程度越高，于是只是对园区智能化系统或平台进行简

单叠加、堆砌，导致建成的智能化系统呈现简单的并列关系，信息整合能力不够、系统集成度不足，互联共享难度大，甚至形成众多的"信息孤岛"，给园区的后续发展与运营维护造成诸多困难。

（三）建设重管理、轻服务，导致用户体验度较差

智慧园区建设的目标是为了更好地提升园区的综合管理和服务能力，以满足园区内企业和员工的现实需求及发展需求。而园区的智慧化建设主要为园区管理者提供决策辅助、为入驻企业提供企业服务、为员工提供生活服务，是一个完善的服务提供商，服务才是智慧园区建设的核心。然而，目前多数智慧园区往往只强调管理，忽略了服务的重要性，一味地强调"管理为主、服务为辅"的理念，势必会导致园区智慧化建设整体服务能力不足、吸引力低下、综合竞争力较弱、用户体验度较差等问题，对园区自身及入驻企业的发展都会产生不利的影响。

（四）市场化程度低，智慧系统持续迭代能力受限

智慧园区是涉及政府、企业、员工等多主体的空间集合。智慧建设项目需要各主体之间加强信任和沟通，提高协作效率和能力。然而，很多园区智慧化系统在建设之初就由政府主导，缺乏面向市场的运营管理设计，并在投入使用后由于运营管理经验不足，导致运营成本高、效益低，加上本身服务能力不强，进一步降低了应用系统的盈利能力，加剧了系统维护的负担，更使系统的进一步自我发展可能性降低。由于智慧化系统设计、建设和应用模式僵化，政府主导建设的园区智能化系统往往自我生存能力低、主观能动性差、可持续发展能力不强。IDC 认为，"从用户体验和商业变现两个角度进行智慧园区的打造，除政府主导的园区以外，其他智慧园区皆以市场化模式运作，当商业模式验证后，其建设速度和推广力度都将远超传统智慧城市建设。"❶

---

❶ 智慧城市吐故纳新，全空间智慧化建设扬帆起航［EB/OL］．（2019-02-21）［2019-12-10］．https://www.sohu.com/a/296177732_718123?sec＝wd.

五、智慧园区的发展前景持续向好

(一) 迈入快速发展阶段，"量质齐飞"可期

2019 年，智慧城市建设进入"吐故纳新"的阶段，从应用建设为导向转向平台建设为导向，从项目建设为导向转向运营服务为导向，从政府管理和民生服务为导向转向产业促进为导向。其中，产业发展被摆到了更重要的位置，智慧园区作为产业聚集的重要载体，即将迈入快速发展阶段。

近年来，国内智慧园区 IT 投资规模始终保持 10% 左右的增长速度。[1] 统计数据显示，2019 年，国内智慧园区市场空间已超过 2000 亿元。未来四年，智慧园区市场规模年复合增长率可达 12.7%，2022 年国内市场有望接近 3000 亿元大关。[2] 如今，无论是地产园区、政府园区，还是学校校园、化工园区等，都在积极拥抱新一代数字化转型升级，拥抱新一代智慧管理升级。

此外，物联网、5G、人工智能等高新技术的快速发展和创新应用，将加速园区的智慧化建设，能够解决更多传统园区面临的建设、运营和服务问题。同时，随着现有应用场景的不断成熟，同时沉淀大量用户数据，进而开发更多丰富有效的应用场景，如此形成良性循环，破解更多园区发展难题。

(二) 技术环境日渐成熟，标准体系逐步完善

智慧园区建设过程中新一代信息技术是关键。从 2017 年到 2019 年，相关技术逐渐成熟，奠定了智慧园区发展的技术基础。其中，以传感器为代表的硬件成本快速下降，国产替代进口趋势明显，国内大厂在物联网芯片领域也取得部分突破；在网络传输方面，2019 年被认为是 5G 技术商用元年，NB-IoT 于 2016 年确立标准，国内网络将在 1～2 年内实现成熟商用，部分模组下降超过 50%；在平台技术方面，以边缘计算、SDN/NFV

---

[1] 资料来源：《关于印发〈智慧园区建设指南（试行）〉的通知》（城科会字〔2017〕17 号），中国城市科学研究会。

[2] 数据来源：IDC 中国，注：此处的智慧园区包括智慧社区、共享办公、智慧商区、智慧场馆、智慧产业园区、智慧开发区、智慧景区等多种不同场景。

技术为代表的弹性平台能力不断成熟。因此，从技术环境来看，智慧园区的发展将迎来新的阶段，与物联网、云计算、大数据等技术进一步结合，未来的智慧园区建设将从过去的技术驱动，进一步过渡到场景驱动，不断深挖应用、创新服务，让智慧园区产品不断迸发出新的活力。

2017年"智慧园区"项目年投入迈出千亿元大关，年新启动项目接近300个，各式各样的智慧园区在全国各地拔地而起。但与智慧城市、智慧楼宇、智能家居等行业逐步推出行业（国家）标准相比，智慧园区在火热的背后却始终缺乏一个统一的行业评价标准，影响整个行业的健康发展。❶ 2019年5月，由中国工程建设标准化协会组织的《绿色智慧产业园区评价标准》编写启动，这是国家首个智慧园区类的行业标准；2019年8月，重庆市印发《重庆市智慧园区评价标准（暂行）》明确了智慧园区建设目标、建设内容并且统一了认定评价标准。随着智慧园区建设评价相关制度标准体系的建立健全，智慧园区的发展将进一步提速。

（三）智慧园区方案供应商"上云"意识增强

2018年，中国云计算产业规模达962.8亿元。从行业角度看，云计算的用户目前主要集中在互联网行业。2018年互联网行业的云计算规模达到60.3%，如游戏、电商、视频等，而金融、政府、工业等行业由于对私密性、稳定性、实时性要求较高，且系统迁移难度较大，故整体迁移时间较晚。从横向比较来看，中国企业的上云率还处于较低水平。麦肯锡等研究机构的数据显示，2018年美国企业上云率达85%以上，欧盟企业上云率在70%左右，而据中国电子学会等组织和机构的不完全统计，2018年中国各行业企业上云率只有40%左右。❷

"企业上云"是企业基于自身业务发展和信息技术应用需求，使用计算、存储、网络、平台、软件等云服务，优化生产经营管理，提高业务能力和发展水平的重要途径。近年来，智慧园区方案供应商"上云"意识和

---

❶ 国家《绿色智慧产业园区评价标准》编制启动［EB/OL］．（2019-05-27）［2020-01-07］．http://www.qianjia.com/html/2019-05/27_338387.html.

❷ 戈清平. 2018年我国云计算产业规模达962.8亿元［N］．中国高新技术产业导报，2019-10-21（13）.

积极性明显提高，"上云"比例和应用深度明显提升，通过搭建智慧园区服务平台，逐步将自身业务系统、设备/服务数据迁入云端，避免了信息化建设的重复投资，降低了运营成本。未来，随着国内云计算产业的不断发展，以及数字化、网络化、智能化转型需求的提升，智慧园区方案供应商上云趋势将加速发展，上云将进入常规化阶段。

（四）智能消费需求激增，体验式消费受追捧

进入互联网、数字化时代之后，人们的消费习惯发生了显著的变化，逐渐向信息化、数字化、智能化方向靠拢，信息化产品和信息服务消费需求加快增长，产业园区中智慧服务产品、智能设备的应用率呈升高趋势，在这种消费形式之下，智慧园区市场也将趁势爆发巨大的发展潜力。

IDC报告显示，2018年中国智能家居市场累计出货量近1.5亿台[1]，这也从侧面印证了大众消费市场智能化需求的迅速增长。从新消费群体的崛起来讲，年轻消费群体对新型信息产品和信息化服务有着更为强烈的消费意愿和使用需求。随着"85后""90后"逐渐成为职场主力以及园区经济的快速发展，这个群体也成为园区服务的主力消费群体。智慧园区作为典型的新型信息产品和信息化服务，以园区内智能化的工作和生活场景为卖点，致力于为园区居民打造更加便捷、智慧、安全的工作生活方式，也完全符合年轻消费主力军的消费特征。

此外，随着数字经济的强势崛起，人们快速进入信息化消费时代，重品质、重体验、重便利成为大众典型的消费特征，最明显地表现在消费者如果对自己亲身体验过的产品和服务满意，则会拥有更强的购买及使用意愿。在智慧园区应用场景下，用户对使用过程中的参与、体验和感受也会提出更高的要求，比如更加关注产品功能的便利性、更加关注场所的感染力，等等。未来，智慧园区方案供应商在提供解决方案时，将会更加关注智慧园区服务应用的体验感，智慧园区服务单品落地化进程逐渐加速，走过以单个产品或营业为中心的单品智能阶段。智慧园区行业发展互联智能阶段的到来指日可待。

---

[1]　资料来源：《IDC中国智能家居设备市场季度跟踪报告》，IDC中国。

第六章 以人为本的科技型园区商业配套

诺贝尔物理奖得主杨振宁先生曾经到访清华大学科技园，清华大学领导希望杨先生给清华科技园提些建议，杨振宁不无遗憾地说："就是缺个喝咖啡的地方。"受到启发后，清华大学科技园相继出现了四家咖啡店，而各类餐饮店也陆续开张纳客。杨振宁先生的话同时也点醒了广大科技园区建设运营者——园区商业配套是园区的规划水准和运营能力的重要体现，商业配套的优劣对园区的发展将产生重大影响。如何规划和经营园区的商业配套设施和服务成为摆在园区经营者面前的一道难题。

一、科技园区与商业配套"相互成就"

（一）商业配套是科技园区必不可少的组成部分

科技园区是一种以知识和技术密集为特征、以研发高新技术和发展高技术产业为目标，推动科学技术与经济社会协调发展的综合性基地。在国家创新驱动发展战略的推动下，各地把发展高科技产业作为转型升级的重要抓手，着力打造不同区位优势、不同产业方向、不同集聚规模的科技园区。在政府主导的平台公司、房地产开发商、科技企业、基金投资公司等各类主体的参与推动下，各地科技园区、科技小镇、科技新城拔地而起，呈现出科技园区建设的高潮。

如表6-1所示，科技型园区不同于传统工业园区，从功能使命来说，科技园区所承担的角色是吸引高科技企业、高技术人才汇聚，培育高新技术产业，而人才是企业乃至产业发展的最核心要素，因此"以人为本"应当作为园区建设最重要原则。顺应科技园区的功能特征，科技园区应打造成集生活、办公、休闲于一体的新型园区模式，满足企业和员工居住、交通出行、餐饮、社交、商务活动等各方面需求。

表 6-1　传统工业园区与科技园区对比

	科技园区	工业园区
产城融合程度	高	低
公共服务设施配套标准	高	低
居住及配套设施标准	适当比例的人才公寓、商务酒店，满足高层次人才需求	少量居住区、宿舍，满足日常生活的基本要求
必备功能	生产、生活、生态	生产
可选功能	社会	生活、生态
必备产业	生产性服务业 生活性服务业	生产性服务业

根据世联地产对科技园区商务人士和办公人群关于园区关注点的调查结果，如图 6-1 所示，具备生态观念、绿化率高，人性化的休憩场所处于受到关注的第一梯队，反映了科技园人群对于生态理念、人文关怀的关注；优良的硬件配置，完善的生活配套和商务配套处于第二梯队，反映了科技园人群注重办公的舒适度和便利性；对于办公形象的要求如尺度阔绰、装修精良的公共空间，令人印象深刻的建筑外形排位较低，反映了科技园人群对于企业形象关注度相对较弱。

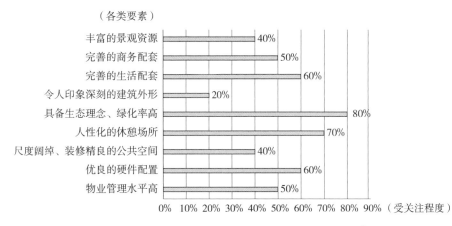

图 6-1　科技园区各类要素或配套的受关注情况❶

❶　数据来源：世联地产报告。

（二）商业配套的加强是园区迭代升级的结果

国内科技园区诞生和发展大致经历了四个时期，早期的科技园区发展，主要目的是进行科技研发和转化服务，很少关注人的发展和需求。随着社会生产力的发展，人们逐渐认识到"科学技术是第一生产力以及人才是关键"，园区的发展也逐步融入人的因素，顺应人的发展的趋势，注重对人的生活环境的打造、对人的生活品质的关心以及对人精神层面的重视。

国内第一代园区出现在改革开放初期，当时国内资源条件相对匮乏，园区通过提供较好的硬件设施条件来吸引企业进入。这个时期的园区功能形态以生产制造为主，缺乏相应的配套设施，功能形态单一，建筑形态以单体厂房建筑为主，仅能够满足生产制造需求。园区开发是基于工业生产而不是基于研究和商业办公的，当时的研发活动主要集中于社会上的科研院所、高等院校和国家科研实验室等机构中，商务活动在工业园区也尚未形成，园区主要承担一些技术含量较低的低端制造产业。因此，这一时期的园区不具有现代科技园区的功能条件，园区吃、住、行等生活配套以企业自建的宿舍、食堂等设施自给自足为主。

中国第二代园区开始朝着丰富化发展，在第一代园区的基础上开始出现生产功能以外的功能形态。第二代园区开始具备了技术研发、商务办公等功能形态，但此时期的园区生产功能还处于主体地位，建筑形态仍然以厂房为主，但厂房已经朝着标准化发展。第二代园区与第一代园区相比，产业正从劳动密集型特征向着资本密集型、技术密集型过渡，生物医药、高端制造等产业活动开始出现。这些产业存在着研发需求，也因此催生出少量中试、孵化活动。这一时期园区的商业性配套尚处于萌芽的状态，开始出现餐馆、便利店等便民性商业设施，且普遍具有自发性、偶然性的特点。

第三代园区，开始向着全面发展过渡，与第二代园区相比，商务办公、研发孵化等功能比例大幅上升，生产性服务功能比重增大。产业均需要依附于实体，生产性服务比重上升带来了产业载体的演进。此时期的园区在规模、区位、空间形态上均有较大的变化，更大的用地规模以及郊区化发展成为这个时期园区的一大特点，办公空间形态较之前两代更为丰富，开始朝向多元化发展，研发办公空间、商务办公空间等逐渐成为园区办公空间的主体。科技园区的核心竞争力也从过去的生产力逐步向研发力、创新力发展过渡，这一时期的园区才能称为真正意义上的科技园区。"人才"是科技园区发展最为重视的因素，"以人为本"的新特征也向园区提出了满足园区工作人群生活、工作、社交等多层次需求的新要求。在此时期，中高档餐厅、咖啡店、酒店等商业设施或自发性，或规划性地开始在园区兴起。

随着知识经济的向前发展，人类社会产生了重大变革，人们对知识、能源、物资的依靠程度及侧重点均产生了变化。技术创新能力、科技研发水平成为当今世界竞争力的标准。相应地，第四代园区逐步发展为以知识产出为核心，以研发型、创造型企业为主体，以集社区、商业、教育、休闲于一体的知识密集型产业功能综合体。第四代园区中第三产业比例明显上升，以生活为核心的服务性产业比例也显著提高。功能形态方面，除去上代园区中的厂房、研发等功能，酒店、公寓、购物、餐饮等生活配套也越发完善。不同发展阶段的科技园区特征见表6-2。

表 6-2　不同发展阶段的科技园区特征

	产业形态	办公特点	商业配套
第一代	类型单一化 生产制造为主	办公空间类型单一 行政类办公空间	企业自建食堂、宿舍等设施，自给自足
第二代	丰富化发展阶段 生产制造、技术研发孵化	研发类空间萌芽 行政办公+研发办公	基本的便民设施
第三代	全面发展阶段生产制造、技术研发孵化、生活配套	办公空间多元化萌芽行政办公、研发办公、商务办公	中高档餐饮、酒店住宿、零售购物以及商务服务
第四代	知识产出研发综合体 研发、创造成为核心 商业、教育、休闲完善	研发办公成为核心功能	集社区、商业、教育、休闲功能于一体

（三）先进科技园区尤为注重商业配套的配置

国内外先进科技园区主要经历了三个发展阶段，第一阶段以研究为主，空间分散，低密度开发为主；第二阶段形成强烈的产品特征，空间丰富，功能趋向完善；第三阶段实现了功能、空间与城市紧密联系和结合。国际科技园区商业大多采取集中与分散相结合的商业配置，具备完善的商业配套设施，提升了科技园区的工作、生活的舒适度和便捷度，为园区产业发展提供了重要支撑。❶

从业态上来看，国内外先进科技区大都具备餐饮、购物、休闲娱乐等完善的商业配套设施，满足园区内部工作、生活人群的需求。保加利亚 Business Park Sofia 内部配套以小型精品店铺和服务设施为主，包括餐厅、咖啡馆、便利店、银行、邮局、药店、诊所、洗衣店等业态。爱尔兰 PARK WEST 研发及高科技园区除了拥有餐厅、咖啡馆、便利店、干洗店、办公中心、幼儿园、健身房等小型精品店铺外，还有一座占地 40000 平方米的娱乐中心和 2.3 万平方米的休闲零售区。我国台湾新竹科学园区内建有国际水平的高级公寓、娱乐中心、诊所、邮局、海关、银行和车站。新加坡裕廊工业园区除公园、学校、体育馆、商场外，还有 5000 间公寓、300 间独立住宅、1200 间宿舍等。韩国大德科技谷 Daedeok Techno Valley 有医院、餐厅、社区中心、银行、加油站、健身房、娱乐中心、多功能商业中心、22 个停车场、9 个儿童公园，配套齐全、分布均衡、业态丰富，不仅方便园区内部人员使用，还经常会吸引外部人员进入园区购物、休闲和娱乐。

在商业配比方面，先进科技园区注重对商业的前期规划，商业配套占建筑面积的比例均在 10%～20%。园区既有集中设置的商业中心，也有分散设置的消费群落，为园区内部企业、工作人群、商务人士及周边居民提供方便快捷、多样化的服务。我国台湾新竹工业园区占地 603 公顷，拥有 265 家高科技公司，其中餐饮、零售、休闲服务结构比例为 3∶3∶4。新加坡裕廊工业园区商业占总建筑面积约为 12%，其中餐饮占建筑面积的比例为 3%。爱尔兰 PARK WEST 研发及高科技园区内部配套以小型精品店铺

---

❶ 王春娟. 科技园区商业发展研究 [J]. 北京财贸职业学院学报，2017，33（4）：26-29.

为主，商业占总建筑面积的比例约为14%，其中零售占总建筑面积为比例为3%。上海张江高科技园区商业占总建筑面积的比例约11%，建设了丰富的商务配套设施和民生服务配套设施。其中居住服务区规划设置了一个面积为40万平方米的主题公园及商业、金融配套等。天津空港经济区科技园区集中化商业配置，目的地消费商业圈初步形成，总建筑面积约100万平方米。科技新城（或综合园区）的地上建筑面积配比为住宅40%，办公40%，配套商业20%。见表6-3。

表 6-3　国内外科技园区商业面积比例

园　　区	用地面积 （平方千米）	商业占建筑面积 比例（％）
中国台湾新竹科学园区	6.03	11
新加坡裕廊工业园区	70	12
爱尔兰 Park West 研发及高科技园区	0.91	14
索菲亚安蒂科技城	23	13
中国香港科技城	25	10
中国天津空港经济区科技园	55	20
中国上海张江高科技园区	25	11

二、科技园区的商业配套"日渐丰富"

（一）科技园区商业业态渐成体系

科技园区的商业应当以人性化、集中化、便捷化、虚拟化为理念，服务区域内高新技术企业，以商务人士、工作人群为主，商旅人群为辅，并辐射周边居民，发挥三大主要功能，为科技园区建设提供支撑和保障。三大功能主要包括：

一是发挥商务服务功能，为商务活动提供支撑。园区商务办公是其核心功能，商业的首要任务是为实现完整商务功能提供保证。商务活动的支撑包括两个方面：首先是为进驻公司的业务形成和发展提供保障；其次是满足工作人群、商务人士的工作需要。

二是强化商业基础设施，塑造人性化投资环境。更人性化和更强调人文关怀的投资环境是科技园区竞争优势的新来源。商业的发展，可以使园区具有更便捷、更人性化的商业基础设施优势。

三是提升商业引力指数，营造现代化生活空间。商业是提升人气的凝聚力。商业的发展，有利于提升园区商业吸引力，使园区更具现代品质化的工作、生活环境。

基于科技园区商业承担的这三项功能，园区重点面向工作人群、商务人士，提供便捷、舒适、安宁的商业系统。实际上，科技园区的商业配套体系并无标准或者固定的范式，但我们仍能从国内外先进科技园区以及国内成熟科技园区的商业配套的现状中，总结出六大主要业态，包括居住、餐饮、购物消费、运动休闲、商务便利、生活便利等（表6-4）。

表 6-4　国内成熟科技园区的商业配套情况

园区名称	酒店	配套公寓	餐饮	购物消费	运动休闲	其他
星河WORLD	五星级酒店及酒店式公寓	住宅，银湖谷	餐馆、咖啡馆	大型商业中心 COCOP-ARK	健身、泳池、网球、篮球、瑜伽馆等	证券营业部
宝能科技园	五星级酒店	出租类人才公寓	可提供6000人就餐的园区食堂、餐馆	便利店、购物中心宝能ALL CITY	免费健身房、羽毛球场（外包）	航空售票处、图文打印、自助图书馆
天安云谷	五星级酒店	二期人才公寓及三期住宅	美食广场、餐厅、咖啡馆、酒吧	便利店、商超、天安云谷 shopping mall	网球场、羽毛球场、攀岩、泳池、养生馆	银行、证券营业部、口腔门诊、理发店
泰华梧桐岛	酒店式公寓	—	餐馆	便利店	健身俱乐部	银行
招商局光明科技园	—	出租类人才公寓	餐馆	便利店	健身房	银行、图书馆
启迪协信	—	国际公寓	园区食堂、餐馆	便利店、商超	桌游俱乐部	图文打印
龙岗天安数码城	五星级酒店	—	食堂、餐馆、咖啡馆	便利店、全时空间	MONKY 健身舱	银行、证券营业部

1. 居住配套

园区的居住配套设施包含两类：短期居住的商务酒店和中长期居住的人才公寓。因此，园区至少引进一家星级商务酒店，一般为国际知名酒店集团的四星级以上酒店。商务酒店既要满足园区商务人士的短期住宿需要，又可承担会议、展览、商务接待、临时办公等多种功能。要面向多层次人才建设青年公寓、公租房、海外专家公寓等人才公寓项目，以直接出租、补贴奖励等方式提供给园区工作人群，解决入园人才的中长期居住需求。

2. 餐饮配套

针对园区工作人群，商务人士多层次、多类型的餐饮需求，餐饮配套设施和服务体系也发展出了园区商业配套中最为丰富的内容。园区不但需要食堂、工作快餐、商务简餐，解决园区工作人群的日常就餐，并且针对商务宴请、白领聚餐的需求，有必要引进一批中高档餐馆、酒店。从菜系上来说，川菜馆、湘菜馆、粤菜馆、东北餐馆、清真餐馆以及法国餐厅、西班牙餐厅等各地美食，使得园区来自五湖四海的工作人群的不同口味可以得到充分的满足。

咖啡馆也是园区餐饮配套不可或缺的组成。一家精致的咖啡馆往往成为园区的共享会客厅，不但工作人群和商务人士在其间休闲放松，或进行非正式商谈，也可以举办各种社群活动，包括：有咖啡主题的拉花课堂、手冲咖啡体验等；文化生活类的快闪市集、手作互动、交友派对等；企业服务类的小型发布会、培训会等。

3. 零售购物

24 小时便利店逐渐成为园区商业服务的标配。引进数家像全家、十足、7-Eleven、罗森、好德等品牌连锁便利店，基本可以满足园区应急性、临时性的购物需求。部分科技园区也配套大型购物中心、商业中心，满足园区工作人群，商务人士及周边居民选择性、休闲性、综合性购物需求。

4. 运动休闲

科技园区的白领们趁着忙碌的工作之余，来到运动场地进行一场全身心放松的体育健身活动，已经成为他们的日常工作、生活必备活动。因此，科技园区至少需要引进一家星级健身房，或者建造篮球场、网球场、羽毛球场、游泳池等公共体育设施，以满足园区工作人群、商务人士的运动健身消费需求。

为了适应高新技术行业快速变换的前沿趋势，提升自身相关技能，园区工作人群需要不断进行学习、考试、充电，因此园区需要小型图书馆、书吧等设施，作为提供给园区工作人群的业余学习场所，满足他们的文化消费需求。

5. 商务便利

商务便利主要提供银行、办公采购、商务邮件快递、航空售票、机场大巴接送等服务。

商业银行，既可针对个人，提供存款、贷款、转账汇款、投资理财等日常金融服务，又能针对园区企业，提供单位存款、信贷、资金清算、资产推介、汇兑、信托等金融服务。

园区航空服务设施通常分为机场专线换乘站点、民航售票处、城市航站楼等不同类型，其中城市航站楼设施等级较高，提供航班咨询、票务服务、值机办理、行李托运、交通换乘的"一站式"航空服务和"点对点"的交通配套，如杭州萧山国际机场海创园航站楼，不但服务于园区工作人群和商务旅客，还辐射了周边的 30 万常住人口。但受到民航客运需求、城市航站楼客流量等因素的约束，国内园区通常配置机场专线换乘站点，为园区工作人群和商务旅客提供机场—园区的交通便利。

办公采购商业服务设施如办公用品店、鲜花礼品店、办公耗材店等，可满足办公用品、文具、耗材、IT 产品、家具、家电、商务礼品等需求。

图文印刷、邮政快递也是园区重要的商务配套设置，图文设计、打字传真、打印复印、摄影冲印、展具展板、户外广告等满足企业基础办公服务需求。邮政快递公司快递揽收点、快递柜，满足商务邮件快递往来的需求，并提供保价、代取件、代收货款、签单返还等增值业务。

6. 生活便利

园区还可适当引进一些便利生活的商业配套设施，如洗衣服务、美容美发、汽车清洁保养等，为园区工作人群、商务人士忙碌的工作生活增加一点便捷性，使他们获得更高的舒适感和满足感。

通过完善的餐饮住宿体系、特色的零售体系、多样化的休闲运动，为相关工作人群、商务人士提供良好的商业环境，提高企业办公效率和质量，支撑园区发展。科技园区的商业配套分类见表6-5。

表 6-5　科技园区的商业配套分类

一级分类	二级分类	主要功能
居住服务	酒店	短期住宿
	公寓	中长期住宿
餐饮服务	食堂、快餐店	日常就餐
	餐厅	商务宴请、白领聚餐
	咖啡店/水吧	饮品消费；非正式会客、社群活动等场所
零售购物	便利店/零售店	应急性、临时性购物
	购物中心/商场	选择性、休闲性、综合性购物
休闲娱乐	健身房	运动健身消费
	书吧/图书馆	文化消费
商务便利	银行	存款、贷款、转账汇款、投资理财；单位存款、信贷、资金清算、资产推介、汇兑、信托
	办公采购	办公用品、文具耗材、鲜花礼品等采购
	图文印刷	图文设计、打字传真、打印复印、摄影冲印、户外广告等
	邮政快递	商务邮件揽收、派送等
	航空服务	航班咨询、票务服务、值机办理、行李托运、交通换乘等
生活便利	洗衣服务	衣物清洁、干洗、熨烫等
	美发美容	理发等
	汽车清洁保养	洗车、汽车保养等

（二）业态配置与园区需求层次紧密相关

园区的商业配套服务和设施从需求层次角度来划分，可分为三个等级。第一层级是满足"食""行""住"的"基本需求"，其中"食"指保证员工食堂、餐厅等设施；"行"指毗邻地铁站、公交站点等公共交通设施，满足员工日常通勤；"住"的保障有相当规模的蓝领公寓、白领公寓。第二层级是满足企业的日常商务需求和员工的职场生活需求，可称为"常规需求"，包括小型银行或储蓄所、数码文印店、便利超市、快捷酒店等。缺少这些配套，企业日常经营和员工职场生活都会很不方便。第三层级是满足园区自身及周边一定区域的"发展需求"，即可以让园区实现自给自足，满足园区和周边工作、生活和休闲娱乐的一切需要，这也是现代多功能、综合型园区的特点。❶ 园区提供的不仅仅是办公作业空间，还要具备不同档次的餐饮饭店、住宿酒店，中大型超市与银行、大型社区公寓，还可引入时尚咖啡、美容店、健身中心、娱乐中心、书店书吧、影院剧场等。

但在园区建设的实际过程中，并不依照需求层次的递进关系对园区商业设施进行规划。而是从商业设施盈利性和园区生活便利性之间的平衡考虑，在开发前期、中期、后期的不同阶段侧重规划和引进不同类型的商业设施和服务。园区商业前期主要服务人群为园区入驻企业或创业团队的中、高层管理人员以及技术人员，他们的需求特点简单概括如下：①中、高收入人群，对于生活品质较为在意，追求品位消费；②午间消费难以找到适合场所；③部分公关及招待活动需要就近解决；④办公室外较为轻松的业务洽谈场所。因此，园区在规划建设初期就应该把握需求，将能提供工作简餐、商务宴请的餐厅、咖啡店，以及服务于商旅人士夜宿的便捷酒店纳入园区规划，解决园区最基本的生活工作配套需求。随着企业不断地进驻，园区商业配套需求也在不断发生变化，在第二阶段园区企业和工作人群开始产生新的需求，有如下特质：①企业需要便利的金融服务、行政后勤、商务接待等第三方服务支持；②园区工作人群对于运动健身、阅读学习等休闲方式也产生了一定的需求。此时，园区运营者就应该提前布局银行、文印店、健身中心、书店书吧等商业设施。当园区商业服务设施已

---

❶ 阎立忠. 产业园区与产业地产规划、招商、运营实战 ［M］. 北京：中华工商联合出版社，2015：84.

经形成一个覆盖较为全面的体系之后，将开始进行自我更新迭代，向层次更丰富、质量更优异的方向发展，不同档次的餐饮饭店、住宿酒店并存，美容美发、娱乐中心、影院剧场等个性化消费场所也将出现，甚至社区医院、托儿所、幼儿园等也将成为大中型园区的必要配套。

(三) 园区人员结构影响商业业态配置

通过对海创园、梦想小镇、人工智能小镇等园区的调研，我们发现在这三个园区中最受欢迎业态的第一梯队为餐饮服务和便利店服务，其中选择食堂餐厅的园区消费者达到95%，选择咖啡厅的园区消费者达到67%，位列第一、第三；选择便利店的园区消费者达到89%，位列第二。其他受欢迎的为运动休闲、商务便利等业态，其中选择银行、健身房、商务酒店的园区消费者分别为46%、43%、42%。

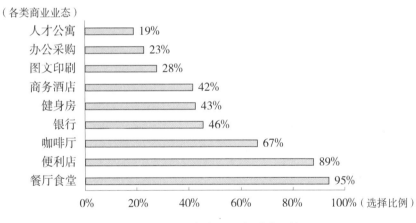

图 6-2　园区各类商业业态受欢迎情况

调研结果还表明不同年龄层次的园区消费者对业态偏好的差异较大，就此我们做了更为细化的研究。以咖啡厅为例，有喝咖啡习惯的受访者共占67%，如果按年龄层分析，可发现"90后"对其接受程度最高，其次为"80后"。"90后"受访者对咖啡厅接受度高的原因在于，"90后"接受新鲜事物的能力较强，容易受到新潮生活方式的影响，超过50%的"90后"受访者表示每天一杯咖啡已经成为一种习惯。其他年龄层人群对其接受程度一般，表示接受园区咖啡厅的业态，但没有喝咖啡的习惯；同时表示如果是茶室，他们的接受度会更高。海创园作为以海归高层次人才创业为主要发展动力的平台，梦想小镇又是区域互联网创新创业的大本营，不断吸引着"80后"及"90后"前来，形成园区工作人群的主力，所以咖啡厅在园区商业中的接受度会越来越高。明确园区消费客群的偏好及消费能力，对于园区业态规划至关重要。

三、科技园区的商业配比"有迹可循"

从科技园区的地理位置环境来看，多数新建科技园区、科技小镇远离城市中心，属于市郊型园区，商业和生活配套普遍不足。规模上，普通科技园区小到几十亩，大到上千亩，一般不超过 1 平方公里，而科技小镇一般不超过 3 平方公里。在这样规模的园区中如何规划科技园区的商业设施面积，如何配比不同商业业态的面积，是每个园区运营者都要认真思考的问题。

（一）商业配套的整体占比受政策限制

为了遏制用地单位扩建行政办公及生活服务设施的利益冲动，国家出台了《工业项目建设用地控制指标》，规定工业项目所需行政办公及生活服务设施用地面积不得超过工业项目总用地面积的 7%。地方政府在鼓励新型产业用地开发的政策中，对商业配套建设与面积比例也有考量。郑州市在《关于高新技术产业开发区新型产业用地试点的实施意见》（以下简称《实施意见》）中明确，新型产业用地允许在工业用地里兼容商业用地，商业用地可以配套建设零售商业、餐饮和服务型公寓，并且新型产业用地上一定比例内的建筑还可以分割销售。《实施意见》规定厂房和研发用房占据主要比例，配套建设零售商业、餐饮以及服务型公寓不超过地上总建筑面积的 30%。《惠州市新型产业用地（M0）管理暂行办法（征求意见稿）》，M0 在规划上不仅支持新型产业项目统一规划，功能还可以适当混合，在基础上配置一定比例的配套商业办公（B2）、配套型住宅用地（R2）和公共服务设施用地。在比例上，配套用房不得超过 30%，配套商业办公（B2）不得超过 10%，配套型住宅用地（R2）不得超过 20%。

新型产业用地政策对比工业用地政策，在商业配套已经有很大程度的宽松，但这一指标是否能适应新发展还有待检验。而在土地性质为商业用地的科技园区项目中，商业配套规模和业态配比拥有更灵活的调配空间，但也更考验园区开发运营者的服务意识和整体规划能力。规模过小，导致配套不足，难以引入主力店，园区基本生活不便；规模过大，导致招商困难，空置率高，主力业态坪效低，租金支付能力不强，影响总体商业价值。

(二) 商业"特色凸显"的浙江海创园

浙江海外高层次人才创新园（简称"海创园"）是浙江省拓展高新产业、集聚全球顶尖领军人物的重要平台。园区位于杭州余杭未来科技城核心区域，占地面积212亩，建筑面积37万平方米，其中地上23万平方米。截至2019年9月，园区实际办公企业201家，员工数量达到12000人。

海创园的商业配套方面，据不完全统计入驻商户约30家，约4.56万平方米，在园区建筑总面积中的占比超过12%。我们从前文中的国内外先进科技园区中商业设施配套情况中发现，绝大多数园区商业设施配套比例为10%~20%，海创园的商业设施配套比例也落在这一区间。每千人商户拥有率约为2.5家/千人，人均商业设施面积约为3.8平方米/人。

如表6-6所示，从具体的业态分布来看，海创园的商业涵盖了居住服务、餐饮服务、购物消费、运动休闲、商务便利、生活便利等主要业态。其中居住服务类包含酒店1家，面积约14902.18平方米，约占商业设施总面积的32.7%；餐饮服务包含食堂1家、餐厅7家、咖啡厅及饮料店4家，面积总共为9594.8平方米，约占园区商业设施总面积的21%；零售购物包含便利店1家，面积约为163平方米，占比约为0.36%；运动休闲类包含1家健身房和1家书店，占比约6.1%；商务便利类包含银行7家，鲜花礼物店3家，图文印刷店1家，以及萧山国际机场海创园航站楼，其中7家银行面积共计15167.21平方米，约占园区商业设施总面积的33.3%；生活便利类包含1家汽车清洁美容店以及浙江大学第一医院海创园门诊部。

在实地调研中发现，园区的人均餐饮设施面积仅为0.8平方米/人，午餐高峰时期必须由园区周边的餐饮店以及外卖服务承接一部分园区工作人群的就餐需求外溢，餐饮服务配比略显不足。而银行无论从数量还是面积上来说，都是园区占比最大的业态类型，一定程度上挤压了其他商业业态的空间，但考虑到海创园是培育高新技术产业的重要平台，而科技成果转化与科技金融有着密切的关联，因此金融机构在园区商业配比中有着必要性和特殊性。无论是比重超高的金融配套，还是其他园区鲜有的城市航站楼，充分匹配了"海外""高层次人才创新创业"这一园区的总体定位。

表 6-6　浙江海外高层次人才创新园商业配套设施布局情况

一、园区概况					
园区建筑总面积	37 万 m²		建成时间		2012 年
企业数量	201 家		就业人数		12000 人
二、商业设施情况					
服务类别	总数量（家）	总面积（m²）	业态类型	数量（家）	面积（m²）
居住服务	1	14902.18	酒店	1	14902.18
餐饮服务	12	9594.8	食堂	1	5705.16
			餐厅	7	3583.85
			咖啡店/饮料店	4	305.79
零售购物	1	163	便利店	1	163
运动休闲	2	2788.78	健身房	1	2568.78
			书店/图书馆	1	220
商务便利	12	16362.31	银行	7	15167.21
			办公采购	3	414.85
			图文印刷	1	64
			航空服务	1	716.25
生活便利	2	1790.35	汽车清洁保养	1	80
			医疗保健	1	1710.35
总计	30	45601.42			

（三）商业"新老互补"的杭州梦想小镇

梦想小镇位于余杭区未来科技城（海创园）腹地，采用"有核心、无边界"的空间布局，其中核心区规划 3 平方公里，致力于打造成为众创空间的新样板、信息经济的新增长点、特色小镇的新范式、田园城市的升级版和世界级的互联网创业高地。梦想小镇总建筑面积约为 21.3 万平方米，互联网村、天使村和创业集市 3 个先导区块，17 万平方米的建筑于 2015 年 3 月建成投用；创业大街 4.3 万平方米的建筑于 2016 年 10 月建成投用。截至 2019 年 6 月，小镇已吸引了 3168 家企业入驻，集聚创业人才 11300 名，形成了一支以"阿里系、浙大系、海归系、浙商系"为代表的创业"新四军"队伍。

梦想小镇不仅作为新生代互联网人创业的热土，同时拥有章太炎故居、"四无粮仓"等文物古迹，历史文化底蕴深厚。在这个新旧交替如时空穿隧的小镇里，商业配套也呈现出现代与传统、时尚与古朴交相辉映的画面。据不完全统计，如表 6-7 所示，小镇入驻商户约有 32 家，总建筑面积约为 1.9 万平方米，约占园区建筑总面积的 8.9%，从数据上看这一比例略低。但考虑到紧靠梦想小镇有一条长度 1.5 公里、占地面积 13.7 万平方米的社区商业街——仓兴街，街道两旁商铺林立，与小镇的商业配套形成互补，因此小镇的生活服务并没有因 8.9% 的商业设施比例而显得局促。从具体的业态分布来看，餐饮类有 17 家商户，共计 9256.64 平方米，占商业设施总面积的 48.6%，为小镇第一大商业业态。虽然从人均餐饮设施面积来看，0.82 平方米/人的配套水平明显不足，但由于仓兴街上餐饮服务对小镇起到了补充作用，不但小镇工作人群的需求得到满足，特有的掏羊锅、黄牛肉火锅等美食还吸引了周边居民以及外来游客，为小镇增添了不少人气。

表 6-7 梦想小镇商业配套设施布局情况

一、园区概况			
园区建筑总面积	21.3 万 m²	建成时间	2015 年
企业数量	3168 家	就业人数	11300 人

续表

二、商业设施情况					
服务类别	总数量（家）	面积（m²）	业态类型	数量（家）	面积（m²）
居住服务	3	4388.98	酒店	3	4388.98
餐饮服务	17	9256.64	食堂	2	4670
			餐厅	13	3826.42
			咖啡店/水吧	2	760.22
零售购物	5	554.77	便利店	4	536.19
			零售店	1	18.58
运动休闲	3	2746.26	健身房	1	665
			书店	1	1200
			电影院	1	881.26
商务便利	2	926	银行	2	926
生活便利	2	1160.24	医疗保健	2	1160.24
总计	32	19032.89			

（四）商业"超前配置"的中国（杭州）人工智能小镇

中国（杭州）人工智能小镇位于杭州未来科技城核心区块，规划面积约为 3.43 平方公里，先导区占地 227 亩，首期建筑面积 31 万平方米，将入驻人工智能专业孵化平台、重大科研项目以及星巴克咖啡、全家便利店、人才公寓等商业配套。小镇先导区二期建筑面积 17 万平方米，计划引进人工智能产业项目。小镇先导区三期建筑面积 22 万平方米，计划引进酒店式公寓及其他商业配套。自 2017 年 7 月 9 日开园至 2019 年 7 月底，已有 163 家企业已经入驻办公，29 家企业二次装修中，园区实际办公人数约 4000 余人。

人工智能小镇虽开园不久，但"兵马未动，粮草先行"，据不完全统计已经入驻商户有 28 家，面积约 1.13 万平方米，占建成区建筑总面积的 3.65%。虽然商业设施面积比例较低，但由于小镇入驻率尚且不高，因此，商户拥有率达到 7 家/千人，商业设施面积达到 2.8 平方米/人。小镇的商业业态分布也主要集中在餐饮服务，面积占比达到 92%，其余零售购物、商务便利、生活便利等业态仅占 7%，尚无运动休闲类商户入驻，充分说明了在园区发展初期商业配套首先要满足"食""住""行"的基本需求。而人工智能小镇在未来的建设运营中，还需进一步丰富商业配套业态，满足更高一级的需求。人工智能小镇商业配套设施情况如表 6-8 所示。

表 6-8　中国（杭州）人工智能小镇商业配套设施情况

一、园区概况					
园区建筑面积（首期）	31 万 m²		建设时间		2017 年
企业数量	163 家		就业人数		4000 人
二、商业设施情况					
服务类别	总数量（家）	总面积（m²）	业态类型	数量（家）	面积（m²）
餐饮服务	19	10411.38	食堂	1	6626.43
			餐厅	15	3341.78
			咖啡店/水吧	3	443.17
零售购物	3	227.99	便利店	1	80.8
			零售店	2	147.19
商务便利	3	288.68	图文印刷	1	57.25
			邮政快递	1	193.78
			航空服务	1	37.65
生活便利	3	388.65	洗衣服务	1	187.49
			美发美容	1	155.33
			汽车清洁保养	1	45.83
总计	28	11316.7			

四、园区位置影响商业配套的等级和形式

园区商业配套在服务园区工作人群的同时，也会辐射周边居民。另一方面，园区周边的商业设施也会对园区商业配套的规划运营产生较大影响。因此，园区商业配套不能单独进行规划，而是要结合园区地理位置和周边商业环境综合考虑。根据商业定位、业态选择、建筑形式等方面的特

点，我们大致可归类出城市外围的附属型商业配套、城市新区的依托发展型商业配套、城市组团的区域特色型商业配套、城市中心的独立型商业设施四种类型。

（一）城市外围的附属型商业配套

附属型商业配套自始至终就是为所在园区提供配套服务，其所属的科技园区多处在城市周边的非商业消费型片区内。商业配套的人群定位主要面向于在园区中工作和来园区交流的人群及商旅人士，园区外围的周边区域内的消费人群数量少，在此消费的频次和规模也少。商业面积无论相对规模，还是绝对规模，都显得比较小；商业业态以极少量的商务餐饮和商务服务为主，商业形式小而精，极具针对性。在科技园区的早期发展阶段常见此类型的商业配套。

专栏　绿城·未来 park

绿城·未来 park 项目地处国家级四大科技城之一的杭州未来科技城，占地面积 109000 平方米，总建筑面积约 30000 平方米，包括园区内一条近 9000 平方米的商街。园区引入了咖啡馆、便利店和中西式餐饮等配套，还有商务酒店和员工食堂，可以满足园区工作人群的基本生活和工作需求。

（二）城市新区的依托发展型商业配套

依托发展型商业配套是源于所在园区、兴于周边区域，商业配套本身的规模和其所在的园区整体体量相对较大，同时园区所在区域发展前景好、城市配套相对成熟，存在大量与项目内部商务人士同质的人群。商业配套初期定位并服务于园区内部的工作人群和往来的商旅人士，后期随着片区人口的集聚，加上商业配套业态的不断丰富，会对吸引大量周边同性质人群到园区消费，形成"正向循环"。从商业配套的业态构成来看，生活休闲类配套占据主导地位，其中餐饮类商业占绝对优势，商业面积与办公面积比例适中，商业的时尚、个性气息非常浓厚，与大众购物商街拉开差距，多数商业有强调个性化、品牌化倾向。

专栏 成都世茂 52+mini mall

世茂商业针对写字楼项目推出世茂 52+mini mall 产品，打造写字楼配套商业。如成都世茂大厦项目，总体量 11 万平方米，由酒店、写字楼、商业三大业态组成，其中五星级茂御酒店 3.6 万平方米、甲级写字楼 4.7 万平方米以及 1.5 万平方米的配套商业，商业部分即 52+mini mall 项目。4.7 万平方米世茂大厦写字楼是由世茂全持有运营，目前已经引入锤子科技、walnut 联合办公、摩拜单车、长宁天然气等互联网的新经济企业和能源企业。成都世茂 52+mini mall 以这部分企业办公人群为主要目标客群，规划了超市占比 32%、餐饮占比 40%、生活配套服务占比 26% 的业态配比，零售业态占比仅 2%，满足写字楼办公人群需求的同时，兼顾周边 1 公里半径内客群需求，周边学生、办公人群打造时尚社交中心，为周边居民打造精致生活中心。

(三) 城市组团的区域特色型商业配套

区域特色型商业配套对应的园区所处区域需具有足够量的多元化人群。商业定位以服务 CBD 区域乃至整个区域板块的年轻白领人群为目标，以特色的中高档零售和餐饮为主要商业业态，包括酒吧、咖啡厅等休闲生活配套，由于自身总面积较大，因此可增加休闲、娱乐性商业；商业面积足够规模，一般达到 3 万平方米以上；建筑形式便于形成内街，适合营造中小店铺，通过时尚主题店面营造一种个性和时尚的商业氛围。

专栏　深圳天安云谷

　　天安云谷是一个城市更新项目，原地块为农民房、旧厂房构成的老旧工业区，聚集了一批五金、塑胶等劳动密集型传统产业。相较于福田、南山 CBD 区的光鲜繁华，坂雪岗在天安云谷规划建设之初，城市面貌稍显破败。为了弥补周边生活和商业配套不足，天安云谷借鉴新加坡邻里中心的模式，打造了集商业、文化、教育、康体、休闲等于一体的商业配套设施。园区商业呈街区+MALL 式综合分布，街区商业主要分布在 2 栋、3 栋和一层公共区域，3 栋 A、B、C、D 座囊括整个内部商业，在业态布局上包含了零售、餐饮、娱乐、儿童教育等丰富业态。餐饮方面，集合了如乐凯撒、星巴克、奈雪、吾虎将、岩也等众多人气品牌，在室外打造丰富的休闲餐饮空间，还有天玺海鲜酒家，为园区提供高档怡人的餐饮场所；零售方面有 NOME 生活、KK 馆、屈臣氏、美肌工坊等；在儿童教育方面有比诺天安儿童学院、华尔街英语等，在三层还引进了纵横国际影城，高层办公人群可乘电梯直达影城，享受工作之余的欢乐时光。除此之外，园区引入了健身会所、牙科诊所、中医理疗、美容院、药店等健康机构，体现出多方位的人才关爱。

（四）城市中心的独立型商业设施

　　独立型商业对园区区位特性有强依赖性，园区选址需位于城市中特色核心区域，该区域多元、开放的地位能够辐射整个城市。依托其区位优势园区商业几乎不依靠园区内部客户，可以独立成为片区的高端消费场所，吸引大量周边消费者以及旅游人群，高端零售为主要商业形式，商业氛围具有明显的高端化、国际化特点。

专栏 深圳万科云城里

云城万科里坐落于百万综合体万科云城内，更处于南山区留仙洞总部基地核心，商业总体量约 20 万平方米，约占项目总体的 15%。其中自持经营的集中式商业 MALL 和开放式街区商业西里、东里近 8 万平方米。区别于传统的室内购物中心模式，项目商业部分由集中 MALL、西里街区和东里街区三部分构成，集中商业 MALL 位于云城的中心位置，东里、西里商业街区分别布局于购物中心两侧。其街区的商业形态巧妙融合了景观元素，将公园绿地与商业建筑有机结合，形成"商业绿廊"的独特形态。

集中 MALL 面积约 5 万平方米，在六层的商业空间里，以全业态消费聚集地为主题，包含潮流服饰、零售、餐饮、娱乐、影院、健身中心等丰富业态，其中 B1—L2 层主打零售业态，包含快时尚服饰、珠宝饰品和生活集合馆，如 UR、迷底、周大福、亿威隆、KK 馆、GIPO 等品牌；L3 层为儿童业态，入驻有乐高活动中心、B. Duck、七田真、奇度英语等儿童教育、娱乐和服饰品牌；L4 层和 L5 层分别为餐饮业和生活配套业态，引入了呷哺呷哺、探鱼、湖南老饭铺、凤凰楼等餐饮品牌，配套上则为星美国际影城和爱趴提运动健身综合馆。购物中心的业态规划着力体现了家庭式的消费场景。

绿廊街区商业则规划了近 90% 的餐饮业态，其中西里以家庭消费及为区域提供优质配套为主，集合国内各地特色餐饮，如 KFC、奈雪、深圳首家蓝波斯菊、深圳首家缙云山、野妹经典火锅、安小馆等，既有品质正餐，又有网红人气美食，充分实现了引流效果；在零售和生活配套上，引入了 V24 生鲜时选、NOMO、华为、屋虎猫馆、南音艺术等品牌。东里也以极高的餐饮业态为主，主打异国风味餐饮，辅以娱乐、生活配套类业态。餐饮方面主要突出年轻人的"夜生活"氛围，打造主题酒吧街，引入了众多人气宵夜品牌，如独栋的汉阳馆—烤肉大师首家小酒馆主题店、深圳首家烧蚝帮、火舞铁板烧，还有同仁四季音乐餐厅、木屋烧烤、渝胖子炭火蛙、台北牛扒、渝李记、福鑫记等众多深受年轻人喜爱的美食品牌，充分展现年轻活力的餐饮氛围。生活配套方面引进了 JIMYO 音乐舞蹈、欧缇娜、奈瑞儿等护理、艺术培训类品牌，为附近的白领人群提供品质的生活方式。

云城万科里虽然作为产城综合体中的一部分，但它承载的不仅仅是该区域的商业功能，无论是从项目的体量、建筑空间的构造还是业态品牌的规划上，都是将目光聚焦在留仙洞总部基地乃至整个西里商圈的未来发展层面上，以云城为中心辐射到整个西丽商圈的消费生活，对城市公共空间作出思考和探索，变成了城市消费客群的生活服务载体。

五、科技园区需要做好商业配套运营

园区商业不只是一种商业运营模式，同时也是一种服务于大众的服务型产业，旨在为园区企业和工作人群提供更加全面完善的配套服务。根据园区消费客群的偏好及消费力，制定明确的业态规划和运营策略。

(一) 根据园区定位做好业态规划

园区商业不只是消费的场所，更是商务活动及社交的载体，园区商业的业态应考虑各年龄层的消费需求，但由于体量限制，主要业态应根据主力客群的消费偏好进行筛选。同时，园区商业业态布局也要找到体量、业态、租金三者之间的平衡点，保证园区商业稳定运营。

不同的园区，业态侧重有一定的区别。例如，各类业态配置多少比例？是否设置主力店？设置哪一类型的主力店？对于这类问题，我们参考"高低租金商户配置模型"，对此进行更为精确的分析。如高低租金的业态配比：超市、影院等主力业态的面积需求大，但租金支付水平低；零售、轻餐饮等业态面积需求较小，但租金高。应通过低租金的服务型业态吸引人气，同时引进零售等高租金业态来提高整体租金收益。经"高低租金商户配置模型"的测算，一般园区商业中布局低租金业态的比例不应超过30%（图6-3）。

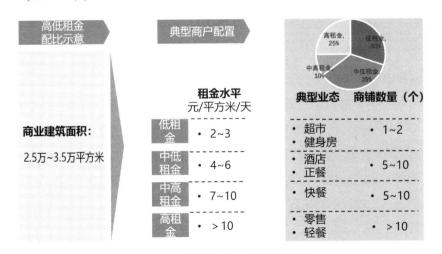

图 6-3 高低租金商户配置模型

（二）合理制订商业配套开发运营策略

不同的开发运营模式会影响资产的未来价值及园区的整体环境，需要科学的策划和有序的开发运营。

1. 开发时序

如商业先行，可作为促进园区招商，刺激写字楼溢价，但开业时园区消费人群可能支撑不足，运营将受到影响。一般建议在园区招商初期即可进行商业宣传，但商业的开发节点应考虑园区的开发节点，两者相互促进。

2. 租售策略

商铺散售能帮助开发商快速回现，但销售后的商业如不进行统一运营管理，一般都存在业态混乱、空置率高等问题，将对园区产生负面影响，不利于品牌形象的树立。如统一管理，则面临产权及经营权分离的问题，管理受限。所以带租约销售及售后返租等模式应运而生，但这两种模式也存在一定的风险及局限性。

整体持有的模式对现金流要求高，但其能统一产权及经营权，做到统一的运营管理。整体持有运营是园区商业未来的发展趋势，能有效提升商业价值、提升溢价空间、提高投资回报率、降低经营风险，更利于资产增值。待商业步入成熟期后，如整体打包出售，整体持有模式将更具优势。在资金压力大，无法整体持有时，可选择部分持有。持有位置通常是主力店、次主力店及重要商业节点。相对于散售，部分持有模式可以促进主力店招商，保证园区商业基本功能的运作。在租售结合的模式中，要结合项目情况及资金情况制订合理的租售时序及时间节点把控方案。

3. 运营管理

良好的运营管理是实现园区商业可持续发展的重中之重，其主要分为物业管理、商户管理及营销活动管理。我们在调研中发现很多园区商业都由物业管理公司来负责运营管理。物业管理公司仅擅长单纯的物业管理，却缺乏商户管理及营销活动管理的经验，运营管理是专业性很强的工作，应交由专业的商业管理团队或园区运营服务商来负责。

第七章 持续迭代的特色小镇市场化运营

特色小镇 2014 年起步于浙江，由余杭梦想小镇、西湖云栖小镇开始，这种非镇非园的新型产业平台以其"小空间大集聚、小平台大产业、小载体大创新"的特点，成为推动产业集聚、产业创新和产业升级的重要抓手。一进入申报阶段，就在浙江掀起了一股创建的浪潮，并在短短两三年内取得了相当的成效，也引起了中央的高度重视和社会各界的广泛关注。这种在块状经济和县域经济基础上发展而来的创新模式，成为浙江引领经济新常态、实践供给侧结构性改革的一张"金名片"。

贯彻产业、文化、旅游、社区功能的融合一直是特色小镇所独有的理念，这促使小镇成功地成为"生产、生态、生活"三生融合的城市区域性中心，呈现出"产业特而强、功能聚而合、形态小而美、机制新而活"的特点。这种现象的形成究其根本原因，在于特色小镇建设坚持政府引导、企业主体、市场化运作的原则，既凸显了企业主体地位，发挥了市场在资源配置中的决定性作用，又加强政府引导和服务保障，形成政府有为、市场有效、企业有力的协作关系。因此，特色小镇的市场化运营，既是特色小镇建设运营机制的重大创新，也是促进资源配置、形成良好小镇生态的核心抓手。

一、特色小镇进入新阶段

（一）浙江特色小镇的 2.0 升级版

2019 年 9 月 26 日，浙江省在上虞召开了特色小镇建设的现场推进会，会上一口气命名了上虞 E 游小镇、新昌智能装备小镇等 15 个省级特色小镇，使得全省授牌命名的小镇达到 22 个。加上 110 个省级创建小镇和 62 个省级培育小镇，省字号小镇队伍总数达到了 194 个，是 2015 年创建初期 100 个小镇计划数量的近两倍。

对此，省委书记车俊专门批示，"高标准规划建设特色小镇，是我省高质量发展组合拳的关键一招和供给侧结构性调整的重要一环"，要"把特色小镇建设作为扩大有效投资、壮大国内市场、推动高质量发展的有效举措，锚定更高目标，拿出更实举措，推动我省特色小镇建设再上新台阶、取得新实效"。在会上，省长袁家军则强调，"特色小镇是全面践行新发展理念的高端平台"，要"整体提升特色小镇产业基础能力和产业链竞争力，打造特色小镇升级版"。❶

这里面有两个关键词，"再上新台阶""小镇升级版"。说明五年过去，经过百余个小镇的实践，浙江的小镇建设终于可以总结前一个阶段经验，向更高质量阶段迈进了。由此，会上郑重宣告了特色小镇的再出发（图7-1），提出浙江将全力打造以"构建多主体协同、多要素联动的产业发展生态"为主要内容的特色小镇2.0版本。而几乎与此同时，杭州市发改委也发布了《杭州市促进特色小镇高质量发展的实施意见》，文件既总结了过去的经验，也提出了未来的方向。

图7-1　浙江特色小镇再出发

浙江省、杭州市两级政府几乎同时举办特色小镇建设推进会议、发布相关政策，颇具意味，也彰显了进入"十四五"时期后特色小镇发展的新风向。

---

❶ 余勤，刘乐平. 全省重大项目暨特色小镇建设现场推进会召开［N］. 浙江日报，2019-09-27（01）.

（二）全国特色小镇建设的大转折

2015 年后，紧随着浙江，北京、天津、河北、山东、江苏、江西、福建、广东、云南、湖南、重庆、贵州等多个省市也提出了各自的特色小镇建设计划。2016 年 7 月，住建部等 3 部委发布《关于开展特色小镇培育工作的通知》，要求以建制镇为单位申报，到 2020 年全国培育 1000 个特色小镇。接着到 10 月，国家发改委发布《关于加快美丽特色小（城）镇建设的指导意见》，提出要明确特色小镇与特色小城镇的差别，其中特色小镇是创新创业平台，特色小城镇是产业特色鲜明的建制镇。

2017 年 12 月，国家发改委等 4 部委发布《关于规范推进特色小镇和特色小城镇建设的若干意见》，提出发展"市郊镇、市中镇、园中镇、镇中镇"等类型特色小镇，要求由发展改革委牵头，对两批 403 个全国特色小城镇、96 个全国运动休闲特色小镇等，开展定期测评和优胜劣汰。到 2018 年 8 月，国家发改委发布《关于建立特色小镇和特色小城镇高质量发展机制的通知》，提出在创建名单中，逐年淘汰住宅用地占比过高、有房地产化倾向的不实小镇，政府综合负债率超过 100% 市县通过国有融资平台公司变相举债建设的风险小镇，以及特色不鲜明、产镇不融合、破坏生态环境的问题小镇（图 7-2）。

国家发改委规划司司长陈亚军:特色小镇发展存在七大风险

文旅内参 2018-05-14 21:51:00   用手机看

特色小镇是新型城镇化领域内供给侧结构性改革的新尝试，如果发展得好，既能产生新经济新动能，又能创造宜居宜业宜游的发展新空间；如果发展失当，由于其量大面广，造成的资源浪费和环境破坏问题，处理起来可能比"大城市病"更难。

特色小镇是新型城镇化领域内供给侧结构性改革的新尝试，如果发展得好，既能产生新经济新动能，又能创造宜居宜业宜游的发展新空间；如果发展失当，由于其量大面广，造成的资源浪费和环境破坏问题，处理起来可能比"大城市病"更难。

图 7-2　国家特色小镇面临大转折

对于小镇建设中存在的问题，截至 2018 年 12 月 31 日，在国家发改委的指导下，全国各个省份共淘汰 419 个"问题小镇"。其中包括：省级特色小镇 70 个，市级特色小镇 174 个和政府创建名单外市场主体自主命名小镇 141 个，运动休闲特色小镇 34 个。而通过对全国 31 个省市特色小镇产业规划的汇总分析发现，到 2020 年全国特色小镇总规划建设数量达到了 2968 个。全国层面的特色小镇建设从 2016—2017 年的热潮，到 2018—2019 年的遇冷，短短四年颇有一种冰火两重天的感觉。❶ 对此，2019 年 4 月，国家发改委在浙江德清地理信息小镇召开了"2019 年全国特色小镇现场会"，总结了"第一轮全国特色小镇典型经验"，引导特色小镇高质量发展。

(三) 五年小镇之路的总结与反思

从各方面的信息来看，浙江地方政府对于过去五年特色小镇的建设还是比较满意的。在特色小镇建设推进会期间，省发改委专门撰文，从投资、产出、产业、创新、平台、效益 6 个方面，来说明特色小镇建设的巨大成就。当然，另一方面官方也强调，特色小镇过去重点聚焦的还是平台搭建和投资落实，通过新产业投资稳增长、育动力的意图比较明显，但高质量的小镇产业生态尚未成熟。而且，五年只是小镇建设时间轴上的一个小周期，虽然省里目前已经命名了 22 个特色小镇，但命名并不代表了成功，绝大多数小镇建设还在路上。

而对比全国，虽然也涌现出福建宁德锂电新能源小镇、黑龙江大庆赛车小镇、广东深圳大浪时尚小镇等受到国家发改委肯定的优秀典型（图7-3），但大量小镇被诟病存在"产业缺乏特色、政府债务率过高、市场化机制不明显、房地产倾向太严重、生态环境遭到破坏"的问题。一方面诸多地方的小镇建设运营，市场化力量参与不足，变成政府及国资平台的独角戏，政府负债累累难以持续推进；而另一方面诸多特色小镇一度又成为房地产商的开发盛宴，将小镇作为新产业平台的初衷，扭曲成了低成本拿地的郊区大盘。

---

❶ 国家发改委发展战略和规划司. 国家发展改革委规划司召开 2019 年全国特色小镇现场经验交流会 [EB/OL]. (2019-04-19) https://www.ndrc.gov.cn/fzggw/jgsj/ghs/sjdt/201904/t20190419_1170146.html.

中华人民共和国国家发展和改革委员会
National Development and Reform Commission

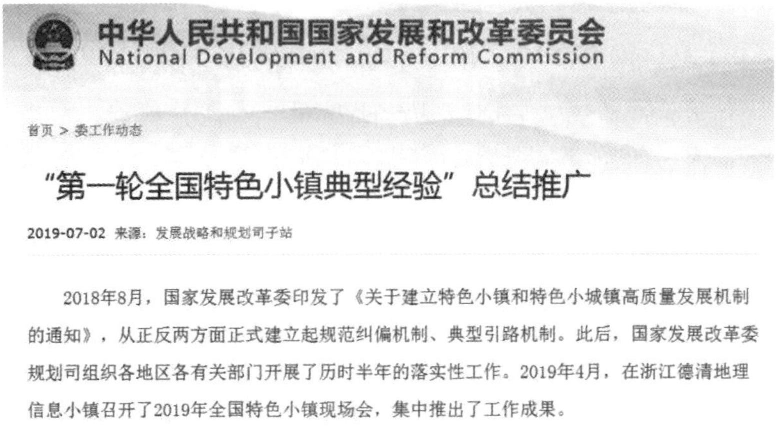

首页 > 委工作动态

“第一轮全国特色小镇典型经验”总结推广

2019-07-02 来源：发展战略和规划司子站

2018年8月，国家发展改革委印发了《关于建立特色小镇和特色小城镇高质量发展机制的通知》，从正反两方面正式建立起规范纠偏机制、典型引路机制。此后，国家发展改革委规划司组织各地区各有关部门开展了历时半年的落实性工作。2019年4月，在浙江德清地理信息小镇召开了2019年全国特色小镇现场会，集中推出了工作成果。

图 7-3 国家发改委第一轮全国特色小镇经验推广

过去五年的小镇建设运营，要么是政府大包大揽、统管一切，市场、企业、人才的力量未能充分激活与发挥；要么是市场化力量太强而政府缺位，导致小镇建设运营缺乏有效引导，陷入房地产化的泥潭。因此，浙江省特色小镇建设现场会上提出关于小镇 2.0 版本的论述，要求“更多地聚焦提升产业基础能力和产业链竞争力，抢占产业链制高点，推动产业链延伸拓展，补齐产业链薄弱环节”，全力打造以“构建多主体协同、多要素联动的产业发展生态”。对浙江的特色小镇建设提出了不忘初心、优化升级的高要求，而对于全国诸多的问题小镇则又有着鲜明的正本清源的意味。

从“多主体协同、多要素联动”的新趋势可见，实现这一目标既需要园区企业、服务机构、运营主体等相关主体参与度，充分发挥市场在资源配置中的决定性作用，又要加强政府引导和服务保障，在方向把控、政策支持、项目审批等方面发挥更好的作用。因此，特色小镇的新阶段，就是更依赖市场化力量参与其中，实现整合多方资源，进入共同建设、共同运营的阶段。

二、小镇运营新模式

众所周知，特色小镇的建设运营具有长周期的特点，不同于一般的产业园区按照建管分离的模式，小镇多是边建设、边运营，小镇建设期与运营期存在相当的重叠，小镇要形成以建设支持运营、以运营促进建设的长期有效互动，这是一种通过开发促进资源整合，通过资源整合进一步再促进开发的"滚雪球"模式。因此，要实现这样的多主体参与、多要素协同发展，特色小镇势必将是一个比较复杂的系统工程。

因此，无论是企业主导、政府服务的市场模式，还是政府主导、政企合作的联动模式，都不可避免地需要通过全生命周期的制度设计，厘清政府和市场的边界，明确各自的角色分工，使各方力量更广泛地参与到特色小镇建设运营中，尤其是在选址策划、设计咨询、建设施工、企业导入、资源整合、后期运营及再开发等环节。

（一）新阶段呼唤市场化的大运营

在一些市场化运作的特色小镇中，或多或少存在着政府"越位"和"缺位"的现象，该管的没有管，不该管的乱伸手，而市场化的开发运营企业则又基于利润导向，把所做的事情与自己的利益切分得过于清晰，这样就会导致时有两不管的盲区，往往让一个小镇的运作陷入困境。因此，市场化小镇的运营不仅需要后期管理服务这种"小运营"，还需要对小镇本身这个产业平台的全生命周期的运营和管控的"大运营"，而且这是小镇运营的重中之重。

这种市场化、大运营的模式，核心在于将运营前置并贯穿于小镇平台的整个生命周期。作为市场化的运营方更需要具备三大能力，其一，作为轻资产的运营能力，这种运营不仅仅是招商代理和物业服务，还应有很强的资源整合、资本导入能力，来搭建小镇的产业生态；其二，作为重资产的开发能力，小镇内的土地一级开发、园区二级开发、基础设施及公共配套建设、景观提升及环境整治都需要具备；其三，作为"轻—重—轻"的资源配置能力，包含对小镇全生命周期的把控和对社会资本资源进行评估、整合的能力（图7-4）。❶

---

❶ 宋振庆，吴金兰，梁椿，等. 园区中国4：共舞园区PPP［M］. 北京：清华大学出版社，2016：120.

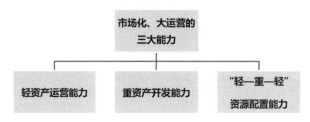

图 7-4　特色小镇市场化运营的三大能力

这是一种"小政府+大运营"的路径，由企业担当主体、政府提供服务，既发挥了政府负责小镇的定位规划、基础设施和项目审批服务的方向把控力，也释放了小镇市场化大运营进行顶层设计、资源整合、资本导入、开发节奏把控的操盘能力，实现了"政府主导、企业主体、市场运作、多方协同"的新阶段新趋势。

当前，浙江的多个小镇，如嘉善巧克力甜蜜小镇、路桥沃尔沃小镇、龙游红木小镇、绍兴黄酒小镇都是这一趋势的代表。这些小镇的成功其重要的制度根基就是建立在市场化、大运营的基础之上。

（二）新阶段需要体系化的好运营

对于政府主导或政企合作的特色小镇，一般会成立专门的国资平台和专业班子，来主导小镇的规划建设、运营服务和产业招商工作。在这样的模式中，政府承担了小镇的政策体系搭建、人才群体招引、科创平台打造、产业集群培育等多项工作，小镇的大运营方变成了国资平台或政企合作的小镇开发运营公司。

但这样的发展模式，也不宜由政府或政企合作的小镇开发运营公司大包大揽，无论是政府还是政企合作的平台公司其资源整合能力、专项服务水平还是债务承受能力都有上限。因此，鼓励公共服务市场化，通过引入专业小镇运营商和细分领域服务商等第三方机构，服务小镇的建设运营将成为一种必然的需要（图 7-5）。

图 7-5　特色小镇市场化运营体系

（三）小镇运营的三大发展趋势

如果按照市场化、体系化、专业化的"大运营+好运营"视角去审视当前特色小镇的具体实践，则可以看到，小镇运营中产业生态资源的整合更趋向于多主体合作，小镇运行系统的搭建更趋于多平台协同，三生融合氛围的营造更趋于多要素联动，一个巨大的、市场化的小镇运营服务体系正在快速地发展当中（图7-6）。

图7-6 特色小镇运营的三大趋势

1. 资源导入的多主体合作

小镇运营的核心是产业生态的运营，无论是政府主导还是企业主导，如何实现"产学研用金，才政介美云"的共同参与都是需要直面的问题。因此，以招商引资、招才引智为直接动力，诸多小镇也逐步探索"政府+小镇运营商+龙头企业""政府+小镇运营商+科研机构""政府+小镇运营商+专业服务商+产业投资机构"等的多主体合作模式。以小镇作为平台，不断与多种类型的市场主体合作，搭建产业联盟，成为小镇资产业运营的新趋势。

2. 系统搭建的多平台协同

小镇作为一个3平方公里的产业"大"平台，系统的搭建仍需要园区平台、孵化平台、科研平台和公共服务平台等"更小、更专业"平台以及相应的服务商支持。当前在诸多的特色小镇当中，形成了"特色小镇+主题园区+孵化器+产业创新服务综合体"的多平台协同机制，这种"大平台+小平台""产业平台+服务平台""综合平台+专业平台"的市场化组织方式正在悄然兴起。

3. 氛围营造的多要素联动

小镇运营不只是在运营产业，还在营造一个有温度的小城镇、一个吸引人的生活社区，这就需要实现"产、镇、人、文"四位一体、有机结合的环境基础。要在小镇中打造出宜居、宜业、宜文、宜游的环境基础，小镇运营还要关注教育、医疗、商服、文体、市政交通、管理服务在内的多项配套设施。因此，诸多小镇的运营都围绕生活、生态，引入市场化服务以实现多要素的相互联动。

（四）小镇运营的六个重点模式

市场化力量参与小镇的专业化运营，目前主要集中在产业招商、人才招引、创业孵化、产融对接、公共服务、技术服务、园区运营、物业管理等细分领域。从市场化运营的关注重点来看，聚焦企业人才的招商引智、聚焦创业创新的投资孵化、聚焦园区平台的系统搭建、聚焦服务网络的体系建构、聚焦产业资源的联盟整合，聚焦小镇氛围的圈层打造，成为当前特色小镇市场化运营的六大重点。

1. 招商引智走向"政府+市场"的合作模式

通过双招双引来建立高能级产业集群，一直以来都是小镇建设的重中之重，甚至在很多的小镇工作中都被当作一号工程来实施的。从当前的发展趋势来讲，小镇的双招双引除了传统的以小镇管委会或小镇运营商出面进行招引外，"政府（运营商）+市场"的合作模式也正成为一种常态。无论是产业地产商、招商代理机构等专业招商机构，还是拥有产业资源的行业协会、商业组织，以及海外同学会等高端人才组织，包括其他能够带动项目或者人才落户的高等院校、龙头企业或者行业顶尖人才，都是小镇双招双引的合作对象（图7-7）。

图 7-7　艺尚小镇市场化招商运营机构

这样小镇的招商引智不再只是政府或小镇运营商自己的事情，而是通过政府（运营商）招引、协会合作、高校联动、龙头带动、招商代理等市场化的合作模式，形成一揽子的招商引智服务体系。无论是什么样的市场主体，只要能够参与到小镇建设运营中，发挥其自身的资源潜力，都将成为市场化招商引智团队的组成部分。

在与协会、商会联合招引方面，余杭艺尚小镇是一个典型例子。其与中国服装行业协会、中国服装设计师协会深度合作，共同成立"艺尚小镇工作推进委员会"，充分发挥国家行业协会在集聚资源、吸引人才的优势推进双招双引工作，使得高端设计人才位于全国同类园区之首。而归谷智造小镇则通过强化与欧美同学会、中关村海外人才协会等学术组织的深入合作，对接京沪等地的科创园区，积极为小镇引入相关创业孵化和科技成果转化项目。

西湖云栖小镇则采取了与企业、人才合作的招引方式。阿里云的入驻及"阿里云开发者大会"的举办产生了极强的示范效应，在云栖小镇建设初期引入了大批上下游企业，而阿里巴巴集团的王坚博士发挥了重要的作用，他作为小镇镇长不断奔走为小镇招引项目和人才。赛伯乐产业投资基金则在玉皇山南基金小镇的发展中同样发挥了类似阿里云的示范、带动、招引作用。

2. 投资孵化走向"创投+众扶"的促进模式

建立高水准的创新创业体系，带动产业"特而新、特而优"的发展，也是诸多小镇特别是双创类、科创类小镇的主体任务。因此，在传统孵化器的基础上，诸多小镇通过龙头企业、产业资本、科研院所等主体的参与，建立"龙头企业+众扶平台""产业资本+孵化器""科研院所+企业+平台"等的多种创新体系。❶ 特别是引入创投机构搭建起为孵化赋能，鼓励龙头企业、科研院所、小镇运营方为创客众扶的促进模式，实现多主体联动。

---

❶ 杭州市发展和改革委员会. 杭州市促进特色小镇高质量发展的实施意见（征求意见稿）[Z]. 杭州：杭州市人民政府，2019.9.

同时，降低创新创业成本、提供开放共享平台也在成为小镇运营商整合资源、实现众扶的工作内容。在硬件建设方面，小镇运营商引入市场化力量建设众创空间、共享实验室（工厂）、"互联网+"创新创业平台等一批共享平台建设，将生产设备、科研设施、实验室等向创客开放。在软件服务方面，小镇运营商也在自主完善产业引导基金、天使基金、产投基金、贴息贷款、创新券、税收减免、房租减免、拎包入住、政策性融资担保、创业导师等政策组合拳，形成良好的创新创业氛围。

可见，新产业、新业态、新企业的孵化培育，通过建立孵化与投资相结合、创业与众扶相结合的双创模式，让投资机构和龙头企业等参与技术孵化、人才培训、信息交流、市场营销等发展环节，形成集"创投+孵化"的促进体系。

在以创投促孵化方面，杭州梦想小镇锁定互联网创业和天使基金两大抓手，确定了"资智融合"的发展路径，通过引进新型创业服务机构、建立天使引导基金、组建创业贷风险池、开发云服务平台等途径，不断完善政策体系和服务链条，实现创智融要素的融合；富阳硅谷小镇实施总部合伙、众创合伙、研发合伙、人才合伙、金融合伙、配套合伙、惠民合伙、服务合伙等"八大合伙人计划"，按照"房租换股权""投资换股权""服务换股权"的方式，在人才、金融、服务等方面进行众扶，构筑"万物自由生长"的良好生态圈。

以众扶促孵化方面，云栖小镇依托阿里巴巴、富士康等大企业的核心能力打造淘富成真创客平台，实现多方协作整合世界一流的设计、研发、制造、检测、融资等基础服务，为中小微创业者提供创新牧场；同时，小镇开放阿里巴巴和富士康联合实验室的"高效能计算设计中心""云端SOC设计中心"和云栖小镇硬件开放实验室等，作为助力创业团队的公共技术平台。❶

3. 产业平台走向"分类+协作"的搭建模式

产业平台是小镇发展的主要载体，小镇系统的搭建仍需要园区平台、

---

❶ 浙商发展研究院. 走进浙江特色小镇［M］. 杭州：浙江大学出版社，2018：129.

孵化平台、科研平台等"更小、更专业"的分类专业平台以及相应的服务商的支持。从当前的现状来看，市场化力量更多的关注小镇内部各类小平台的开发运营，形成了"特色小镇+主题园区+孵化器"的多平台协同机制，这种"大平台+小平台""产业平台+孵化平台""综合平台+专业平台"的市场化组织方式正在悄然兴起。

按照平台分类协作的趋势，小镇在产业园区开发方面，多个小镇按照"1个小镇+N个园区"的模式，推进市场化开发力量的导入，形成双创园、科技园、研发中试园、智能制造园、小微企业园等的平台系列。在孵化平台建设方面，诸多创业类小镇都引入了多个市场化孵化平台，通过建立创业大街或创客谷的方式，促进孵化器、众创空间、创业苗圃等相关要素的联动（图7-8）。在科研平台的搭建方面，小镇创新特征越强则相应的科研平台越多，无论是科研机构、大专院校、企业研发机构还是政府提供的公共实验室，都是小镇市场化科研平台的组成力量。

图 7-8 梦想小镇孵化平台体系

在分类平台联动方面，富阳硅谷小镇形成"多园一谷"的园区平台体系，"多园"形成市场化开发、运营的银湖创新中心、富春硅谷、银江智谷等各具特色的园区；"一谷"是指"政府+高校+企业"三位一体合作共建的工创谷，由浙江工业大学负责引进人才和项目，富阳区政府提供政策和运行经费，由专业运营商负责项目的培育。

在专业平台搭建方面。杭州医药港小镇一直强调与国内、国际顶尖机构与高校的合作，为小镇发展打造最强大脑。目前小镇已经引进浙江大学（杭州）创新医药研究院、中国药科大学研究院、浙江清华长三角研究院医药产业化中心、帝国理工先进技术研究院、奥克兰大学（中国）创新研究院等科研机构；而杭州滨江物联网小镇积极引导各类孵化载体向专业化、多元化、国际化发展，形成"万树梨花春满园"的格局，目前已建有12个科技园区，拥有孵化空间34万平方米，其中市级及以上科技孵化器2家，省级众创空间2家。

4. 公共服务走向"平台＋购买"的集成模式

公共服务主要包括企业商务服务和公共技术服务两大类。主要满足企业在非核心但专业性要求高的经济活动领域的服务要求，使得企业可将更多精力投入核心领域，提高生产效率和核心竞争力。企业商务服务主要包括企业注册、人才服务、工商税务、法律服务、会务服务、政策申报、办公后勤等内容。而公共技术服务主要包括了检验检测、产品研发、设计众包、知识产权、成果转化、品牌培育等相关内容。

小镇的高质量发展需要优质的公共服务予以支撑，特别是要实现全面系统的市场化服务体系建设。因此，通过搭平台促进集成服务成为主流趋势。在企业商务服务方面，主要形成小镇购买专业服务，搭建"店小二"式服务体系的模式。一般由小镇成立相应的企业服务中心，作为多家服务商的公共平台，提供企业注册、法律咨询、会计税务、会务服务、政策申报等相关服务。在公共技术服务方面，诸多小镇采取了政府主管、企业运营的小镇创新服务综合体的方式，搭建起涵盖研发设计、检验检测、计量测试、标准信息、知识产权、人才培训等一站式服务平台。

在企业商务服务方面。余杭梦想小镇整合利用市场资源，引进财务、法务、人力资源、知识产权、商标代理等各类中介服务机构，组成"服务超市"（图7-9），同时面向初创企业发放"创新券"，支持企业购买中介服务；萧山信息港小镇采用"政府主导＋企业专业化运营"模式，设立"创新服务大厅"，从项目申报、商务咨询等服务入手，让小镇企业"足不出户"享受党务、政务、商务、社务的一体化服务。

图 7-9　梦想小镇办事大厅服务超市

在公共技术服务方面。富阳硅谷小镇建设了创新服务综合体——富阳科技大市场，市场由小镇运营商浙大网新集团联合富阳科技局、浙江伍一技术股份公司共同建设，市场包括展示中心、众创空间、服务窗口和活动中心四大模块，为小镇创业创新提供低成本、便利化、全要素的专业服务。北京中关村创客小镇作为国内 4.0 孵化器引领者，由小镇与中关村天合科技成果转化促进中心联袂打造了科技成果转化平台"创火花"，着力打通从孵化到科技成果转移转化的快速通道，满足入驻团队未来科技成果走出去、创产值的需求，实现科技成果市场化、知识产权运营专业化、供需协作发展平台化。

5. 资源整合走向"产业联盟化"的互联模式

小镇市场化运营的核心通过多主体联动是建立"产学研用金，才政介美云"共生的产业生态，通过运营聚焦资本、技术、人才、政策等产业资源，构筑政府、企业、高校、科研院所、行业协会、金融机构、中介机构等多主体开放、共享、协同、共赢的生态网络，成为国内诸多小镇运营商的业务领域的发展方向。同时，以政府引导、市场参与、市场化运作的方式，通过搭建特色小镇产业联盟，建立常态化项目对接机制，促进小镇品牌的异地输出，促进产业资源的异地孵化等组合拳，也成为杭州等小镇先发地区整合资源的方式（图 7-10）。

市场化资源整合方面。多家产业开发运营商如天安中国、星河产城，以产城综合体和特色小镇为主力产品，通过搭建产业联盟会的模式，实施与领军企业进行战略合作、推动行业企业联盟建设、促进产学研一体化、强化行业协会合作、对接专业智库等工作。通过不断的积累、整合产业资源，目前星河产城的产业联盟会已经成为联合会员企业、集中平台型产业资源优势、国内外行业专家智库，助力会员企业的成长与发展的赋能型服务平台。

杭州打造"特色小镇联盟"推动长三角一体化创新创业

2019-09-13 15:11:46　来源：新华网

新华社杭州9月13日电（记者 岳德亮）为了推动创新创业高质量发展，杭州市政府日前决定推动各类创新创业平台串珠成链、连线成网，集聚全国乃至全球创客来杭筑梦、追梦、圆梦，构建广覆盖、宽领域、多层次的"追梦创联体"。

图 7-10　杭州特色小镇联盟

政府主导的市场化资源整合方面。浙江省的诸多小镇都通过市场化机制促进协会合作、院校联动、人才引领来进行资源整合。譬如余杭艺尚小镇以服装设计为核心，通过高端驱动、平台带动、校镇联动、人才引领来进行产业资源整合。

（1）高端驱动。小镇与中国服装协会、中国服装设计师协会深度合作，共同成立"艺尚小镇工作推进委员会"，充分发挥国家行业协会在集聚资源、吸引人才的优势。

（2）平台带动。发挥产业互联网、电商产业平台的助推作用，引进D2C、蝶讯网等一批新业态领域的平台型企业，为传统服装产业带来新思路。

（3）校镇联动。与中国美院、浙江理工大学等专业院校开展战略合作，包括与中国美院创业学院签订《关于共同推进"杭州·艺尚小镇"时尚产业发展合作框架协议》。

（4）人才引领。引进加拿大设计师ROZE、"中国织锦艺术大师"李加林等一批行业人才，为产业发展注入活力。

（5）支持创造，通过与国际时尚学院、中国服装设计师协会合作，成立中国时尚学堂，培育吸引新锐力量，代表艺尚小镇为中国发声。

6. 氛围营造走向"小镇生活圈"的社区模式

小镇运营还要关注教育、医疗、商服、文体、市政交通、管理服务在内的生活服务体系。因此，诸多小镇的运营都围绕 15 分钟生活圈的建设目标，紧贴入驻企业，特别是年轻创客需求，通过市场化方式，引入社会团队，加快建设邻里中心等生活配套综合体、人才公寓等服务配套，以及高端教育、医疗配套，打造有归属感、舒适感和未来感的新型城市功能单元。

在小镇生活圈建设探索方面。富阳硅谷小镇积极打造"十五分钟"生活圈，完善咖啡吧、多功能会议中心、便利店等小型商业配套的布点，引进富阳农商银行、华辰超市、职工食堂等配套项目，营造小镇生活氛围；落实内环线公交线路、公交首末站建设，增设电动微公交站点、公共自行车布点等，优化小镇出行方案；小镇城市管理实现全覆盖，逐步提高园区道路保洁、绿化养护等经费标准和保洁维护要求，不断改善小镇环境。新昌智能装备小镇突出了小镇的居住、就业、文化、旅游等功能的叠加，推动小镇从单一的生产型园区经济，向生产、服务、消费等多功能的城市型经济转型。为完善基础服务，小镇内建成了梅渚卫生院、梅渚小学、梅渚幼儿园等，同时绿地翠谷等住宅小区也建成投用。为强化小镇活力，重点建了邻里中心，形成集宾馆、租赁宿舍、社区服务、餐饮休闲为一体的小镇生活服务的核心。为提升整体形象，小镇还通过开展 3A 旅游景区创建，大力发展工业旅游，全面提升小镇环境与形象。

作为"小而精"的特色小镇，强调产、城、人、文的四位一体，在有限的空间里充分融合特色小镇的产业功能、旅游功能、文旅功能、社区功能。使得特色小镇在遵循了产业高端化、产业生态化的发展趋势，同时又与人文环境、休闲旅游有机结合，形成令人向往的优美风景、宜居环境和创业氛围。

三、小镇市场化运营现存难点与问题

产业是特色小镇的灵魂所在，小镇建设的核心就在于做好产业运营。因此，市场化力量介入特色小镇的开发、运营，其核心要点并不局限于短

期的开发收益，更需要通过产业运营来获取长效收益。但目前受到盈利模式的影响，投资主体更多地关注于如何获取短期开发收益以平衡前期投入；而对于长期性的小镇运营关注、投入、探索仍有诸多不足，在产业资源整合、细分业务实践、专业人才培养、盈利模式构建等方面均存在着诸多难点和问题。

（一）市场化运营产业资源聚合效果不佳

特色小镇一般都具有产业、文化、旅游和社区四大功能汇聚的特点，特别是要形成完整的产业链条、体系的产业服务、完善的生活配套、特色的休闲游乐等内容。因此，市场化运营主体本身就需要作为一个整合各类资源的平台来存在。一般而言，房产企业和实体企业是参与特色小镇较多的主体类型。就房产企业而言，其长于开发、短于运营，特别是对于小镇的产业集群构建、企业对接服务、创新生态营造缺乏认知，容易导致小镇"有壳无魂"。而对于实体企业，因其长期深耕于某一产业领域，虽对行业有深入认识，但构建产业集群、做好企业服务、打造小镇氛围也受到自身实力和服务能力的限制，非一日之功。因此，许多小镇的运营多成为对相关要素的简单叠加，存在小镇要素体系不健全、相互之间缺乏联动的问题。

（二）市场化运营诸多细分领域尚不成熟

就小镇开发运营主体而言，其运营工作包括但并不限于小镇的规划定位、开发建设、产业招商、人才引进、科创孵化、产业投资、公共技术、成果转化、法律财税、资产管理、文旅营造、日常生活服务等多个细分领域。而就整体而言，各个细分领域的发展呈现出相当程度的参差不齐。在比较传统的服务领域如资产管理、法律财税、文旅服务、生活服务均已具有相当专业性的服务商；而对于小镇发展具有核心作用的各个产业服务领域，其运营发展仍有相当多的难题待解决。如招商难一直是小镇建设中的问题，很多小镇都面临产业空心化的现状；而孵化器能够真正具备企业孵化作用的很少，很多都成为变相二房东；同时直接促进企业的产业投资、成果转化、知识产权类服务尚属于新兴行业，其业务模式也处于探索期。而这些多是构建小镇竞争力、形成服务黏性的核心，是小镇运营商必须要构建的核心能力，这些领域的不成熟也在限制小镇市场化运营的发展。

（三）市场化运营行业人才能力尚存不足

特色小镇是"产、城、人、文"四位一体有机结合的发展平台，需要多层次的跨界人才，尤其是需要懂产业、懂开发、懂投资、懂招商、懂服务的复合型人才。目前来看，小镇运营的从业者多来自于房地产企业、国资开发平台、产业规划研究院、政府部门等机构，来源虽然多样，但受从业者行业与专业的视角限制，很多团队整体协同度不高，特别在一些关键岗位缺乏能够解决复杂问题的复合型人才。这也导致小镇的规划建设、产品的设计开发、后续的运营管理更多地依赖小镇操盘手的个人意愿，容易导致产业定位不准、产品标准不足、产业链条建设不完善、公共技术平台缺乏、企业服务不全面、生活氛围营造不足等问题，难以有效吸引人流、信息流、物流及资金流。而这种复合型人才的培养必须从实践中来、到实践中去，需要经历一个较长的时间周期来积累，因此行业人才的短板在短期内较难解决。

（四）市场化运营实现盈利存在较大困难

小镇的开发建设前期需要大量的固定资产投入，浙江省就要求特色小镇在前三年的创建期内需要完成 50 亿元投资。以杭州梦想小镇为例，在其重点建设期的 2016 年，完成固定资产投资（不含商品住宅和商业综合体）达到 14.77 亿元，而年度小镇上缴税收仅约 1.29 亿元。两者之间的巨大差距，即是小镇开发建设期投入大、产出少的反映，同时也说明除小镇的税收回报及少量的文化旅游、商业运营收益外尚未找到具有强支撑作用的营利模式。这也必然会给市场化运营主体带来较大的资金压力，因此无论是房产企业还是实体企业，更多地通过其自身以往的资金积累及现有主业的现金流"输血"，急需银行等金融机构以及政府部门的资金支持。因此，很多小镇运营商都将希望放在小镇土地开发收益方面，希望通过政府付费的工程建设收益、小镇住宅房产开发的房产销售收益，以及特色产业园区产生的产业地产销售收益和产业地产租赁收益以平衡现金流。这也导致小镇投资运营主体过度重视土地开发收益，而忽略长期的产业发展收益，导致小镇的房地产化现象，违背了建设特色小镇的初衷。

四、小镇市场化运营发展展望

（一）政企合作的市场化运营将成为主流

特色小镇的运营就其特点而言，有着很强的公共产品特征，因此特色小镇的运营或由政府来直接提供或采取民办官助的市场化模式进行。从当前的发展趋势来看，政府直接进行运营并不现实，一是其力量难以完全覆盖到所有主要领域，二是受政府自身性质的制约必然效率不高、灵活性不够，三是这种运营难以发挥市场配置资源的效率与效益。

因此，采取政企合作的市场化运营模式，既能发挥政府的战略导向和总体把控能力，也能用好市场化机制，发挥各类主体的主观能动性，促进各个细分领域的发展。比如一个特色小镇按照政企合作模式，以小镇管委会为核心总览全局，以市场化小镇开发建设公司和小镇招商运营公司为两翼，承担重要的项目开发与招商运营任务，同时带动相关的辅助型园区运营商、公共技术服务机构、相关中介机构及物业服务公司入驻，共同建立起开发运营群体，搭建小镇产业生态圈。这无疑是一个发挥各方优势力量促进小镇建设运营的好方法，必然是未来发展的主流方向。

（二）市场化运营力量也会在曲折中发展

当前市场化的运营力量无疑还很弱小，特别是很多重点领域的发展还有很多难题待破解。但从发展趋势来看，资源导入的多主体合作、系统搭建的多平台协同、氛围营造的多要素联动，都会促进专业化运营力量从单一到多元、从分散到聚合，杭州特色小镇联盟及多个产业地产商产业联盟会的建设，都代表了市场化运营力量的再整合。

特别是伴随着"政府+市场"的合作招商模式、"创投+孵化"的投资孵化模式、"分类+协作"的平台搭建模式、"平台+购买"的公共服务模式逐步走向成熟。虽然这些问题的破解和机制的形成，将不会在短期内完成，甚至需要一个很长期的过程，才能实现。但届时特色小镇的运营将会打通产业、资本、人才、机制的各个环节，将更好地满足企业、人才和创业者的需要，以共创共享为特征的产业联创体机制将会逐步形成，将会更好地促进市场化运营力量的发展。

(三) 细分领域专业化运营最具成长空间

如同事物的发展总是从个体的突破带动整体的质变，从市场化专业运营未来发展的可能性来看，部分细分领域将会是突破的重点。比如政企合作的大运营模式的确立，更有效的产业融资模式、更加共享的产业服务平台、更灵活的公共技术及知识产权服务机制等都有可能成为带动小镇市场化运营的突破口。因此，更加聚焦于某一专业化运营领域，带动这一细分领域的突破性发展，反而最有可能打破小镇市场化运营的痛点，带动整个小镇大运营体系的发展。

而从具体的实践来看，产业地产商、园区运营商、政府等主体都在探索相应的专业化运营，而同时产业与行业的细分、企业对运营需求重点的不同，也在引导专业化运营形成不同的玩法，所以细分领域的专业化运营是当前最有可能直接破土而出的，且能够形成姹紫嫣红的大花园。

第八章　存量时代的产业空间资产管理服务

"资产管理"作为与房地产息息相关的行业，在海外经历了半个多世纪的发展历程，进入中国也已超过 20 年的时间。在优质土地资源稀缺、地产调控加码、租售并举时代来临的背景下，实现资产的保值、增值和收益最大化对于资产所有者来说愈发重要。尽管对于产业地产和产业服务行业来说，资产管理依然是一个新兴的名词，但可以预见的是，未来"资产管理服务"对于产业载体和企业的重要性将逐渐显现，亦将成为产业服务体系中不可或缺的一部分。

一、资产管理的市场空间正在快速打开

2019 年，我国供给侧结构性改革进一步深化，房地产调控继续从严、传统制造业转型升级、国企改革深入推进、共享经济逐步规范……一系列的宏观政策不仅促进了我国经济的转型调整，还开启了"从追求高速度到追求高质量，在存量中寻求创新"的发展思路，为资产管理行业带来了全新的发展机遇。

（一）地产调控加码促使空间资产自持运营需求大增

从资产（Asset）的视角来看，产业园区、特色小镇、小微企业园、产业综合体等各类产业空间载体都属于房地产（Real Estate）中的产业地产范畴，可将其视为地产投资品。2016 年以来，在传统住宅地产进入常态化发展阶段、全国性产业升级与政策性产业迁移的大环境下，产业地产作为实体产业发展的承载体，以其低风险高收益的特质，得到了市场广泛关注。

2018—2019 年，随着国家对房地产行业调控的不断加码，除住宅用地市场受到了严格的限制外，工业用地与商业用地的出让标准也逐渐规范化。以产业的名义圈地开发类住宅产品等钻政策漏洞的现象被打压，尤其

是在一、二线城市，土地自持与物业自持比例的要求不断增加。2019 年 5 月 24 日广州科学城 KXC-K1-11 地块的成交信息显示，地块用于建设企业的商务配套，建成后开发商需要自持 70% 的物业（总建筑面积×70%）10 年；2018 年年底郑州市出台《郑州市人民政府关于高新技术产业开发区新型产业用地试点的实施意见》，推出新型产业用地 M0，规定了厂房和研发用房的自持比例和自持年限。此外，北京、杭州、东莞等城市纷纷出台相关指导规范，以规范产业用地的使用。

在政策的严格调控下，产业地产开发商不能将开发的资产全部销售，必须自持一定比例的物业，用于出租或自用。开发商自持的不动产需要管理和运营，为资产管理行业带来了市场机遇。未来，随着国家和各地方政府关于产业用地政策的出台和落实情况不断推进，针对产业用地管控将更加严格，大量的产业载体会转化为租赁空间，撬动市场对于专业化资产管理服务的需求。

（二）产业升级和资产盘活产生大量经营管理需求

1. 制造业转型升级释放大量的企业闲置厂房

改革开放以后，民营制造业极大地助力了我国经济的迅速发展。但是随着企业人力、财务、原材料、能源等经营成本的不断上涨，行业竞争的日趋激烈以及生产方式的自动化、智能化变革，传统制造业受到越来越大的冲击。正和岛 2018 年 9 月发布的文章提及，某纺织厂老板称"将厂房租出去比自己开厂多挣 100 多万元，还省去了经营工厂的辛苦"。

未来，类似的情况将更加常见。传统制造业的升级对民营企业的打击还将继续，许多拿地建厂的企业可能面临停产、转移或关闭的困局。越来越多的制造业老板选择退出生产，将与工业生产活动相关的载体，包括厂房、仓库、办公楼、宿舍等资产出租，以获得保障性的收益。安通招商发布的报告称，截至 2019 年上半年，杭州市各区县共有租赁意向的存量厂房约 804.1 万平方米、苏州市各区县共有租赁意向的存量厂房约 224.28 万平方米，我国工业载体的存量出租市场可见一斑。

2. 国有企业闲置资产盘活产生大量运营管理需求

国有企业的闲置资产处置在我国一直是一个突出的问题，据《华夏时报》报道，我国约有价值135万亿元的国有资产处于闲置状态。这种国企资产大量闲置现象的形成主要有以下四个方面的原因：

一是市场经济多元化的影响。从计划经济到市场经济转型的过程中，原来国有企业承担的职能逐步被市场经济中的其他经济主体所替代，房地产作为国有企业实现经济职能的载体，其功能和作用逐步减弱或消失。比如计划经济中承担物资供应任务的大型仓库，由于其经营职能没有相应进行转型利用，从计划经济过渡到市场经济的过程中，这些大型仓库基本处于闲置状态。二是经济结构调整和国资国企改革所致。随着科技的进步和产业的升级，一些技术落后、高污染、高耗能的产业逐步被淘汰，国有资本逐步退出一些处于完全竞争市场状态下的行业，导致原来的行业厂房场所处于闲置状态，比如一些水泥厂、钢铁厂停产后，厂房场地都处于空置状态。三是随着城市发展外延与区位布局的调整，处于布局调整中心的一些生产企业被迫迁移，原来的生产场地经营业态没有得到相应的转型利用。比如随着农产品一级批发市场逐步迁往城郊接合部，原先位于市中心的作为农产品批发市场的房地产资源逐步释放。四是管理不到位导致闲置房地产利用效率不高。一些企业在计划经济的经营体制下，分散获得一些房地产资源，随着企业的发展，没有对这些资产进行有效管理，导致它们处于无人管理的状态。

针对国企闲置资产的问题，2015年起，中共中央国务院及有关部委出台了一系列鼓励国有资产盘活的政策。2015年8月，中共中央、国务院发布《关于深化国有企业改革的指导意见》，强调"深化国有企业改革就是要保护好、发展好国有资产"。2016年10月，国务院发布《关于积极稳妥降低企业杠杆率的意见》提出"对土地、厂房、设备等闲置资产以及各类重资产，采取出售、转让、租赁、回租、招商合作等多种形式予以盘活，实现有效利用"。2018年9月，中共中央、国务院发布《关于加强国有企业资产负债约束的指导意见》，"鼓励国有企业采取租赁承包、合作利用、资源再配置、资产置换或出售等方式实现闲置资产流动，提高资产使用效率，优化资源配置"。

在市场需求和政策要求的双重驱动下，以租赁形式推向市场的旧厂房、办公楼等国企存量资产将迎来新一轮的释放期，资产管理的需求也随之快速增长。

(三) 产业地产热潮带来大量自持经营型空间资产

2019 年 5 月，深圳发布《关于规范产业用房租赁市场稳定租赁价格的若干措施（试行）》，提出"鼓励加大产业租赁空间的供应力度，建立健全约束激励机制"。比起销售型物业，租赁型产业空间更有利于提高使用效率、优化资源配置以及降低生产成本，在新经济时代会更加受到政策的青睐。总的来看，核心地段的办公物业、共享办公空间和共享工厂都会带来大量租用型产业空间的释放，为资产管理带来巨大的潜在市场。

1. 核心地段的办公物业租赁市场持续向好

2019 年我国城镇化率将近 60%，房地产行业已经进入开发与持有并重的阶段，并且即将步入房地产服务的初始阶段（图 8-1）。随着城市化率的提高，城市核心区的资产愈加宝贵。对于开发者而言，比起出售，主动持有一些核心地段的写字楼，以租赁形式获得稳定的现金流，长远来看综合收益更高。

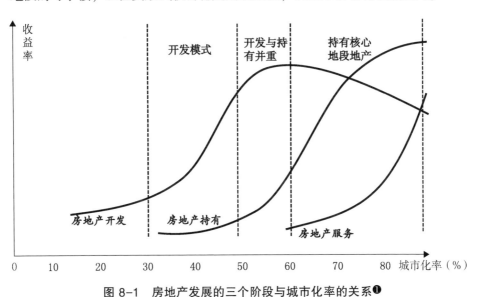

图 8-1　房地产发展的三个阶段与城市化率的关系❶

预计到 2035 年，我国的城镇化率将达到 75%，期间越来越多的开发商、投资人或者房地产投资机构会选择持有城市核心区的资产，用于租赁

---

❶ 招商证券. 世联地产：中国的世邦魏理仕［R］. 2010-4-9.

而非出售。

2. 快速增长的共享办公空间带火资产管理服务

共享办公（Co-Working）模式在一、二线城市已经比较常见，以 We-Work、优客工场、纳什空间、氪空间为代表的共享办公企业陆续进入了大众的视野。尽管联合办公、孵化器、众创空间、加速器等载体的功能和定位各有不同，但它们都具备"出租型"办公空间的载体属性。灵活的租赁模式、相比高端写字楼较低的租金、共享的设施和服务都是它们的优势。

截至 2018 年 6 月底，中国共享办公平台数超过 300 家，布局网点数超 6000 多个，总体运营面积达 1200 万平方米。数以千万计的办公空间的运营管理，本身就构成了一项复杂的资产管理业务。

3. 即将爆发的共享工厂将推高资产管理市场规模上限

随着共享经济的发展，除了共享办公空间外，市场上还出现了共享工厂的业态。厂房、设备、工人和后勤服务都能实现共享，企业和创业者根据实际使用情况分担租金。租用共享厂房，不仅有利于降低企业投资成本、避免重复建设，而且有利于提高载体利用率和劳动生产率，对中小企业来说非常有吸引力。

以深圳 Mould Lao 众创空间为例，通过共享厂房、设备、办公室、员工等制造要素以及提供企业服务，Mould Lao 帮助模具行业的中小企业节约了 40% 的成本、提升了 30% 的效益。目前共享工厂在我国尚处于萌芽阶段，随着传统制造业的进一步转型升级，共享工厂将覆盖更多的制造业领域，迎来更广泛的应用场景。

二、资产管理的内涵和外延逐步清晰

（一）从物业管理到资产管理是需求升级的结果

1. 物业管理是设施管理和资产管理的基础和起点

物业管理（Property Management）是从 20 世纪 80 年代开始在我国市场上出现的，以住宅小区的管理为主，逐渐覆盖到办公楼、产业园区、学校甚至市政设施等各个层面。物业管理作为产业园区服务的核心内容之一，服务质量高低关系到入园企业客户的体验感和认同感，甚至会影响到园区的招商引资。一一般来说，产业园区的物业管理至少包括以下四个部分[1]：

（1）安全保卫系统：包括园区总体安全环境的管理，对入驻企业及员工出入的安全管理，交通及道路管理，消防管理等；

（2）环境绿化及保洁系统：包括厂房、办公楼、宿舍、食堂及公共设施的日常保洁，园区绿化维护和保养；

（3）设备设施维护系统：包括房屋管理与维修养护，共用设备管理（给排水设备管理、供电设备管理、弱电设备管理、消防设备管理），共用设施的管理；

（4）客户服务管理：包括服务接待、投诉处理和客户关系维护，档案管理，物业费收缴等相关工作。

在中国施行了 20 多年的物业管理以后，人们发现，物业管理完全在一个固定的模式下运行，行业人员无休止地仿照政府编制的所谓"示范小区""示范大厦"的套路重复地对各种物业进行基本相同的管理服务工作。随着社会进步、科技发展、市场竞争加强，特别是经济全球化，人们高效率的生活与工作对管理服务的要求越来越高，原有的物业管理模式、服务范围和服务质量已经无法满足人们的需求。因此，服务范围更广泛、内容更丰富、发展模式更多元化的设施管理进入了从业者的视野。

2. 设施管理是更深入和高端的物业管理（图 8-2）

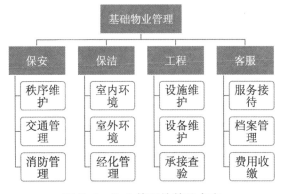

图 8-2　物业管理的基础内容

---

[1]　张薇，李翔. 产业园区物业管理的服务策略研究［J］. 现代物业，2019（5）：18-19.

设施管理（Facility Management）起源于 20 世纪六七十年代的美国，1980 年国际设施管理协会（IFMA）成立，1992 年 IFMA 进入香港，2004 年起正式登陆中国内地。国际上对于设施管理的定义没有统一的标准，其中 IFMA 的定义比较权威，认为设施管理是"以保持业务空间高质量的生活和提高投资效益为目的，以最新的技术对人类有效的生活环境进行规划、筹备和维护管理的工作"。

设施管理不再固守于物业管理中的业委会、业主公约、基础范畴等固化模式，而是采用多元化模式发展，围绕业权人的需求，以物业为原点，以市场和时间为坐标去设计不同的管理模式，最终实现空间流程的最佳组织和物业价值的最优曲线。可以说，设施管理是比物业管理更深入、更高端的管理，是物业管理发展的必然结果。

英国学者 L. K. Quah 认为，设施管理可能包括的内容包含财务管理、空间管理、运营管理和行为管理，可以将投资、空间和资产都视为"设施"，以环境使用者的参与度、满意度和印象来评估设施管理工作，形成完整的反馈机制（图 8-3）。

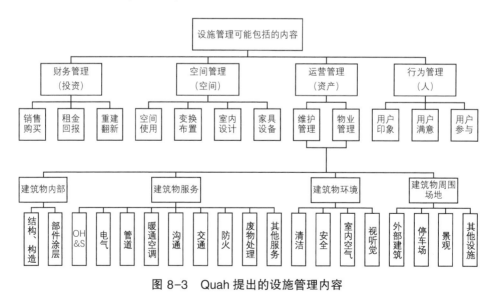

图 8-3　Quah 提出的设施管理内容

设施管理的业权人范围比物业管理更广泛，可以是业主、投资人，也可以是企业。成熟的企业普遍重视设施管理，尤其是高科技公司，如国外的微软、苹果、谷歌，国内的华为、阿里、腾讯等，都将设施管理提升到企业战略层面，视为满足公司战略需求的必要工具。企业实行设施管理的策略一般分为两类，一是由企业内部的部门负责相关工作，比如专门设立设施管理部；二是选择专业的第三方设施管理公司提供的服务，常见的有索迪斯、欧艾斯、爱玛客、康帕斯等全球知名设施管理服务商。

3. 资产管理是物业管理成熟后衍生的高阶业态

20 世纪末到 21 世纪初，我国房地产市场快速发展，以收益性房地产为目标对象的投资活动的增加，促使物业管理对服务领域和服务模式逐渐拓展，业界开始出现资产管理（Asset Management）。业主对物业保值增值的关注和物业服务企业发展面临的困境，使资产管理成为国内物业管理行业发展探索的主题。

目前业界对于物业管理和资产管理形成比较一致的看法，即物业管理是资产管理的基础层次，资产管理是物业管理发展到一个较为成熟的阶段后的高级业态。也有观点认为，从服务层次由低到高，存在物业管理、设施管理、资产管理和组合投资管理四种形态。

实际上早在 20 世纪 30 年代，美国就出现了为投资人、业主提供房地产经营管理专业服务的人员，并成立了相应的行业组织，比如国际资产管理协会（IREM）。六七十年代，有开发商看到了房地产保值增值的作用，开始考虑如何保留部分资产带来稳定的租金收益。后来房地产基金开始进入市场，黑石集团、凯雷投资、新加坡政府投资等一大批主流基金兴起，并且将投资业务拓展到海外。21 世纪后，大批海外基金进入中国房地产市场，揭开了中国房地产资产管理时代的序幕。

广义上来说，资产管理指的是对动产、不动产、股权、债权、其他财产权和资产组合进行管理、运用和处置，以达到保存、创造价值等目的。完整的资产管理包括了投资、融资、投后管理和退出（"投融管退"）等活动，通过这些行为保存和创造价值。对于资产管理的研究主要分为两种视角，一是机构投资人角度，以资产组合管理和对不动产经营管理获取回报；二是经营者视角，关注不动产资产在公司经营过程中的作用和表现。以产业服务为基点来看产业载体的资产管理，出现的显然是第二种视角，服务方致力于为资产持有者提供经营管理过程中的资产保值、增值的最佳解决方案。

4. 物业管理、设施管理和资产管理各有侧重

尽管物业管理与设施管理、物业管理与资产管理之间都存在进阶关系，但目前设施管理和资产管理并没有取代物业管理，三者作为有交集的三个行业共同存在。现有的物业管理、设施管理和资产管理工作在管理目标、管理特点、服务对象等方面都有不同点，具体的内容如表 8-1 所示。

表 8-1　物业管理、设施管理和资产管理的不同点

内容	物业管理	设施管理	资产管理
管理目标	资产保值	提高设施利用者的满意率和知识生产的生产率，使资产增值	实现资产增值（保值）和资产收益最大化
管理特点	现场管理	经营战略管理	不动产组合和资产运营管理
服务对象	房地产物业、使用者及业权人	设施、房产物业、大型企业及员工	开发商、资产持有者、租户及资产使用者
管理视点	有问题的设施	全部固定资产	投资性房地产
管理方式	静态（完好率）	动态（使用率）	动态（收益情况）
管理时点	保全设施的现状（现在）	保全设施的寿命周期和未来设施（现在和将来）	资产的全生命周期（过去、现在和将来）
管理内容	以最小代价保证设施的完好	成本最小化，设施的灵活性、节能、环保	对物业资产包的获取、运营及退出
主要使用物业类型	针对设施设备系统简单的物业：住宅、公寓、写字楼、综合体等	针对具有复杂设施设备系统的物业：大型公共设施、工业设施（工厂、工业园区、科技园区）、商业设施（写字楼、商场、购物中心）等	针对具有经营性、收益性的物业：写字楼、商务园区、研发办公楼等办公物业，以及商业综合体、产业园区等

从内在联系上来说，我们可以将物业管理视为设施管理的子集，也可以将其视为资产管理的子集。但是设施管理和资产管理两者之间不是简单的包含与被包含的关系，不能简单地断定谁取代谁或者孰优孰劣。对于产业载体来说，资产管理赋予了其"投资品"的特性，属于较高的战略层次，这也使得资产持有方对资产管理服务的品质有了更加严格的要求，推动资产管理服务向附加值较高的领域拓展。

（二）多维视角下的资产全生命周期划分

资产的管理是一项内容庞杂的长期工作，各个阶段资产管理的工作内容不尽相同。资产的年限、使用情况、市场条件等因素的变化都会影响资产的收益和价值，因此以资产所经历的生命周期为思考轴来划分资产管理的工作阶段和内容，是一种科学合理且被普遍接受的方式。全生命周期的思路突破了点状思维，不只关注不动产本身，而是从资产尚未出现的决策阶段开始考虑，直到完成退出或资产灭失的阶段，视角才更具综合性、连续性和全局性。行业内许多经验丰富的企业、权威的协会都提出过基于资产全生命周期理论的资产管理服务业务体系，比如世联地产、戴德梁行和RICS。

1. 世联地产：综合收益至上，运营价值凸显❶

世联地产将资产全生命价值周期划分为投资决策期、规划建设期、运营启动期、成熟运营期和衰退期五个阶段，销售收入、租金收益和物业增值收益分别对应资产价格曲线、租金收益曲线和资产价值曲线（图8-4）。这样的展示方式强调了资产运营对资产价值增长的重要性，通过有效的运营管理，资产价值从运营启动期开始快速增长，在成熟运营期继续增长且逐渐达到顶峰；销售收入、租金收益和物业增值收益处于叠加状态，资产在各个阶段的收益和整体的价值都通过运营管理实现了最大化。

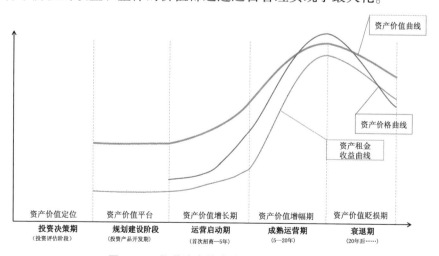

图 8-4　世联地产的资产全生命周期理论

❶　资料来源：世联地产业务介绍PPT《全生命周期资产服务业务包》。

2. 戴德梁行：生命周期闭环，便于服务植入

"可循环性"是戴德梁行划分资产全生命周期的亮点。戴德梁行将资产的生命周期分为"规划设计/收购、建造、运营、维护翻新、定位和品牌、稳定的收益"六大阶段，资产在经历了以上六大阶段、进入稳定收益期之后，又可以通过"被收购"的方式，重新展开一段生命周期，再经历"建设、运营、维护翻新、定位和品牌、稳定的收益"六大阶段（图 8-5）。这种划分方式的目的是便于资产管理服务的植入，在六大阶段戴德梁行都推出了相应的咨询顾问和代理服务，并且提供"战略性及一体化"的资产全生命周期管理方法，建立了资产管理服务体系。

图 8-5　戴德梁行的资产全生命周期理论❶

3. RICS：贯穿生命周期，建立全面认知❷

作为被全球广泛认可的土地、地产、建造等多专业领域权威机构，英国皇家特许测量师学会（RICS）对资产全生命周期的划分具有战略性和全局性，对管理的诠释不再局限于资产本身，而是将土地开发、地产开发、项目管理、设施管理等贯穿资产生命周期的工作内容都纳入了资产管理体

❶ 新浪地产. 戴德梁行携手 RICS，探索 2017 资产管理新思路 [EB/OL]. （2017-01-11）[2017-01-17]. http://news.dichan.sina.com.cn/2017/01/11/1223555.html.

❷ RICS. Real Estate Lifecycle Certification [EB/OL]. [2020-01-28]. https://www.rics.org/zh/surveying-profession/career-progression/accreditations/real-estate-lifecycle-certification.

系的范畴，资产的收益、价值等商业属性被弱化。

RICS 以项目获取、开发和运营三大阶段划分资产的生命周期。项目获取阶段的工作包括市场分析、可行性研究、地产开发、土地及物业获取，开发阶段的主要工作有设计纲要、采购、设计和建设，运营阶段的工作内容包括物业管理、资产管理、设施设备管理，以及翻新或拆除（图 8-6）。RICS 的生命周期划分强调资产管理是从土地开发到资产拆除（或重建）全过程的多项工作内容的总和，有利于业界建立对资产管理全面性和综合性的认知。

图 8-6　RICS 的资产全生命周期划分

4. 绿城产服对资产全生命周期的划分

综合学习业界各方已有的观点，融合绿城产业服务的理念，我们认为资产的全生命周期可以划分为五个阶段：投资决策期、规划建设期或改造期、运营启动期、成熟运营期和退出期（图 8-7）。

（1）投资决策期：此阶段的目标为决策是否对项目进行投资以及投资方案的制订，内容包括投资项目选择、投资收益的评价分析、投资风险的评估，等等。

（2）规划建设期或改造期：从成功获取项目到建设或改造完成的阶段。对于增量项目而言，本阶段由规划期和建设期组成，规划期需要完成项目的概念设计、方案设计、初步设计和施工图设计等；建设期指项目的工程建设及装修工作从开始到完成，直到载体达到入驻条件的过程。对于存量项目而言，改造期内需要让项目改造方案通过审批，完成改造工程并且使项目达到入驻条件。

（3）运营启动期：指的是项目从招商正式启动到渡过爬坡期的阶段。一般来说，从项目获取后就需要开始招商准备工作，包括招商策划、团队搭建、招商材料制作以及前期蓄客等。在开园前的1~2年正式启动招商工作，致力于为项目导入符合要求的优质企业和产业资源，直到项目开业，经过爬坡期，入驻率和经营性现金流达到较为稳定的状态，这一阶段就是运营启动期，可从项目开业前1~2年持续到开业后的3~5年。

（4）成熟运营期：此时项目的运营体系，包括制度体系、管理体系、激励体系和培训体系等已经基本搭建完毕，并且越来越完善；招商、品牌工作成效显现，项目的知名度逐渐打开；企业入驻率保持在较高水平；租金上涨，资产价值快速提升，直到逐渐呈现稳态。受到资产持有方意愿、企业决策和市场状况的影响，成熟运营期可能持续几年到几十年不等。

（5）退出期：指的是资产持有方在某个时机（出于资产增值已达到预期，资产运营状况不佳急于退出，或是资产战略的改变等原因），以资产转让、股权转让、散售和资产证券化等处置方式，退出资产持有计划的过程。此阶段资产持有方需要选择合适的退出机制，制订资产退出方案并完成资产处置的流程。

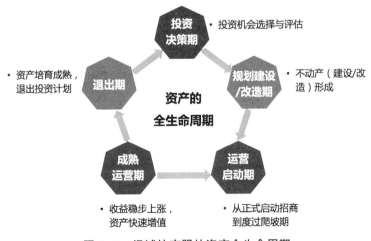

图 8-7　绿城技产服的资产全生命周期

(三) 资产管理服务贯穿资产全生命周期

基于资产全生命周期的五大阶段，我们构建了贯穿资产全生命周期资产管理服务体系，服务主要以顾问咨询和代理运营两种方式提供，在资产生命周期的各个阶段形成了差异化的服务内容和侧重点（图8-8）。

1. 投资决策期的资产管理服务

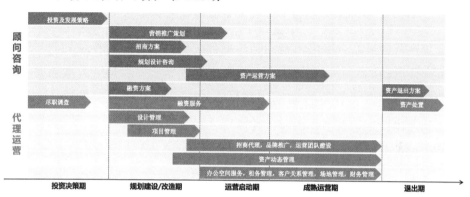

图 8-8　基于资产全生命周期的资产管理服务内容

投资决策期的资产管理服务主要通过顾问咨询的方式提供，少部分以代理运营的形式出现。

顾问咨询服务可能涵盖的内容有：区域与城市背景分析、项目基础分析、产业政策分析、产业研究、产业定位、市场分析、产业发展路径设计、产品定位、产品定价策略、投资测算、开发模式（改造模式）、项目获取路径设计等。以上各项内容组合可形成项目获取策略（拿地策划或改造方案）、可行性研究、市场分析报告、项目发展策略报告等顾问咨询成果。

此阶段的代理运营服务主要是对于"非一手"项目的尽职调查。尽职调查是收并购项目中规避风险，实现利益最大化的重要环节，调查的内容包括项目的土地状况、开发现状、定位、招商情况、销售情况和运营情况，目标公司的股权状况、资产及重大债权债务状况等。通过对上述信息的审慎调查，帮助甲方掌握项目主体及目标公司的基本情况，有理有据地确定项目转让的一些基本条件，使双方步入实质性的谈判环节。

2. 规划建设期/改造期的资产管理服务

这个阶段的顾问咨询服务包括项目的设计方案、招商方案、营销推广方案，以及资产运营方案。设计方案一般由建筑设计院提供，内容包括建筑设计、结构设计、给排水设计、电气设计、暖通设计、消防设计、室内设计、园林景观设计等。此时项目已经获取，因此招商运营的准备工作也进入筹备阶段。招商方案涵盖招商策略、团队搭建、执行计划、租赁策略、管理制度；营销推广方案则包括市场及竞品分析、功能形象定位、客群定位、营销策略、推广策略、媒介组合、执行策略、工作计划表等。在进入运营启动期之前，资产运营的体系便要开始搭建，运营方案对整个运营期的工作起着设计和排布的引领性作用，内容包括经营思路、管理体系、制度建设、运营工作内容以及风险控制等。

代理运营服务包括规划期的设计管理工作以及建设期的项目管理工作，以甲方的"代理人"角色，执行甲方产品策略，保障设计成果质量，控制工程实施效果。设计管理需要协调设计院、对接各个参与部门，整合各类设计条件及资源，做好设计方案评审、施工图评审、设计进度和质量管理。项目管理工作主要是施工现场的管理，包括现场设施管理、安全文明管理、工程投资管理、项目进度和质量管理。此外，规划建设期项目需要一次性投入大量成本，融资的顺利开展在这个阶段至关重要，常见的融资服务包括提供商业贷款、基金以及短期融资券。

3. 运营启动期及成熟运营期的资产管理服务

运营期往往是资产生命周期中最长的一段时间，也是资产实现增值最重要的阶段。进入运营期之后，资产管理方正式开启了对于不动产空间的运营，这是考验运营主体实力的阶段（表8-2）。运营方能否突破基础物业管理，有所进阶，最终实现资产增值和资产收益最大化的管理，在这个阶段便能见真章。

开发商可选择通过"委托运营"的方式将资产交予服务商运营管理，或是自持运营，将一项或几项服务外包给第三方。运营期的资产管理内容包括但不限于招商代理、品牌推广、办公空间服务、租务管理、客户关系管理、资产动态管理、场地管理、财务管理和运营团队建设。

表 8-2　运营期的资产管理服务

资产管理服务项	具体内容
招商代理	招商工作的全权委托，服务内容包括意向客户摸底，主力店招商，重点租户洽谈，签约跟进等全程招商执行
品牌推广	对品牌推广策略的落地执行，包括宣传物料、宣传片的准备，活动计划的制订，线上推广，以及活动的策划与执行等
办公空间服务	办公场地布置，装修标准及指南，办公空间概念模型，设备配置计划及采购服务，环境改善措施，临时办公室和共享办公空间租赁
租务管理	基于投资绩效及市场租金水平评估，租金调整，代收租金，合同签订，契约执行等
客户关系管理	代理甲方与入驻企业沟通，大客户维护，核心租户的保留及跟踪服务
资产动态管理	入驻率、物业及设施使用状况、员工活动情况、企业经营数据的可视化管理及统计分析
场地管理	会议室管理，多媒体设施服务，员工食堂管理，收发室建立及管理
财务管理	代缴税款，租金汇出，利润汇出，月度租务及财务报告，成本管理，审计工作等
运营团队建设	工作团队搭建，日常管理，业务培训，绩效考核

4. 退出期的资产管理服务

经过漫长的运营期，项目通过有效的资产管理已经培育成熟，到了可以收获的时节。在资产退出期，服务商可提供资产处置策略和退出机制方案的顾问咨询服务；也可以代理甲方执行资产处置，寻找合适的买家或金融机构，帮助甲方完成各类手续的办理。常见的资产退出机制包括资产转让、股权转让和资产证券化。

（1）资产转让：将项目整体出售，资产由目标公司过户到收购公司，项目主体（项目公司）发生变化。

（2）股权转让：股东将项目公司的股东权益转让给收购方，项目主体（项目公司）不发生变化。

（3）资产证券化：将项目公司资产注入上市公司、发行 CMBS、

CMBN、REITS 或类 REITS 证券化产品，获得投资收益，实现资产退出。

三、资产管理服务在国内方兴未艾

（一）地产存量时代下资产管理迈入发展新阶段

资产管理行业在我国迎来发展的风口，庞大的潜在市场首先引起了房地产行业相关企业的注意，地产服务商、房企、物业公司、房地产基金公司等玩家跃跃欲试，以各自擅长的方式介入资产管理服务。然而这些企业的资产管理服务能力普遍较弱，行业内尚未出现"领头羊"企业，我国资产管理服务行业的企业竞争格局仍在塑造中。

1. 国内房地产资产管理服务正在快速发展

2000 年以前我国房地产资产管理行业处于萌芽期。1998 年 12 月 1 日，我国延续 40 多年的福利分配住房制度宣告结束，国家福利分房货币化开始全面推行，我国房地产市场由此进入了较为自由的市场供需竞争状态，经历了从无到有的快速增长期。仅 1998—2000 年，我国商品房销售面积就超过 4.5 亿平方米，大量的资产开始累积，为资产管理行业积蓄了巨大的潜力市场。

2000—2007 年是我国房地产资产管理行业的启动期。2000 年以后，我国庞大的资产管理市场吸引了国际上知名资产管理公司的目光，美国铁狮门、德国 Rolf Koenig 等 10 余家著名资产管理公司陆续登陆中国大陆，开展资产管理业务。不过，由于国家对外企在房地产投资相关领域的一系列政策限制，这些公司短期内难以有太大的作为，业务仅停留于房地产资产管理投融资的初级阶段。尽管限制因素导致我国资产管理的发展进程缓慢，但这也为国内资产管理公司的快速成长留下了历史性的发展空间和机遇。2005 年以后，我国陆续出现了带有房地产资产管理特色的公司实体。

2008—2015 年是我国房地产资产管理的初步发展期。2008 年金融危机之后，海外资产管理公司的业务受到影响，重新评估了在中国的投资方向。与此同时，中国市场上出现了一批本土有知名度和实力的投资企业，它们之中有些专注于物业管理和设施管理的基础层面，有些擅长于投资咨询或资产重组，但是能提供资产全生命周期服务的企业寥寥无几。另一方面，我国商业地产在此阶段快速发展，为资产管理带来了大量的需求。据统计，截至 2012 年年底，北上广深四个一线城市仅存量甲级写字楼就达到了 1883 万平方米。

2015 年至今，房地产资产管理在中国进入了快速发展期。自 2015 年起，我国支持房地产租赁的政策陆续推出，房地产销售政策持续收紧。租赁市场政策逐步落地、行业地位不断上升、行业细则逐步规范，资产管理行业的发展潜力和地位，随着租赁市场的稳固而水涨船高。除此之外，地产开发商表现出了轻资产化的趋向，越来越多的商业物业被国内外的基金、机构投资者或国内大型开发商收购，使得资产管理服务的需求激增。

2. 针对产业空间的资产管理服务迈入新阶段

根据前文的分析，产业园区的发展可以分为四个阶段，而面向产业载体的资产管理也伴随着产业园区的发展历程逐渐呈现出清晰的轮廓。

在园区 1.0 阶段，工业土地和建筑成本低廉，资产管理的概念尚未形成，工业园区仅仅提供简单的物业管理基础服务，包括卫生清洁、设备维修、停车管理、安保服务等。

进入园区 2.0 阶段后，建筑不动产的形态逐渐变得多样化，标准厂房出现，商业、酒店等园区配套也开始进入视野，产业园区对于不动产管理的需求应运而生。虽然尚未形成专业化的服务，但是园区对固定资产的统一租售、盘点清查、使用情况监督等管理行为，已经运用到资产管理的理念，形成了初步的产业载体资产管理。

产业园区进入集约式发展的 3.0 阶段后，土地价格上涨、产业空间快速增加、载体建设多样化，资产管理的需求进一步加大。以代表型园区苏州工业园为例，2013 年 10 月，苏州工业园区兆润资产管理有限公司成立，产业载体的资产管理工作出现了专业化的分工。除了国有资产管理公司外，以"房地产五大代理行"为代表的市场化第三方服务商在此阶段开始提供资产管理服务，侧重于办公楼宇的运营管理，包括租赁代理、租务管理、营销推广、财务管理等。

园区 4.0 是生态型产业园区的时代，也是资产管理快速升级的时代。从资产价值的角度看，土地和城市空间的利用进一步集约化发展，城市内部尤其是一二线城市的产业用地和产业载体的价值越来越高，优质载体将会成为稀缺资源，资产保值、增值的需求增加，资产管理工作的作用也越来越大。从入驻企业的角度看，成长型、初创型企业由于缺乏资金和人力，往往需要灵活的载体租售策略、设施齐全的办公空间以及外包部分行政后勤工作，因此资产管理也是企业对于产业服务的内容要求之一。从科技发展的角度看，由于新一代信息技术的不断迭代更新，BIM、物联网、大数据等技术相继被应用到了资产管理领域，出现了各式各样的科技化工具，资产管理正在走向可视化、数字化和智能化。

随着产业载体的开发运营走向市场化，资产管理逐渐被各类玩家重视，已经成为产业服务不可或缺的一部分。资产管理的理念、方法和手段都在快速地升级。随着产业园区存量时代的来临，资产管理行业将迎来更大的舞台。

（二）众多地产相关企业开始纷纷涉足资产管理

美国铁狮门、黑石，德国 Rolf Koenig 等发达国家的房地产基金公司将资产管理行业带到了中国；仲量联行、世邦魏理仕等外资房地产服务商带领中国的资产管理服务走向专业化；本土化的地产公司、物业公司、房地产基金公司以及房地产服务企业近年来相继在资产管理领域崭露头角。

众多地产相关企业"近水楼台先得月"，为各类物业资产提供资产管理服务。目前，在我国从事面向产业载体的资产管理服务公司也以房地产相关企业为主，整体可以分为传统房地产服务商、地产公司附属模块、物业公司衍生业务和房地产基金类企业四大类别（表8-3）。

表 8-3　面向产业载体的资产管理企业类型及代表企业

企业类型		代表企业
传统房地产服务商	外资	仲量联行，世邦魏理仕，戴德梁行，第一太平戴维斯，高力国际
	本土	世联地产
地产公司附属模块	外资	凯德置地，普洛斯
	本土	卓越集团，越秀集团，华润资产，复地集团，张江高科
物业公司衍生业务		绿城服务，万科物业，保利物业，嘉宝股份，雅生活
房地产基金类企业	外资	黑石
	本土	中城投资，平安不动产

1. 老牌房地产服务商的核心业务

以"五大行"为代表的房地产服务商是最早在我国提出"全生命周期资产管理服务"的一批企业，它们将国外成熟的资产管理理念引入中国，尽管资产管理在国内发展缓慢，"五大行"的服务模式还是引来了一批国内企业争先效仿。

房地产服务商提供的资产管理服务相对来说最为全面，从广度到深度都具有一定的前瞻性。从服务的周期来看，它们提供的服务覆盖了资产全生命周期各个环节；从服务的类型来看，既包含顾问咨询业务，又包含代理运营业务；从服务的对象来看，既面向增量项目，又面向存量的项目。

以戴德梁行的资产管理服务为例，在开业前期，提供战略、融资、投资等咨询服务，以及市场推广、物业管理、项目管理等代理服务；项目开业之后，资产的运营管理围绕着资产增值展开，偏重于以物业管理、招商、财务管理、企业服务、绩效考核五大方面为主体的代理运营业务，定位、估价等咨询服务起到辅助作用（图8-9）。

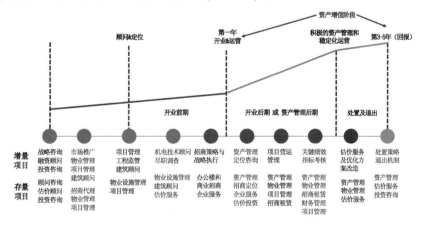

图8-9 戴德梁行的资产管理服务

2. 物业公司的衍生业务

随着市场需求的升级，国内部分物业管理公司衍生出了资产管理业务。这类企业所提供大多经历了"住宅物业管理—商业及写字楼物业管理/产业园区物业管理—商业资产管理"的发展阶段，提供的资产管理业务以运营期的代理类业务为基础，向资产生命周期的两端延伸。

物业公司倾向于提供运营启动期和成熟运营期的资产服务，在场地管理、办公空间服务、租务管理和客户关系管理等资产管理与物业管理的交叉领域中具有优势。然而随着企业对资产管理行业的深入了解，所提供的服务内容也愈加丰富，一些企业开始向资产管理价值链上游的投资决策期、规划建设期/改造期以及下游的退出期延伸，不仅提供代理运营业务，还开始进入顾问咨询领域。

以嘉宝股份为例，公司2000年成立后专注于商业物业管理；2010年提出以物业管理为原点，纵向延伸房地产产业链的商业模式；2012年开展咨询顾问业务，由"蓝光嘉宝"更名为"四川嘉宝资产管理集团股份有限公司"，正式迈入资产管理行业。

目前，嘉宝股份的资产管理服务涉及投资研判、设计评审、规划营销、商业运营和商业退出五个阶段（图8-10），包括拿地分析、投资测算、设计建议、产品分析、项目定位、招商规划、品牌落位等顾问咨询业务，以及前置招商、案场包装、日常运营、招商补位、市场推广、品牌塑造、物业管理、尾铺清盘、自持ABS等代理运营业务，形成了资产全生命周期管理服务的雏形。

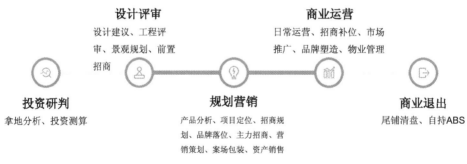

图8-10　嘉宝股份的资产管理服务❶

3. 地产公司的附属业务

在房地产开发商自持的物业面积达到了一定的规模之后，部分房企会选择开展资产管理业务。一开始通过设立资产管理业务板块，服务于

---

❶　嘉宝股份. 业务模块［EB/OL］. ［2020-01-29］. http://www.justbon.com.cn/business/business.html.

开发商自持的物业；在业务发展成熟之后，可能成立相应的子公司，将业务模式对外输出，服务对象不再局限于企业本身的资产，而是面向市场提供资产管理服务。由于房地产开发业务的资金密集属性，地产公司附带的资产管理服务通常与金融有着密切关系，业务领域一般囊括资产的"投、融、管、退"四大阶段，侧重投资、融资和投资咨询等领域（图8-11）。

图 8-11　卓越集团的资产管理服务❶

4. **房地产基金类企业的特色业务**

房地产基金类企业的核心业务围绕投资基金展开，一般专注于房地产领域的投资、并购、不良资产收购，只有小部分企业会涉足资产运营管理领域。即使是拥有此业务板块的公司，也会倾向于全球房地产基金巨头黑石所执行的"收购—管理—出售"（Buy-Fix-Sell）模式：收购价值被低估的物业，通过短时间内的有效资产运营提升物业价值，再出售退出。从资产的生命周期来看，投资期和退出期是此类企业的舞台，它们可以提供这两个阶段所包含的代理运营服务，而规划建设/改造期和运营期的资产管理服务内容则不是房地产基金企业关注的重点，仅有少量企业会提供这两个阶段的代理运营服务。

中城投资提供的资产管理服务在房地产基金类企业中相对比较全面，对外输出的服务包括不动产经营管理、受托资产管理和投资顾问服务（表8-4）。其中不动产经营管理就是典型的"收购—管理—出售"模式，公司获得租金收益和资产增值收益；受托资产管理和投资顾问服务则通过收取服务费用盈利。

---

❶ 卓越集团. 核心业务 [EB/OL]. [2020-01-29]. http://www.excegroup.com/business/asset.aspx.

表 8-4　中城投资的资产管理服务❶

业务分类	业务内容及模式
不动产经营管理	收购成熟物业资产并提供经营服务，提升租金价格和出租率，待市场资产价格增值后转让退出，公司获取稳定租金现金流回报和资产溢价
受托资产管理	为企业提供定制化资产管理服务，使客户获取投资回报，公司收取受托管理费用
投资顾问服务	为企业客户提供融资顾问服务、投资顾问服务和投后管理顾问服务，公司收取咨询费用

(三) 我国资产管理行业尚未发展成熟

1. 资产方普遍缺乏长期开展资产管理的意识

总体而言，中国市场上的资产持有方普遍缺乏资产管理意识。很多写字楼、产业园区对产业载体的管理服务仅限于基础的物业管理，为租户提供的服务也远远滞后于其需求；开发商不愿持有资产，"自持"物业总是迫于政策的无奈之举；房地产顾问"五大行"经常被误认为只是物业管理公司……这些现象都充分说明了资产持有者对资产管理行业缺乏认知，未能意识到长期开展资产管理工作能够带来的长远价值。

过去二三十年，房企普遍习惯了赚快钱、赚大钱的营利模式，"重开发、轻运营"的现象也延续到了产业地产领域，开发商对自持资产充满抗拒，"快销回现"仍是主导思维。对于不得不自持的存量资产，开发商通常采取粗放式的管理甚至是无管理，不仅没有通过资产运营获得收入，还要增加额外的管理支出。资产持有者没能建立"通过资产运营获得长期稳定收益"的观念，反映了资产管理受重视程度不够、传播范围不广的问题，资产管理的理念、模式、体系仍有待普及，业界对资产管理理论体系的认知程度仍有待加深。

2. 国内资产管理服务企业整体实力相对较弱

目前在我国资产管理服务市场表现优异的企业多为外企，本土企业的

❶ 中城投资. 公司业务［EB/OL］.［2020-01-29］. http://www.curafund.com/.

发展仍处于起步阶段，行业内缺少领头羊企业，没有表现出明显的优势。我国本土的资产管理企业在数量上和质量上都严重滞后，既滞后于我国房地产行业的发展，又滞后于国际上资产管理行业的发展，与美国、新加坡、德国等资产管理行业发展成熟度高的国家相去甚远。

从市场占有率来看，以"五大行"为代表的外企占据了行业的主要份额，而本土企业扩张的范围则偏小，业务布局主要覆盖一、二线城市；从服务的内容来看，大多数企业提供的服务偏重于资产管理的某一个或几个子业务，缺乏完善度和综合度；从发展模式来看，本土企业的盈利手段普遍局限于"服务费+租金提成"，增值服务的种类少，盈利性不佳。

3. 资产运营作为核心环节依然存在盈利难点

传统房地产服务商、地产公司、物业公司和房地产基金公司四类资产管理企业中，传统房地产服务商和物业公司通常会把资产运营作为公司的主营业务之一，而地产公司和房地产基金类企业则倾向于将资产的"运营"环节弱化。后者主要通过资产买卖所产生的溢价盈利，自持运营的时间偏短，通过运营管理获取可观收益并使资产增值的效果没有充分体现。

实际上，资产自持运营的利润偏低是业内普遍存在的问题。资产运营的利润依赖于租金收益，溢价难度大、投资回报率低、资本回收周期长等缺点如影随形。如何通过资产运营长期持续地获得可观的收益、在增值服务领域有所突破、提升整体资产运营能力，是资产管理行业的难点和痛点；同时也是各资产管理企业的机遇，构建资产运营核心竞争力是各企业需要努力突破的方向。

四、手段和模式创新引领行业未来发展

(一) 数字化资产管理将成为企业制胜法宝

物联网、人工智能、大数据、5G 等技术的进步为资产管理带来了手段和模式的创新，推动资产管理行业走向数字化。数字化管理通过科技手段的应用有效降低对人的依赖，将关注重点客观有效地传递给所有人，帮助管理人员更好地制订目标任务并及时分配。资产管理的数字化不仅体现在日常管理和运营的维度，还体现在通过科技手段有效归集内部数据、外

部数据，通过算法模型，对未来收益的预测和风险进行评估及预警。

首先是资产运营的数字化。通过大数据算法模型和标准化资产运营指标体系，管理方能够通过数据清晰地把握辖下资产状态（资产、设施、设备动态）和经营费用数据（租金、能耗、物业费、停车费等），对收入、成本、利润、投资回报率等关键指标与市场数据、市场平均水准进行对标分析。此外，管理者可以对历年数月的收入、成本、利润等经营数据进行追溯，随时随地在终端上进行查看，第一时间发现异常情况和潜在问题，进而调整经营策略。

其次是资产配置的智能化。企业通过实时资产运营数据对工位、办公设备、会议室、公共空间的使用情况，以及员工动线、访客情况等管理信息进行智能化分析，从而有效地调整工位和功能区排布，优化空间组合，发挥员工和资产的最大效能。同时，预测企业对于资产的需求变化，制订未来的资产配置计划。

最后是企业决策的智慧化。企业决策者不再凭借经验，而是通过对市场、政策、土地、交通、地产、金融、竞品、交易等外部环境数据，以及财务、人事、营销等内部数据的监测，对比同类资产的运营管理水平，以行业参考区间作为标准，自动分析企业经营水准与市场竞争能力，了解整体的市场环境及竞争格局，将外部数据有效融入资产运营管理，提供智慧化的辅助决策。

（二）专业服务商将是资产管理的中流砥柱

1. 资产管理服务外包将是大多数企业的首选之路

随着资产管理市场规模的扩大以及资产管理服务的专业化和精细化，越来越多的企业倾向于选择将资产管理这项非核心业务外包给专业服务商，自身专注于提升核心业务的竞争力。企业选择资产管理服务外包的优势主要有以下几点：

一是降低经营成本。企业将资产管理业务进行外包的主要目的就是通过专业化的运作以降低经营成本。咨询机构的调查结果显示，通常情况下企业通过服务外包可以降低10%以上的运营成本；服务供应商通过区域规模的运营以及发挥其在领域内的专业性，能够降低其自身的运营成本，提供更高的服务质量，为企业节约运营费用。

二是提升资产管理业务的质量、效率及专业度。专业服务商往往有多个服务现场，各现场之间可以进行最佳实践经验的分享，避免相同问题的重复发生；通过专业化的资产管理，企业的资源配置将被优化整合，管理效率大幅提升；同时，专业服务商将帮助企业建立对资产管理行业系统性的认知，提升企业的综合管理能力。

三是提升企业的核心竞争力。企业资源的有限性决定了其不可能在所有领域都拥有竞争优势，将非核心业务外包出去可以使企业将更多的精力和资源集中于核心业务上，提高核心资源的竞争优势。选择专业化的资产管理服务商既有利于增强企业运营的灵活性和决策的高效性，又能降低企业运营的风险，帮助企业将有限的资源集中到核心业务的发展上，不断地提高核心竞争力。

2. 专业人才是度量资产管理服务能力的重要标尺

高素质人才的缺乏是制约我国资产管理行业发展的因素之一。一方面，高校缺少相关专业，资产管理服务空缺职位通常由一些具备与此领域相关技能的人才填补，比如物业管理、项目管理、工程管理、工商管理等专业。另一方面，资产管理行业的人才多由专业服务企业培养而来，经过长期的工作历练和技能培训成长为合格的经理人，虽经验丰富却欠缺专业知识和理论体系。

未来资产管理行业专业人才培养体系将逐渐优化。一是职业资格认证体系的建立，依托国际资产管理协会国内分会或国内行业协会，开展职业培训、建立专业评价认证体系；二是专业服务商职业化培养体系的完善，通过工作实践、在职培训给予资产管理人员充足的经验与专业技能，不断巩固专业化的团队，致力于提供更加专业的服务。

比起在公司内部设立资产管理相关部门、组织招聘资产管理团队，企业选择市场上优秀的专业服务商来承接资产管理业务已成为一大趋势。而具有复杂性和综合性的资产管理服务工作需要复合型的专业人才，培养这类专业人才、巩固专业团队的能力亦成为度量资产管理服务商竞争能力的重要标尺。

第三篇

模式思辨

——典型模式及案例研究

第九章 政府治理下的产业园区运营之术

纵观园区发展40多年，前20年是政府园区平台作为区域与产业拓荒者的时代，在一片空白之上搭起中国经济腾飞的骨架，以全国范围内经开区、高新区的蓬勃发展为主，蛇口工业区、上海浦东新区、天津滨海新区、苏州工业园等是那个时代的佼佼者；后20年则是市场化民营产业地产商在罅隙中蓬勃成长的春天，开创片区开发市场化操盘模式的"廊坊双子星"，引领二级园区开发全国化扩张的"南天安、北联东"，无一不是乘着中国经济与新型城镇化高速发展的东风迅速发展壮大。现在，中国产业园区迈入一个新的轮回，央企、国企与政府平台公司这些"国字号子弟兵"在压力和任务下重新崛起，从一级园区开发转向二级园区的建设运营，成为中国产业与经济转型的排头兵。

一、园区建设运营发展背景及现状

（一）大园区时代政府既主导建设又管控运营

经过40多年的发展，政府治理下的园区建立了完备的园区体系。从管理模式上看，我国各地方政府在结合本地区实际情况的基础上，积极探索，大胆实践，形成了各具特色的园区管理模式，大致可以分为行政主导（图9-1）、公司治理和混合管理三种形式。

行政主导 （政府投资兴建园区为主流）	公司治理 （政府主导、企业参与 兴建园区为主流）	混合管理 （政府配合、企业主导 兴建园区为主）
• 在政策没有放开，思想没有解放，也无较好的市场化经济主体时，"筑巢引凤"策略曾是各地政府互相学习、极其推崇的工作经验	• 在政策逐渐放开，思想逐渐解放，出现实力强大、良好运营的市场化经济主体，各地政府在工业房地产开发中非常注意与龙头企业的积极合作	• 在政府与企业，企业与企业之间专业化分工越来越细，在"筑巢引凤"策略基础上，一些有胆识和远见的政府开始推行"引凤筑巢凤引凰"的策略
开发运营主体	**开发运营主体**	**开发运营主体**
• 外商独资 • 中外合资合作 • 政府投资模式	• 政府直接管理 • 园区管委会管理 • 名为管委会管理，实为公司管理	• 政企合一模式 • 政企分开模式 • 公司自治模式

图 9-1　政府主导型园区的建设运营方式

1. 行政主导

行政主导型管理机制是我国中西部产业园区通常采用的模式。在这种模式下，一般成立以地方政府相关领导组成的领导小组负责产业园区发展重大决策和重大问题的协调，但不插手园区内的具体事务，让园区有一个宽松的管理环境。产业园区管理委员会（以下简称管委会）作为园区所在地政府的派出机构在园区内行使经济管理权限和部分行政管理权限，包括项目审批、规划定点等。在机构设置上，设工委（或党委）与管委会两套班子合署办公。为适应市场经济体制的需要，产业园区对企业实行间接的法制化、政策化管理，主要职能是建立健全社会化服务体系，为企业提供各种服务。❶ 其管理运作模式为：成立园区机构—划定产业区域优化规划方案—制定相应配套政策—财政拨付园区项目资金—基础设施建设项目招投标—项目建成验收投入营运—招商引资—项目入园—提供服务—兑现招商引资优惠政策—政府督导。

2. 公司治理

平台公司主导型管理机制是指完全用经济组织方式管理产业园区的一

---

❶ 王璇，史同建. 我国产业园区的类型、特点及管理模式分析 ［J］. 商，2012（18）：177-178.

种模式。这种模式的管理机构的主体是营利性的公司——园区平台公司，担负着管理与开发的双重职能，包括园区的规划建设、基础设施建设、招商引资、土地征用、园区管理等方面。这种模式也可以分为三种类型：一是以招商局蛇口工业区为代表的国企型，这种园区的开发公司是国有企业，拥有较多的管理权限，虽设立管委会，但仍以开发公司为主进行经营管理，而管委会与国有企业的领导班子有类似的功能。二是以上海漕河泾微电子高技术开发区为代表的外商型，这种园区不设置管委会，只指定区外主要管理部门协调或只派驻办事处。三是以浦东金桥出口加工区为代表的联合型，这种园区以国有企业为主，由中外企业参股组建联合公司对园区进行经营管理。❶

3. 混合管理

采用混合管理模式的产业园区不同于一般的园区，也不同于一般的行政区，而是综合两者的功能，既承担产业园区的开发建设任务，也承担地方政府的行政管理职能，园区管委会主任同时也是地方政府领导。根据管委会和开发公司的相对关系，又可分为政企合一型和政企分开型两种模式。其中，政企合一型模式是在管委会下设一个开发公司，这种开发公司尽管是经济实体，但管理行为很大程度上仍然是行政性的。管委会和开发公司在人员设置上相互混合，负责人通常是互相兼任，即是通常所说的"两块牌子，一套班子"。在这种管理模式下，政府的管理具有双重性质，不仅行使审批、规划、协调等行政之前，同时还负责资金筹措、开发建设等具体经营事务，而开发公司和专业公司基本上没有自我决策权。政企分开模式则是管委会作为地方政府的派出机构，行使政府管理职权，不运用行政权力干预企业的经营活动，只起监督协调作用；而开发公司作为独立的经济法人，实行企业内部的自我管理，从而实现政府的行政权与企业的经营权相分离。

无论何种管理模式，园区开发运营主体以政府主导的派出机构及国资企业为主，包括管委会、平台公司等。特别是伴随着中国园区经济腾飞，

---

❶ 王璇，史同建. 我国产业园区的类型、特点及管理模式分析［J］. 商，2012（18）：177-178.

园区开发建设的资金需求与日俱增，而受制于融资主体的限制，各园区纷纷设立国有独资的平台公司筹集资金推进基础设施建设。这类掌握着丰富的政府性资产资源和优厚政策的特殊企业，已经成为园区开发建设的中坚力量。据不完全统计，在全国 219 家国家级经济开发区中，至少六成以上成立了平台公司。我们对其中 137 家中披露较为完整信息的平台公司的主营业务的具体构成进行了梳理，将其主营业务收入中占比最大的一项作为主要经营业务，其中 100 家主体以公益性业务为主，包括地铁/轨交建设、市政工程业务，包括 2 家主体以地铁、高速建设为主要经营方向的企业和 98 家主体以工程业务为主要经营方向的企业。另外有 37 家企业的主营业务已经转至偏经营性的业务，包括房地产开发销售，供水、供热、供气等公用事业，贸易销售以及其他方向。其中大部分主营业务具有低盈利、弱现金流的特点，侧面也反映政府主导园区开发建设的必要性。

（二）园中园时代政府重心开始向运营服务倾斜

1. 开发区整合推动"管服分离"，释放服务需求

这些年各地建设开发区的热情高涨，各种类型的园区遍地开花，除国家级开发区、省级开发区外，还有不计其数的镇办、村办的工业园区。过多的园区带来了产能过剩、低水平竞争、合作缺失等诸多弊端，园区整合势在必行。2017 年 2 月，国务院办公厅印发《关于促进开发区改革和创新发展的若干意见》，鼓励"以国家级开发区和发展水平高的省级开发区为主体，整合区位相邻、相近的开发区，对小而散的各类开发区进行清理、整合、撤销，建立统一的管理机构、实行统一管理"。事实上，园区优化整合并非新鲜事物，2003 年，时任浙江省省长吕祖善痛批全省园区建设"小而散"，首次提出园区整合、扩容、提升的设想。随着园区整合提升行动的推进，巨无霸型的园区不断涌现。如余姚经济开发区就近整合西城工业园区占地面积 13.8 平方千米，异地整合滨海产业园、远东工业新城、城东新城、轻工模具城、科创中心，整合之后的开发区总规划面积达 102.06 平方千米。

这类"巨无霸"园区也给管理者和经营者带来一大难题：园区整合提

升和管理机构精简优化后，园区的行政管理事务和服务工作并没有减少，反而变得更加庞杂，加上在新经济下园区产业和企业对公共服务提出了更高的要求，管理和经营者完全依靠自身力量已经难以负担全部的管理和服务工作，只能积极寻找出路。2019 年 5 月，国务院印发了《关于推进国家级经济技术开发区创新提升打造改革开放新高地的意见》，提出了优化机构职能，优化开发建设主体和运营主体管理机制等措施，赋予了国家级经开区更大改革自主权。在政策的引导下，各地各显其能，在"小管委会、大公司"的管理体制、平台公司的转型等多条路径上积极探索，本质上都是推行园区行政管理主体、开发建设主体和园区营运主体"三分离"的管理运行模式，实现行政职能和经营职能分离。由开发主体承担园区的建设和融资任务，并对园区内部甚至周边配套设施进行完善；由运营主体承担园区定位、产业招商、物业管理、企业服务等职能，将成为今后园区发展的主流。

2. "大部制"改革推动园区机构精简，释放服务需求

2017 年 10 月召开的党的十九大会议上明确指出了大部制发展的关键：大部制改革始终要以转变政府职能为核心，紧抓简政放权，加强监管职能，建立服务型政府等方面要点。以此为标志，新一轮地方"大部制"改革拉开了序幕。各地方依照不同情况尝试推进适应本地情况的政府"大部制"改革。例如，湖北随州市委、市政府坚持"小政府、大社会"的原则，严格控制编制，合并机构设置，党史办、方志办、档案局、档案馆合为一体，实行多牌同挂、办公一体的方式，大大提高了政府部门的工作效率；广东省佛山市顺德区在争取上级政府支持的前提下，实行党政合署，撤并党委和政府职能相同或相近的部门，党政机构由原来的 41 个精简到 16 个，精简幅度达到 60%。"大部制"不是简单的政府机构合并，解决行政体制改革的表面架构问题，更深层次的意义在于，"大部制"改革要满足社会对公共服务急剧增长的需求，推动政府职能从行政型向公共服务型的转变。

延伸到园区层面，就是要按照"企业化管理、平台化运作、专业化服务"的目标，实行"大部制"管理，把职能相近的部门整合成大部，整体

形成"小机构、大服务"的精简高效运行体系。而如何解决"小机构"中人员短缺、服务能力不足和"大服务"中企业对公共服务越来越强的需求之间的矛盾，也是摆在园区"大部制"改革面前的一项重要课题。一种解决思路是通过服务外包的方式，引进市场化、专业化的服务机构，提供园区规划、产业招商、产业孵化、物业管理、企业服务等各项服务。另一种思路则是推动园区平台公司的市场化转型。平台公司本身就承担着园区基础设施与空间载体的开发人物，部分平台公司还承担了创业孵化、重大产业项目投资、金融服务等功能，未来在厘清政企关系、剥离行政职能，加快向独立市场主体转型后，可以担当起园区运营的大任。

3. 存量提升和二级园区开发，加速平台公司由建设转向运营

随着产业园区建设逐渐迈向成熟，传统的"土地一级开发+基础设施建设+土地大招商"片区综合开发模式的发展空间日渐萎缩。受到国内外经济增长放缓、市场需求变化、实体经济及产业发展低迷、新兴业态新经济模式蓬勃发展等多种因素影响，产业园区发展普遍遇到瓶颈，过去那种"圈一片土地、布几个产业、发展一批企业"的发展模式也再无生存空间。园区发展的重点从土地一级开发纷纷转向二级园区运营，即"出资拿地+开发建设+载体租售+运营服务"园区模式，为此园区平台公司也正慢慢从"开发土地"思维转向"经营空间"思维，下沉到二级园区的开发运营中。

不少园区平台公司在发展过程中，由于政府的扶持或企业对于增强自身造血能力的考虑，会在原有主业基础上进行多元化拓展，集聚了大量经营性业务资源，如公用事业资源、产业资源等，形成规模庞大的业务体系。这类平台公司可以凭借其资源优势，向运营商转型，通过设立专业化子公司或拓展业务架构的形式，涉足园区土地开发、公用事业、地产开发、科技金融、产业投资、实业经营等领域，优化、整合各业务板块资源，发挥规模协同效应，盘活园区可经营性资源和有效资产，为园区发展提供综合服务。例如，东湖高新成立全资子公司武汉东湖高新运营发展有限公司，专注产业园区运营服务；张江高科转变单一的房地产业务架构，向科技投资、创新创业服务等多方向发展。

也有一些园区学习新加坡模式将凡属事业型的职能部门企业化，成立一批中介机构和服务公司，把过去需要政府承担的具体事务部分剥离，由中介机构和企业去做，通过市场机制合理配置和高效使用资金、物资、能源、人才等生产要素，形成政企分开、高度精简的运营模式。该模式的典型代表即是苏州工业园区，其本身不设事业单位，仿照新加坡成立法定机构的形式，通过政府独资或控股设立二十多家平台公司，然后由政府特定授权，使企业承担过去由政府负责的公用事业、地产开发、产业投资、规划测绘等行政性事务职能，按工作量获得政府机构支付的费用。

二、高效政府的园区运营服务模式——苏州工业园区

2019 年 12 月 20 日上午，上海交易所内阵阵清脆的铜锣声，宣告中新苏州工业园区开发集团股份有限公司在 A 股成功挂牌上市，这也是国内首个成功上市的国家级经开区开发运营主体。作为中国园区发展的先行者，苏州工业园区承担了中外合作开发"试验田"的历史使命，为政府主导型园区开发建设提供市场化经验，也摸索出一套服务型政府的园区运营服务模式。

（一）园区概况

苏州工业园区位于苏州古城区以东，东临昆山、上海，距上海虹桥机场约 80 公里。苏州工业园区于 1994 年 2 月经国务院批准设立，同年 5 月实施启动，行政区划面积 278 平方千米，其中，中新合作区 80 平方千米，被誉为"中国改革开放的重要窗口"和"国际合作的成功范例"。

目前，园区以占苏州市 3.4% 的土地、5.2% 的人口创造了 15% 左右的经济总量，在商务部公布的国家级经开区综合考评中，苏州工业园区 2016—2018 年连续三年位列第一，跻身世界一流高科技园区行列，并在 2018 年入选江苏改革开放 40 周年先进集体。

（二）运营服务模式

苏州工业园区的运营服务一方面由政府下设服务机构或搭建组织直接提供，另一方面通过借助市场化力量实现运营服务。

1. 政府主抓园区运营服务

园区提供运营服务的机构包括园区一站式服务中心、企业发展服务中心、园区培训管理中心、人力资源管理服务中心，园区科技招商中心、CBD 招商中心，可提供政策服务、企业服务、人才服务、招商服务等，同时还组建各类公共技术服务平台，以及科技投融资平台，满足中小企业的服务需求（图 9-2）。

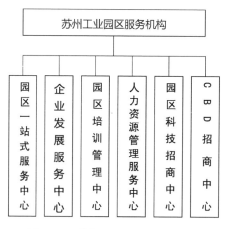

图 9-2　苏州工业园区服务机构

（1）企业发展服务中心

园区企业发展服务中心内设有综合服务处、企业服务一处、企业服务二处、金融服务处、人才服务处（千人计划处）、基金管理处 6 个处室，将管委会科信局、财政局、金融局、组织部、经发委等多个面向科技型中小企业提供服务的职能部门，通过充分授权，汇聚到中心一站式服务窗口。针对科技型中小企业发展过程中的资金、人才、技术、管理等需求，整合外部资源，形成了六大企业服务体系。

综合政策服务。园区各局办 173 项授权业务，分布在中心服务大厅 7 个服务窗口，为企业提供高效便捷的"一站式"政策服务，打造以高端人才服务为核心的科技企业成长服务链，提供政策咨询、培训、延展服务等。

科技金融服务。建立以债权、股权融资为特色，覆盖科技型中小企业从初创期、成长期、成熟期的政策性科技金融服务体系。

人才创业服务。为各级领军人才提供全方位服务，建立多层次人才培训体系，帮助人才建圈子、促交流。

苏南科技企业股权路演中心。举办创新创业高端赛事，以项目路演为特色，为企业提供投融资对接、产业对接、创业辅导及培训等服务，提升园区创新创业氛围。

工商财税服务。整合各类第三方专业服务资源，围绕企业财税、法律等外包需求，集聚社会化服务机构 200 多家，搭建供需对接桥梁，引入社会力量参与服务，释放科技服务市场活力。

信息数据服务。依托科技枢纽系统，实现"线上不见面审核，线下保姆式服务"，建立健全企业信用档案，推动信用产品在融资、政策实施中的运用。

（2）公共技术服务平台

园区以国际科技园和生物纳米园为依托，组建十大公共技术服务平台，包括苏州中科集成电路设计中心、苏州市软件测评中心、苏州软件园培训中心、互联网数据中心、知识产权公共服务平台、纳米加工测试分析及工程化平台、生物医药公共技术平台、嵌入式软件公共技术平台、动漫影视公共技术平台和微软 SaaS 平台，向区内初创期的科技型企业提供专业技术服务，减少企业的前期投入，也是引导重点产业发展的重要手段。

专栏 苏州工业园区公共技术服务平台

苏州中科集成电路设计中心是由苏州市政府、中科院计算所和园区管委会联合成立的面向集成电路设计企业的公共技术服务平台，主要提供 EDA（电子设计自动化）服务、测试服务、MPW（多项目晶元）服务、物理设计服务、IP（硅知识产权）服务、专业人才培养等综合服务。

苏州市软件评测中心是江苏省软件产品检测中心苏州分中心，拥有江苏省内第一家通过国家实验室认可的软件专业测试实验室，并通过了 ISO9001：2000 质量管理体系及双软企业认证。目前已形成软件测试服务、监理服务、技术培训服务、人才服务、联合实验室服务、网络平台服务六大服务体系，助推苏州软件业发展。

苏州软件园培训中心是专门为软件产业提供教育、培训及人才服务的平台，致力于中、高级软件实用人才和动漫游戏开发人才的培养。针对企业的需求，提供"定单式培训"、高端技术培训及人力资源代理服务。

动漫游戏平台旨在为中小公司及个人提供先进的动漫软硬件开发工具和开发平台，在企业与大学之间搭起桥梁，共同进行研发，并积极向国家有关部门申请立项，为企业提供顾问咨询、技术指导、组织培训与解决技术瓶颈问题等。

科技园互联网数据中心（IDC）是苏州地区独立商业运营的网络数据中心之一。IDC拥有中国电信骨干网接入、2G光纤对等互联、线路冗余配置，为企业提供主机托管、机架租用等服务。在IDC管理和安全防范上采用成熟可靠和业内技术领先的软件，提供7x24网络、系统监控和技术支持响应。

生物医药公共技术平台位于生物纳米园，下设分析仪器平台、中试生产平台、动物实验平台、药物活性评价和筛选平台四个子平台，为园区生物医药技术企业提供研发、产业化方面的服务。

嵌入式软件公共技术平台整合微软和评测中心公司优势，提供嵌入式软件产品的技术培训和测试服务。

纳米加工、测试分析及工程化平台投入1亿元购置该领域最先进的研发、测试和工程化装备，面向社会提供大型科学仪器设备资源共享、人才培训、技术咨询、技术难题攻关及成果转移、转化等服务。

知识产权公共服务平台是专门从事知识产权服务工作的公益性服务机构，是为园区的企业和个人提供全方位的知识产权创造、管理、保护和运用等服务。

微软SaaS平台为入孵的SaaS软件企业提供技术以及市场方面的支持服务，整合SaaS商务门户、测试中心、IDC等服务资源，帮助SaaS软件企业发展壮大实现自身的增值。

（3）科技投融资体系

园区以国资为先导，建立多元化的科技投融资体系。园区组建了资本规模30亿元的苏州创业投资集团有限公司，募集管理直接投资基金达80亿元，并通过与以色列英菲尼迪创投合作，设立了中国第一支中外合作非法人制风险投资基金；与国家开发银行合作，设立了总额10亿元的国内首个创业投资引导基金，建立国内首批中小创业企业统贷平台。

2. 借助市场化力量实现运营服务

苏州工业园区借鉴新加坡"向企业买劳务"的方法，将凡属事业型的单位企业化，成立一批中介机构和服务公司，把过去需要政府承担的具体事务部分分离，由中介机构和企业去做，实行"企业服务，政府付钱。"苏州工业园区运营模式的一大特点就是各类平台的企业化运作，为园区早期进行载体建设的房地产公司，以及后续负责商业开发的公司都是如此。像人力资源管理、区域测绘与审图等其他地区大都采取事业单位管理体制的业务，苏州工业园按照新加坡的经验也是从一开始就采取了企业化运作，成立人力资源公司与园区测绘公司，增强了其管理团队对于经营与服务的重视，同时对自身财务指标与盈利能力也有了更高的要求，强化了效率理念。

根据苏州工业园区国有资产监督管理办公室的官方资料，园区内国有平台公司有：中新集团、新建元集团、元禾控股、园区地产、教投公司、科技发展公司、物流中心、酒店集团、城市重建、文博中心、邻里中心、机关中心、阳澄湖半岛开发、纳米科技、生物产业、金鸡湖城发、苏州工业园区体育中心、人力资源公司、疾防中心、市政服务集团、中方财团、国控公司、经发公司、中新城投。

三、探索二级园区开发的先驱者——东湖高新

园区平台公司有两条发展路径：一条是大开大合、综合封装的片区开发模式，另一条是精细化的"资产管理+运营服务"模式。而东湖高新正是国内探索二级园区开发模式的先驱者。背靠武汉光谷耕耘二十多年之后，东湖高新打磨出一套基于产业服务与产业投资等在内的产业生态闭环的园区运营模式。

（一）园区与公司概述

武汉东湖新技术开发区，因光而生、聚光成谷，又称中国光谷，于1988年创建成立，是首批国家高新区、第二个国家自主创新示范区、中国（湖北）自由贸易试验区武汉片区。2017年，园区企业营业总收入超过1.2万亿元，成为湖北省、武汉市高质量发展的"排头兵"、全国10家重点建设的"世界一流高科技园区"之一。

1993年，经武汉市经济体制改革委员会批准成立了武汉东湖高新集团股份有限公司（以下简称"东湖高新集团"），承担武汉东湖新技术开发区开发、基础设施建设和投资经营高新技术产业的责任。2016年10月，东湖高新集团又成立了全资子公司武汉东湖高新运营发展有限公司（以下简称运营公司），专注服务产业园区。在园区开发平台上，创新"e+"产业运营服务体系，搭建集资产运营、产业研究、产业投资、产业服务为一体的专业团队，把握产业运作规律，以产业链为核心，向前挖掘科研链，

向后延伸资本链。在服务园区企业的同时指引产业聚集方向，促进新经济、培育新动能，激发产业集群的活力与价值。截至目前已运营服务产业园区面积近千万平方米，累计服务企业近 7000 余家。

（二）园区运营模式

作为武汉光谷的开发主体之一，东湖高新从 1993 年成立至今，经过20 多年的实践，已形成一套"平台+实业+投资"的"东湖模式"：坚持"研究产业、服务产业、投资产业"的运营理念，以产业平台承载优质企业，以产业服务连接园区企业，以实体产业合作一批企业，以金融资源投资一批具有高科技含量、高成长潜质的企业，与区域和企业共同发展。

1. "互联网+"招商

早在 2015 年"互联网+"创新大潮之初，东湖高新就首创了产业地产互联网招商运营模式，即通过分析客户行为模式，东湖高新建立信息释放、筛选、跟踪、反馈机制，通过集团/项目信息的二级筛选、匹配，打造企业大数据平台。❶ 利用互联网载体形成从前端至终端的管理体系，以实现招商与服务的信息化、系统化、全国化。在此基础上，东湖高新招商模式进一步向"人工智能"迭代升级，实现了从"客户搜"到"主动送"路径的转变。2017 年年初，东湖高新与百度展开战略合作，布局人工智能推广，让信息通过"搜索、阅读、社交"多端送达，有效提高信息量。人工智能赋能后的招商运营模式如图 9-3 所示。

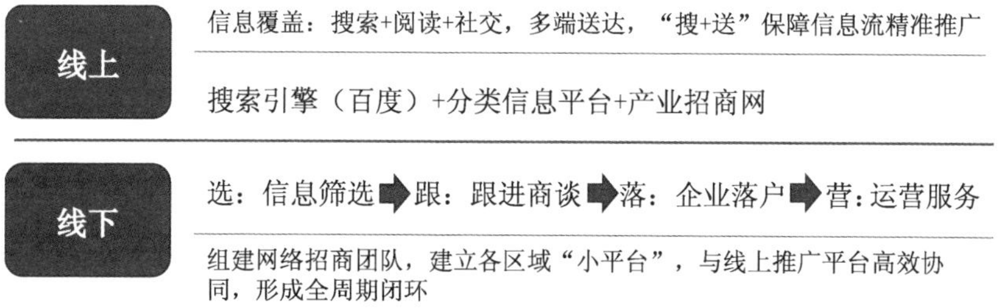

线上　信息覆盖：搜索+阅读+社交，多端送达，"搜+送"保障信息流精准推广

搜索引擎（百度）+分类信息平台+产业招商网

线下　选：信息筛选 ➡ 跟：跟进商谈 ➡ 落：企业落户 ➡ 营：运营服务

组建网络招商团队，建立各区域"小平台"，与线上推广平台高效协同，形成全周期闭环

图 9-3　东湖高新"互联网+"招商模式❷

---

❶　王志文. 东湖高新的市场化实践与政府平台公司的转型启示［EB/OL］.（2018-12-17）. https://new.qq.com/omn/20181217/20181217A0YF2L.html.

❷　资料来源：赛迪顾问.

互联网招商模式的成效也很快得到印证。2017 年，东湖高新集团网络客户数量达到 1155 组，占所有客户信息总量的 29.2%，与上年同期相比实现大幅度提升，在众多渠道中排名第一；从成交情况看，2015—2017 年网络招商业绩实现几何爆发式增长。2017 年全年网络招商已实现成交数量 60 组，招商面积 68091 平方米，占科技园区板块招商总面积的 16.3%。

2. "全生命周期"园区运营

"产业"是园区的核心，也是东湖高新运营的着力点。为强化产业能力，东湖高新集团专门成立运营公司——武汉东湖高新运营发展有限公司，专注服务产业园区，并已形成产业研究、产业导入、产业服务至产业投资的营运闭环（图 9-4），打造"房东+股东"的操盘方式，促进区域产业发展的同时，也分享园区企业全生命周期价值。

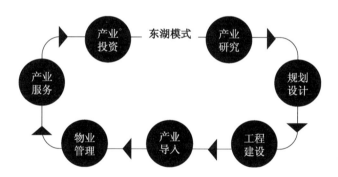

图 9-4　东湖高新集团科技园全周期运营模式❶

（1）产业研究。产业研究帮助东湖高新抢占先机，并给产业开发、招商、运营、投资提供智力支持。以人工智能产业为例，在 AI 尚未成为风口时，东湖高新已通过产业研究洞悉人工智能产业的前景，并多方位全面布局，成为我国人工智能产业联盟第一批成员之一，也是同行业内唯一一个成员单位。旗下园区光谷芯中心被东湖高新管委会授予"人工智能产业示范基地"。目前，运营公司负责编制生物医药、人工智能、

---

❶ 资料来源：赛迪顾问。

光通信等行业研究报告，更新发布产业研究结果，成为园区企业智囊顾问。

（2）产业导入。运营公司以"围绕产业链招有品质的商"为核心出发点进行自持物业经营，通过自持物业引入的 81 家企业，全部集中在产业链内，而且大部分为瞪羚企业、国家千人计划企业、3551 人才计划企业、高新技术企业。

（3）产业投资。为了规避国有资产流失风险，东湖高新采取了基金模式推进投资业务，专注向产业园区内的企业提供股权投资，偏重投后管理以及增值服务。旗下建设有 2 只产业基金，一只是联合国内前 10 的私募股权投资机构——硅谷天堂资产管理集团合作成立的东湖高新硅谷天堂基金，主投生物医药、人工智能、电子信息；一只是联合武汉华工创业投资有限责任公司合作成立的东湖高新华工创投基金，主投先进制造、电子信息。未来，公司还将设立半导体以及生物医药领域的专项投资基金，用于产业链整合升级。

（4）产业服务。"打造有品质的服务"是东湖高新产业运营的核心追求，东湖高新构建"e+服务体系"，围绕园区企业的进驻、运营、发展等不同阶段，提供 360 度、全生命周期的产业服务。东湖高新的产业服务体系由园区服务和企业服务两大部分组成，园区服务包括物业管理和配套服务，企业服务包括一系列基础服务和多项专业增值服务（图 9-5）。增值服务是产业服务的核心所在，东湖高新对其尤为用心：通过嫁接国际先进技术外协网络，为园区企业在全球范围内收集技术瓶颈解决方案，助力园区企业保持技术领先性。同时利用自身平台优势，为园区企业寻找、挖掘应用场景，嫁接产业链上下游企业，用市场孵化企业。

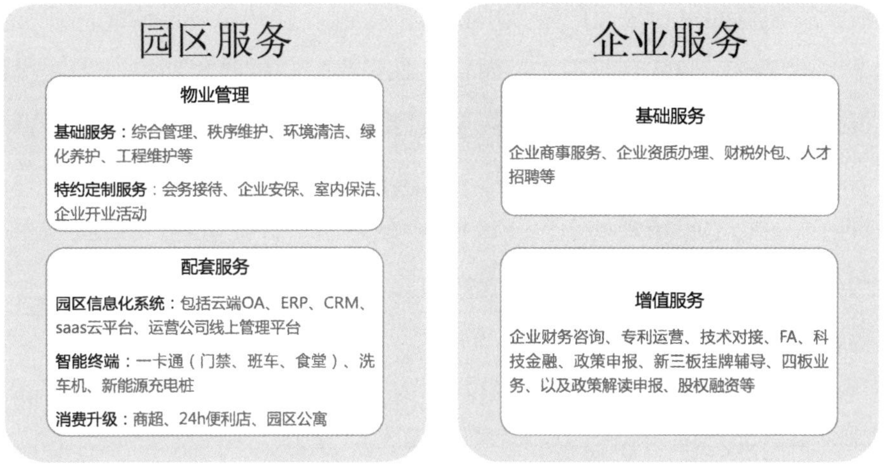

图 9-5 东湖高新产业服务体系❶

3. 投融资孵化服务

东湖高新于 1998 年 2 月 12 日正式登陆 A 股市场，从 1998 年到 2010 年十余年间，红桃 K 集团、凯迪电力的先后入驻东湖高新；2011 年，湖北省联合发展投资集团有限公司控股东湖高新集团，使东湖高新集团的实力和规模迅速增强。

2018 年，东湖高新集团新增杭州生物医药加速器三期项目，并设立首期 1.2 亿元私募股权投资基金，面向园区内或即将入园企业，开展投资，共享企业成长价值。此外，东湖高新集团已经组建两支针对人工智能领域的投资基金，对接调研了 200 余个人工智能、生命科技行业企业，已经投资了其中几家。东湖高新集团未来会再组建三支基金，实现对于人工智能、生命科技领域的全生命周期和全国区域的投资覆盖，面向园区内或即将入园企业开展投资，共享企业成长价值。在全新产业运营体系背景下，东湖高新基金扩充金融能力，与天堂硅谷集团在市场开拓、产业发展、基金扩融、园区招商等方面达成合作。

四、新形势下园区平台公司的转型发展——张江高科

这一轮园区经济深刻转型发展的浪潮中，在既有园区发展模式中一直

---

❶ 资料来源：赛迪顾问。

扮演重要角色的平台公司的转型同样非常关键。在平台公司传统的业务模式下，不仅融资创新空间不大，而且很难建立完整的价值闭环，无法继续发挥推动园区发展的关键作用，甚至自身开始面临高债务、高风险、低效率、低收益的发展困境，必须由传统的土地整理型和融资型甚至是举债型平台公司，向"投融资型平台公司+产业运营型平台公司+资源配置型平台公司"的方向转变。张江高科即是践行这一战略的典型企业。

(一) 园区与公司简介

张江科学城的前身是张江高科技园区，1992 年 7 月，张江高科技园区开园，成为第一批国家级新区，面积 17 平方千米。1999 年，上海启动"聚焦张江"战略，张江高科技园区进入了快速发展阶段。2000 年，上海市、浦东新区共同成立张江高科技园区领导小组和办公室，园区规划面积调整为 25.9 平方千米。2007 年 5 月，张江高科技园区管理委员会成立，调整为区政府派出机构。2011—2012 年，上海市政府先后同意将张江高科技园区、康桥工业区、国际医学园区、周浦繁荣工业区纳入张江核心园区范围，园区面积达 79.7 平方千米。2014 年 12 月，中国（上海）自贸区扩区，张江高科技片区 37.2 平方千米纳入其中；2016 年 2 月，国家发展改革委、科技部批复同意建设张江综合性国家科学中心；2017 年 7 月，上海市政府正式批复《张江科学城建设规划》，总面积约 95 平方千米；2018 年 5 月，上海市委、市政府决定重组上海推进科技创新中心建设办公室，调整张江管理体制，上海市张江高科技园区管理委员会更名为上海市张江科学城建设管理办公室。

上海张江（集团）有限公司与张江高科技园区于 1992 年 7 月同日挂牌设立。作为推动上海张江高科技园区发展的重要载体，张江集团定位于上海建设"全球科创中心""双自联动"背景下，打造张江科技城的主力军，科技园区的开发运营、科技产业投资、创新服务集成商。上海张江高科技园区开发股份有限公司（简称张江高科）于 1996 年 4 月在上海证券交易所正式挂牌上市，是浦东国资委下面负责张江高科技园区开发建设的唯一上市平台。张江的核心区由张江集团和张江高科共同运营。

（二）转型历程与策略

张江高科的发展一共经历了三个阶段（图 9-6）：

第一个阶段：1992—2006 年。

这一阶段的张江高科以土地批租、物业开发为主，通过低价获得的土地资源积累原始资本，而园区企业运营服务更多由张江集团旗下"基地公司"完成。每一家基地公司专注某一产业的招商和运营服务。因此，这些基地公司对于产业的需求理解和企业的服务能力都远超张江高科。

第二个阶段：2006—2014 年。

进入第二阶段，张江高科已经同时具备开发和运营能力。由于可供开发的土地不断减少，"卖地"模式已不可持续，张江高科开始通过并购兄弟公司提升自己的园区招商运营能力。同时，张江高科自主持有更多物业，将收入构成由单一的物业开发销售收入，转变为"物业销售+租金收入+企业服务收入"的多元结构。其间，张江高科也开始直投园区内的优秀企业，为第三阶段的企业转型打下基础。

第三个阶段：2014 年至今。

在第三阶段，张江高科成功从园区运营商转型为科技投行。零星的企业直投并成功退出，让张江高科发展"科技企业孵化"可以成为新的盈利点。其利润率远超物业销售和园区运营。凭借对生物医药和集成电路产业的深刻理解、张江科技园的品牌影响力、园区内庞大的高新科技企业数量，张江高科于 2014 年正式将自己重新定位为"科技投行"。

	张江 1.0	张江 2.0	张江 3.0
	靠土地资源	靠服务	靠股权
资产配置	重资产	轻重资产结合	轻资产
服务质量	一般	较高	高
主要盈利模式	土地增值+房地产销售	房地产销售+租金+服务费	租金+服务费+投资收益
主要核心能力	园区规划开发能力+产业招商能力	产业综合服务能力	产业综合服务能力+产业投资能力+区域扩张能力
产业融入程度	较浅	较深	深

图 9-6　张江高科转型的三个阶段

张江高科在转型过程中实现了三个身份的转变。

1. 园区大房东转型高科技发展合伙人❶

张江高科目前拥有约 275 万平方米的产业地产空间，为园区众多高科技企业提供了发展所需要的物理空间。作为园区大房东向高科技发展合伙人转型的措施，张江高科自 2015 年开始运作众创平台"895 营"。与传统孵化器房东和房客的关系不同，该众创平台更多强调以"投资+"的孵化理念，以"虚拟+实体"的孵化形式，通过帮助企业匹配与其相适应的创业陪练、天使投资、投贷联动金融服务、对接企业上市的多层次资本市场通道、人才服务、宣传推广、市场拓展等各类资源，为创新创业企业提供全周期、全方位的集成服务。

2. 房地产公司转型高科技投资公司

张江高科逐步转变公司单一的房地产主营业务架构，着力加大高科技投资功能拓展的力度，如参与专业基金间接投资，或直接投资高科技新兴项目。

（1）瞄准新兴金融业态和战略新兴产业，投资上海金融发展投资基金和上海市科技创新股权投资基金等。上海金融发展基金聚焦互联网金融、科技金融，规模 200 亿元。自运作以来，基金积极参与中国金融产业和其他产业的重组、改制、上市和并购，估值持续上涨，张江高科投入的 5 亿元资金已成倍增值；新设立的上海市科技创新股权投资基金总规模 300 亿元，是公司在战略新兴产业领域投资的又一尝试。

（2）瞄准上海领先于全国的集成电路产业链，投资由该领域领军人物操盘的"武岳峰基金"。该基金以 6.395 亿美元的大手笔，联合竞购美国研发生产新型存储芯片的上市公司芯成半导体，成功击败了全球行业老大赛普拉斯。此类项投资有助于张江高科参与全球 IC 产业链的并购，提升中国集成电路产业参与国际竞争的实力。

3. 园区开发商转型创新创业服务平台

公司明确了以市场化运作，实现张江科技城目标的重要功能平台定

❶ 毛舒悦，叶帅. 张江高科"四大转型""五大平台"打造全球科创中心核心区［EB/OL］.（2015-11-17）［2019-12-25］. http://www.ljzfin.com/info/25740.jspx.

位，并在其发挥园区功能平台作用上给予配套支持。为进一步支撑作为"园区平台"的定位，张江高科对自己的 4 项功能进行了强化。

（1）强化投资服务功能。通过张江高科及其全资子公司浩成创投，与园区高科技企业对接，利用自身数十亿元的规模创投资金，撬动几百亿元的规模社会资本。

（2）强化融资服务功能。张江高科与中国银行、浦发银行等，实行了投贷联动的战略合作，利用与创投结合的银行融资额度，为创业企业提供融资服务。此外，张江高科拥有张江小额贷款 19.67% 股份，拥有上海股权托管交易中心 23.25% 股份，拥有香港主板上市企业川河集团 29.9% 股份，这些都可用来帮助企业对接多层次资本市场，实现全产业链融资。

（3）强化产业服务功能。依托园区，形成了生物医药、房产物业、通讯信息和海外投资四个投资集群，利用为生物医药和集成电路的"医+E"企业提供发展所需的物理空间，以及包括科技金融服务在内的增值服务，进一步拓展张江高科参与全产业链布局的空间。

（4）强化创新创业服务功能。利用拥有张江园区 2/3 面积孵化器空间的优势，借助"上海众创 26 条"东风，发展众创空间，推进大众创新创业，通过"孵投贷"的结合和辅导陪练、宣传推广、资源对接，提供便捷创业服务，营造良好的创新创业生态环境，助推一批高科技企业成长。

在强化以上 4 项功能的基础上，张江高科正升级园区运营服务理念，从单纯地开发地产项目、投资创投项目，转向建设创新创业服务平台。

五、总结

（一）平台公司正成为政府主导型园区运营的主要力量

通过以上案例研究发现，顺应着国家规制变化和新时期园区开发建设需求，大部分园区平台公司正在由政府投融资工具的平台 1.0 及园区开发建设公司 2.0 的阶段进入组织社会资本、社会力量服务园区建设的平台 3.0 的新时期（图 9-7）。作为过去承担了政府投融资职能的特殊企业，以后将不再担负政府的投融资职能，在厘清政企关系、规范政府行为的前提下，平台公司将不断改善内部治理机制，实行市场化运作。具体来看，平台公司经营性项目将剥离，加快向独立市场主体转型；难以吸引社会资本参与，确实需要政府举债的公益性项目将清算退出，由政府接盘发行债券融资；可以吸引社会资本参与的公益性项目，将更多采用 PPP 等形式，吸引社会资本、社会力量参与园区开发建设。❶

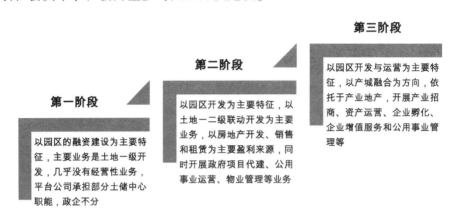

第一阶段

以园区的融资建设为主要特征，主要业务是土地一级开发，几乎没有经营性业务，平台公司承担部分土储中心职能，政企不分

第二阶段

以园区开发为主要特征，以土地一二级联动开发为主要业务，以房地产开发、销售和租赁为主要盈利来源，同时开展政府项目代建、公用事业运营、物业管理等业务

第三阶段

以园区开发与运营为主要特征，以产城融合为方向，依托于产业地产，开展产业招商、资产运营、企业孵化、企业增值服务和公用事业管理等

图 9-7　园区平台公司的进阶之路

（二）产业投资和孵化外平台公司需补齐其他服务短板

通常开发建设较为成熟的园区，其平台公司的业务多从基建领域延伸到了产业投资服务领域。但是过去园区平台公司往往是代表政府进行股权投资或参与建立政府性产业基金，平台公司参与园区产业发展的模式较为被动。对于创新创业氛围较为活跃的园区，平台公司在具备一定的产业资源和金融资源的基础上，向专业化的科技金融资源整合商和产业投资商转型，实现产融协同发展。例如东湖高新、张江高科这类平台公司，一方面联合社会力量完善园区产业服务体系，另一方面需要通过合资合作或自主运作等方式丰富园区科技金融要素供给，推动地区营造创业创新生态环境。但同时大部分的平台公司尚缺乏产业运营和空间营造的能力，企业服务、科技服务、物业管理等对于园区平台公司来说仍是陌生领域。作为园区运营的主导者，平台公司一方面要快速提升企业能力，以充分发挥企业在产业运营、基础设施、公共服务等全产业链化的综合价值；另一方面也

---

❶　武文生. 新形势下园区开发平台公司何去何从 [J]. 中关村，2015（5）：58-59.

要大胆引进社会服务企业与机构参与到园区的开发运营中来，包括鼓励企业在园区内进行以产业集群为鲜明特征的园中园开发建设，以市场的力量推动产业园区的二次腾飞。

（三）引进市场化服务机构补足园区运营服务短板

政府主导型园区充分利用我国强势政府的特点建设发展产业园区。地方政府可以利用宏观调控手段对园区进行整体规划和布局，而通过政府权威协调园区与外部单位和部门的关系，在土地征用、项目审批等工作上有效疏通渠道，提高办事效率，也有利于园区争取到更多的优惠政策和财政资金，为园区积蓄更多的发展基础和资本实力。同时，由地方政府出面招商引资可以在很大程度上消除投资方的顾虑，提高项目落地率。这种园区管理运作模式在一级园区开发大规模发展的阶段有一定的积极作用，搭建了园区管理机构，招聘了一批专业技术人才，规划了园区的范围、产业方向，引入了一批企业入驻，为产业园区发展奠定基础。

在我国经济由高速增长阶段转向高质量发展阶段的大背景下，产业园区作为我国经济发展的重要载体，需要率先从规模发展转向高质量发展。目前，各地园区管委会或平台公司正从"开发土地"思维转向"经营空间"思维，尝试通过链接产业服务资源、投资产业项目等方式参与到园区产业发展中。但是由于体制机制束缚、专业化程度不高等原因，园区产业发展的支撑依然不足。无论是苏州工业园区，还是武汉光谷、张江科技园，之所以能够独自构建园区运营服务价值体系，主要还是由于其背后有高效型政府和强大的平台公司做支撑，而这一点恰恰是最难以复制的因素。因此，政府主导型园区应该积极引入专业化、市场化的产业服务机构，而自身则应成为企业与社会服务机构对接的桥梁，引导专业的人做专业的事。

第十章　内外兼修的产业地产商运营之道

对于产业地产商而言，运营服务从来都是知易行难。这是专业产业地产商的"护城河"，无论是采用何种商业模式，只要能在产业招商、企业创投等运营核心领域中建立竞争力，就能在行业中占据一片天地。而对于新进入的传统房企而言，运营服务又是制约其做好产业地产的最大门槛。对这些企业而言，园区开发、载体建设不难，但怎么服务企业、怎么样培育产业，一直都是困扰其的难题。

而那些专业产业地产商面对运营服务也是又爱又恨。从"爱"来看，正是运营服务才使其能够满足政府和企业的要求，成为政府、企业的合作伙伴。但从"恨"来看，运营又有相当大的难度，很多企业都梳理出一整套的运营体系，但这些多是宣传的文案，真正落地的少之又少。多数时候其运营业务就建立在产业招商、创投孵化等个别领域上，未能形成全体系、全周期的产业运营，呈现出"一招鲜吃遍天"的状态，还不能完全满足政府和企业的需求。另一方面运营能力的建设既需要专业的运营团队，也需要有强大的资源整合能力，还需要具有从开发、招商到运营的一揽子细致操作能力，无疑这是对产业地产商的一场"大考"。因此，虽然"运营服务是核心"已成行业共识，但运营的成熟仍有大量的难点待破解，产业地产商也有很多课需要补。

一、产业地产商运营服务的现状

（一）关注运营是产业地产商的主流趋势

1. 关注运营成为产业地产商的主流趋势

当前，关注运营成为产业地产商发展的主流趋势。无论是自身需要，还是外力作用，产业地产商都在强调强化自身的服务属性和运营能力，也都力求从园区开发商向产业服务商转型，希望建立起从园区开发、企业招

商、选址服务、企业服务、产业运营、产融对接、资本运作等的一体化
能力。

比如，工业地产类开发企业——联东集团，强调自身作为"中国领先
的产业园区专业运营商"，将专注园区产业运营、服务中小制造企业，支
持先进制造业和科技产业发展，目标成为中国具有影响力的平台型产业载
体。同样，以创投孵化为特色的产业地产商，星河产业强调以"房东+股
东"结合的新型产业投资运营商为发展方向，着力打造"产·城·融·
投"发展模式，成为企业发展的重要伙伴。而产业新城开发企业——华夏
幸福集团，强调其作为中国领先的产业新城运营商，通过"政府主导、企
业运作、合作共赢"的 PPP 市场化运作机制，在规划设计服务、土地整理
投资、基础设施建设、公共配套建设、产业发展服务、综合运营服务六大
领域，为区域提供可持续发展的综合解决方案（表 10-1）。

表 10-1　部分产业地产商的业务定位❶

序号	企业名称	企业定位	核心业务内容
1	联东集团	中国领先的产业园区运营商	以"联东 U 谷"为核心品牌，致力于支持中国实体经济发展，专注园区产业运营、服务中小制造企业，支持先进制造业和科技产业发展，成为中国具有影响力的平台型产业载体
2	华夏幸福	中国领先的产业新城运营商	华夏幸福以产业新城为核心产品，通过"政府主导、企业运作、合作共赢"的 PPP 市场化运作机制，在规划设计服务、土地整理投资、基础设施建设、公共配套建设、产业发展服务、综合运营服务六大领域，为区域提供可持续发展的综合解决方案
3	中集产城	产业园区运营专家	全力构建产业园区九大核心能力，紧紧围绕园区、企业和员工，从产业研究、招商服务、孵化加速、运营服务等方面提供全方位的服务
4	招商蛇口	城市和园区综合开发运营服务商	招商蛇口深耕园区开发与运营，聚焦空间规划、产业聚集、生态圈服务，为产业创新赋能

❶ 资料来源：根据相关企业网站介绍整理。

序号	企业名称	企业定位	核心业务内容
5	天安骏业	智慧产城社区投资、运营、服务商	业务涵盖产城社区开发、智慧园区运营、轻资产服务输出等领域，致力通过高品质的产品与服务，成为领先的智慧产城社区投资、运营、服务商
6	天安数码城	中国领先的创新企业生态圈的开发及运营商	践行做"企业的时间合伙人、空间服务商"，以创新企业生态圈的建设运营为核心，服务企业从苗圃、孵化、加速到成长的全生命周期，促进企业的发展壮大和区域经济的转型升级
7	宏泰发展	中国领先的产业市镇综合发展商	以产业构建、园区运营和基础设施投资为核心业务，全面整合大文旅、大健康、通用航空、工业设计、智能制造等新兴产业资源，为区域经济社会发展提供有力支持
8	中南高科	服务中国制造业的超级平台	以新兴产业园区发展为基础，以产业资源导入与产业发展服务为核心竞争力，全力赋能优秀企业与企业家，致力于打造集产学研、产业链、投资孵化、运营服务于一体的服务中国制造业的超级平台
9	星河产业	新型产业投资运营商	星河产业集团基于"产·城·融·投"发展模式，重点开展产业载体开发与运营、产业资本投资、产城研究规划、产业实体经营4大核心板块业务
10	中关村发展	国际一流的创新生态服务商	以服务创新发展为使命，致力于打造创新要素聚集的开放共享生态体系，运用园区、投资、金融、专业服务等手段，在全球范围内配置创新资源，推动科技成果转化和产业化，已成为中关村创新创业生态中不可或缺的重要一环
11	临港集团	产业发展的推动者和城市更新的建设者	以建设新时代特区、打造卓越科创园区为抓手，以提升产业能级、构建现代产业体系为重点，强化产城融合、产金融合和产学研融合发展，培育高质量产业、集聚高素质人才、形成高活力生态，塑造有温度、有活力的卓越科创园区

相关产业地产商的战略定位和业务体系，诸如此类、不一而足，但都高度关注运营服务、强调以运营商作为自身发展方向，这已经成为产业地产商的主流趋势。

2. 转型运营服务是产业地产商压力下的选择

过去几年，产业地产市场火热，涌现出了一大批"跑马圈地"的大型产业地产企业，造就了一个"土地为王"的大发展时代。彼时的产业地产商并不关注运营，土地开发、园区租售是其盈利的核心来源，企业的业绩就建立每年销售的物业规模之上，产业地产项目的"地产"成分远远大于"产业"概念。但随着政府和社会对产业地产项目"地产化"、园区小镇"空心化"，园区散售带来的产业质量不高、企业难以更新等一系列负面问题的关注，产业地产的"强管控时代"已然开启。让产业地产回归市场理性和"产业"本源，成为新时期产业地产发展的行业共识。为此，政府通过在土地出让时增加自持比例条款，在企业拿地时增加产业发展成效方面的考核指标，在房产销售时设置产权分割最小面积等一系列限制性条件，大幅提升产业地产项目的进入门槛。这样地产销售带来的短平快的收入模式被堵死，以运营来盈利、赚难赚的钱就成为产业地产商被迫的选择，一个以产业运营为核心的新时代正在来临。

而很多有着看懂未来趋势的企业或为了抢先布局未来市场，又或为了增添与政府谈判的筹码，也积极把业务体系向运营方面延伸，作为获取开发项目的敲门砖，实现企业发展的轻重并行。由此市场当中，部分作为优质稀缺资产的园区更多的被企业自持或者企业也越来越倾向于提高自持比率，并通过园区运营来提升物业价值，吸引优质企业，并从中获取营利空间。甚至有部分企业更为激进地走向了轻资产运营之路，通过在全国范围内输出自身所具备的运营能力，代管他人园区以求获得重资产之外的更大发展空间。因此，无论是轻重并行还是以轻带重，看准大势的产业地产商纷纷走上了运营之路。

（二）对于产业地产商而言运营仍在路上

1. 绝大部分产业地产商的运营服务依然"华而不实"

纵观主流产业地产商所宣传的运营体系，可以看到涵盖产业运营的各个方面，无论是产业研究、产业招商、创业孵化、产融对接、人才招聘、企业服务、知识产权、资产管理等都有所涉及，实现对入园企业的一揽子服务。就现实而言，这些运营体系都很多都"华而不实"，比如就有企业提出过热带雨林式的服务体系，但实际能够做的却极有限。一般而言，很多产业地产商大多只能提供一些卡点服务，如政府对接、政策申报、人才招聘、产融对接等，而其他更专业、更强调资源整合能力、更深入产业链或企业经营活动的服务，在很多企业的园区运营里仍然处于规划与设想的阶段。

2. 招商服务是产业地产商运营工作的重中之重

受多数产业地产商以物业销售为盈利主体的商业模式左右，招商去化效果就决定了园区的生存与发展，招商能力决定着产业地产商的盈利水平。这样产业地产商多数时候更热衷于作为一个出售物业的"房东"，能够把园区招满、物业去化掉就在考虑如何开发下一个项目，而对于企业入驻之后的运营服务带来的增值受益关注度并不高。这样多数产业地产商的运营体系都还属于"招商+"模式，以招商乃至销售为核心，虽然也包括一定的政策申报、事务代办、人才代招、财税法律、讲座培训、管理咨询、办公用品采购等基础性服务来作为卖点，但更深入的层面还未涉及。

3. 产业地产商运营服务的盈利模式不再只出不进

关于运营盈利，各个产业地产商也都进行了一些实践，这里面既有通用的法律财税、人力资源、政策申报、产融对接等内容，也有专业的产业投资、知识产权、供应链衔接、关键配套服务等内容。就运营盈利而言，专业性服务对企业发展作用大、企业需求强，是产业地产商运营盈利的重点；而通用性服务多已形成成熟的服务主体，入园企业可能需要产业地产商的渠道，但产业地产商希望以此来盈利则困难重重。当前，有部分企业通过探索专业性服务也在一定程度上获取了运营收益，如张江高科的产业投资、无锡星洲的供电服务，在一定程度上解决了运营服务只出不进的问题。而从趋势来看，很多产业地产商也都在真正融入了产业链，以深刻了解企业需求，并积极建立相应的资源链接、技术支撑能力，以求打通运营服务的盈利环节，实现物业销售与运营收益的双轮驱动走路。

4. 产业地产商仍需建立真正有效的资源整合能力

通过五花八门的资源整合来为自己背书，这是众多产业地产商面对运营服务能力不足时的首选举措。先搭建平台、后外联资源、再内化使用，最后建立起自有运营服务"护城河"，这也是产业地产商自我升级的主流路径。不过值得注意的是，他人资源如何能够拿得到、用得上，仍是考验产业地产商的一道难关，很多合作协议签过就没了下文，也是常有的事情。浮在表面的资源链接并不能解决问题，更需要实实在在的产业资源整合。因此，产业地产商更需要与整合的产业资源之间，做好理念的相互认同、利益的共赢共享、机制的全面融合，为了共同的事业而努力，真正将整合变成行动力。

5. 产业地产商要调和好开发的快速与运营的慢功

从某种程度上来讲，产业地产的开发与运营是两个不同的思维逻辑。开发赚的是快钱，强调短平快、高周转，建完一个项目后，就要快速卖掉再开发下一个，避免有太高的财务压力；而运营赚的是慢钱，强调要将园区做成熟，提升物业价值，提高入驻企业质量，并从增值服务中获利。而很多产业地产商刚从房地产行业转型不久，企业的考核要求仍是短平快的开发逻辑，并不符合产业运营本身慢功出细活的规律，若贸然将其套入对运营团队的管理中，必然会让业务部门陷入长期效益与短期考核难以调和的矛盾旋涡之中。因此，产业地产商想要做好运营仍需要放平心态，处理好开发的快速与运营的慢功，这也是判断产业地产商能否做好产业运营的一把标尺。

(三) 当前产业地产商运营服务的主要模式

受产业地产商市场主体、产品形态、商业模式、盈利结构等的不同，产业地产商的运营模式也呈现出一定的多元化发展倾向。从分析各家产业地产商的运营模式来看，当前的产业地产运营模式主要有园区多元综合运营服务模式、产城综合开发运营联动模式、工业地产"招商+"运营模式、"房东+股东"产业创投运营模式、产业地产商轻重并行运营模式五大类型（图10-1）。

图 10-1 产业地产商运营模式的五大类型

1. 园区多元综合运营服务模式

园区多元运营服务多立足于自有开发的产业综合体或科技园区，面向园区内企业的办公、研发、居住、休闲等多元需求，提供企业服务、园区运营、商业服务、产融对接、物业管理等多种服务内容。因此，此类产业地产商的运营服务则更倾向于形成多元全面的运营体系。相关企业以天安数码城、天安骏业、百富东方为代表。

2. 产城综合开发运营联动模式

产城综合开发运营联动模式多立足产业新城、特色小镇的 PPP 开发。相关企业通过向政府提供土地一级开发、二级园区建设、招商服务、园区运营等一揽子开发运营服务来推进相关片区的逐步成熟。因此其运营更关注产业招商领域，形成以招商为核心的产业研究、选址服务、厂房定制、园区运营等服务体系。相关企业以华夏幸福、宏泰发展为代表。

3. 工业地产"招商+"运营模式

工业地产"招商+"运营模式多立足于以标准厂房为主体的工业地产项目，相关产业地产商的园区运营以物业服务为基础，通过"招商+"形式不断链接服务企业的人才招聘、管理咨询、法律财税、教育培训等服务内容，形成渐进的发展模式。相关企业以联东集团、中南高科为代表。

4. "房东+股东"产业创投运营模式

"房东+股东"的产业创投运营模式多立足于北上广深等一线城市的科技型园区，通过孵化、培育、投资相关科技型企业的方式，获取企业成长所带来的红利。此类园区运营多采用以房租换股权、以投资换股权的模式，同时还为科创企业提供风险投资、管理咨询、品牌推广、科技转化等一揽子服务，来促进科创企业的发展。相关企业以张江高科、星河产业为代表。

5. 产业地产轻重并行运营模式

产业地产商经过多年的项目开发、运营经验积累，希望通过一手抓项目开发，一手抓轻资产代管园区，以轻重并行来促进业务的发展。因此其还积极拓展轻资产运营的新业务领域，主要面向部分国有园区、实体企业自有园区、村集体物业等进行代运营，提供产业研究、产业招商、企业服务、园区运营、物业管理等一系列园区运营服务。相关企业以亿达中国、启迪协信为代表。

二、天安数码城：园区多元综合运营模式案例

(一) 天安数码城园区综合运营模式

天安数码城将自身定位为中国领先的创新企业生态圈的开发及运营商，重点专注企业全生命周期的孵化及培育，并为之打造集科研、办公、商务、交流、生活等于一体的企业生态环境。成立于1990年的天安数码城，由香港天安中国集团和深圳深业泰然集团合资成立，起步项目为深圳福田区的车公庙工业区。1999年，车公庙项目定位为中小民营科技产业园，将客户瞄准为那些没有办法获取政策大力支持并缺乏实力自建厂房的制造业中小企业。同时伴随深圳电子信息产业的快速发展，园区随之改名为"天安数码城"。

2009年，天安数码城在国内首先提出"城市产业综合体"的概念，并随后开始了在全国范围的大举扩张。这种"城市产业综合体"模式是将生产、研发、商务、生活等功能融为一体，包含科技产业大厦、企业总部独栋、商业街区、酒店、配套住宅等产品类型，具有功能的复合性和产业的融合型。在当时，天安数码城产品模式的升级，也标志着其将关注重点转向科技研发型中小企业，并力图为其提供相对全面的运营服务。

为此，天安数码城强调践行"企业的时间合伙人、空间服务商"的发展理念，构建出以创新企业生态圈的建设运营为核心，以智慧空间和金控平台为两翼的业务发展模式，从而进入全新的发展阶段（图10-2）。此时的天安数码城以园区、运营、金融三大抓手，服务企业从苗圃、孵化、加速到成长的全生命周期，用智慧化、市场化和国际化资源，关注企业与资源、企业与企业、企业与政府的互通、互动、互促和生态圈的自我更新、驱动，促进企业的发展壮大和区域经济的转型升级。目前，开发及运营面积超过1900万平方米，10000多家成长型企业已入驻天安数码城，享受创

新企业生态圈带来的价值服务。

图 10-2　天安数码城创新企业生态圈模式

（二）天安数码城园区综合运营模式的核心要点

1. 建立"产城人"融合的园区平台

从天安数码城的产品形态来看，经历了从工业园、工贸园、科技企业园到产业综合体的四个阶段，其主力客群已成为企业的总部、研发、监测、展示、营销、售后服务等高附加值环节。因此，城市产业综合体在产品上融合了科研、办公、会展、会议、酒店、居住、休闲和交通等功能，成为产城融合的一站式园区平台。这种融合化的园区平台，既能提供企业从创业苗圃到公司上市的全生命周期的使用空间，也能聚合某一产业的大中小微企业群体以实现集群发展，还能形成全方位的产业生态与服务环境，无疑相比传统的工业园、科技园有着明显的先进性。

2. 注重创新产业生态圈系统的搭建

天安数码城依托其融合型产业平台的优势，构建出以创新企业生态圈的建设运营为核心，以智慧园区和金控平台为两翼的业务发展模式（图10-3）。这种模式立足其园区物业平台，一方面强调其面向中小微企业的体系化运营服务，全方位搭建企业发展的产业服务生态；另一方面又重点关注融资难这个企业最主要痛点，布局了天安金控等产融对接平台，帮助企业做大做强；依托园区、运营、金融三大抓手，天安数码城也就形成其创新企业生态圈系统的闭环。

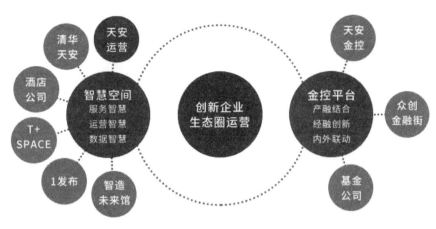

图 10-3　天安数码城创新企业生态圈构成体系

在具体的细分业务方面，天安数码城布局了以创业孵化为主的"T+SPACE"、作为线上企业服务平台的"1发布"、展示园区企业产品及技术的"智造未来馆"、作为产业运营体系的"天安汇"、整合国外产业资源的"国际直通"；同时以天安金控为承载主体发展金融业务、实施股权投资，以基金公司为主体为中小微企业提供多元化金融服务。此外，天安数码城作为平台方，还与100多家行业优秀企业、知名商业机构和服务机构结为战略合作伙伴，以进行产业资源整合和服务购买。

3. 强调金融服务能力的建设

产融服务能力是检验产业地产商服务能力的关键因素之一。天安数码城以天安金控和基金公司为主体搭建产融服务体系。其中，天安金控是天安数码城延伸金融业务的承载主体，通过各类型创新产品服务满足企业全生命周期发展需求，建立包括股权投资、基金管理、财务顾问、财富管理、投资银行等综合金融服务业务体系。而基金公司立足于为入驻天安园区的企业和社会优秀的中小微企业提供更多元化的金融服务，目前拥有孵化器运营、风险投资、地产基金3大类业务，可以同时为企业提供包括金融咨询、新三板挂牌、IPO、股权融资、并购和银行贷款等诸多增值业务。

(三) 天安数码城园区综合运营模式的具体做法

天安数码城的运营主要以搭建运营体系、助力创业孵化、建立线上平台、整合国外资源、推动产融对接为重点，同时也在企业展示、智慧园区等方面发力，以实现其创新企业生态圈建设的目标。

1. 搭建运营体系

天安汇是天安数码城依托 T+SPACE、1 发布、国际直通、科技金融平台等创新资源，通过创新企业生态圈内部的"分享、交流、互动、合作"，打造的全方位、多元化的园区运营服务体。通过搭建企业与资源、企业与企业、企业与市场、企业与政府之间的联系桥梁，形成企业数据库、企业家集群、企业家商学院、企业家智库等服务体系，并运营交流互动、财富规划、人才培养、高峰论坛、行业考察等多类型活动。

2. 助力创业孵化

T+SPACE 是天安数码城的孵化器品牌。在 T+SPACE 之下，根据孵化方向的不同形成了不同类别的孵化器，如重庆的亚马逊 AWS 孵化器、龙岗天安的科技金融孵化器、福田天安的 T+SPACE 领创空间。目前，T+SPACE 已经在天安数码城旗下各产业园区运营着 20 多个孵化器，运营面积近 1 万平方米，入孵团队超过 300 个。

3. 建立线上平台

1 发布是天安数码城的线上企业服务平台，旨在实现对项目、资金、市场、技术和人才的高效对接，为企业提供全面、优质的服务，构建个人、创业团队、初创团队、知识产权与投资方的完整生态圈，打造"永不落幕的高新技术成果交易会"（图 10-4）。1 发布结合国际直通车、T+SPACE、智慧园区、金控平台、天安汇等多个平台资源，将"创新企业生态圈"延伸到线上，促进资源共享，吸引上下游产业链。

4. 整合国外资源

国际直通是天安数码城与多个国际机构合作的国际化创新平台，助力国内企业走出去，同时引进国外企业和团队落户，并为企业提供专业的咨询及解决方案，通过国内外资源渠道的搭建和碰撞，实现人才、技术、金融、信息等资源的互联互通。

图 10-4　1 发布产业园区企业服务平台

5. 推进产融对接

形成天安金控和基金公司两个产融对接主体。天安金控通过各类型创新产品服务满足企业全生命周期发展需求，而基金公司可以同时为企业提供包括金融咨询、新三板挂牌、IPO、股权融资、并购和银行贷款等诸多增值业务。目前，天安数码城已完成对近 50 家初创型优质企业的股权投资，联合上市公司发起两只并购基金，提供"债权+期权"形式的科创贷金融服务，与澳洲知名金融机构宝泽资本建立战略合作关系，建立天安企业项目池，入库企业逾 350 家。

（四）天安数码城园区综合运营模式的启示

天安数码城对自己的定位是"创新企业生态圈运营商"，其业务架构形成"一体两翼"，即以企业全生命周期的园区空间为基本载体，以产业服务运营和产融对接平台为两个支撑，为产业和企业打造一个全生命周期的孵化平台。通过这种模式，天安可建立园区载体、运营服务和金融投资的三大抓手，实现综合化运营体系和多元化盈利来源，达到重资产开发与轻资产运营两方面的兼顾。

从理论上来看，一方面天安数码城的这种模式从某种程度上可以做到对产业要素的全面整合，能打通资源整合、投资孵化、企业加速等产业运营的最核心要点，以更好地建立产业生态、促进企业发展、提升园区的价值，并带动园区招商、物业销售，最终形成完善的商业模式闭环。另一方面这种城市产业综合体模式，也能够很好地通过地产开发来补血园区自持和产业运营的投入，其产品模式已经被天安中国、星河产业、百富东方等企业所效仿。

但从实际来看，这种模式又特别考验运营方的能力建设，如何有效地整合各类产业及企业资源，得以为天安数码城所用；如何更好地把握住产业热点并发现有价值的潜力企业，以做好产业投资；如何建立全面的产业运营能力和产融对接机制，以服务企业发展需要；这些都是天安数码城这一园区综合开发运营模式想要成功而有待突破的关键。而且这一模式在理论上的可行，并不等同于实际操作中的好做，实际的效果如何仍有待长期的观察。从近两年，天安数码城放慢园区异地拓展的脚步，重点发力现有园区的资产管理和产业运营工作，虽动作很多但成效一般，也能说明这种模式的巨大难度，可见距离这一模式的成熟仍需一段的探索期。

三、宏泰发展：产城综合开发运营联动模式案例

（一）宏泰产城综合开发运营模式解析

宏泰发展始创于 1995 年，是国内领先的大型产业市镇、园区 PPP 的综合开发运营服务商。其前身为廊坊城区房地产开发公司，于 2005 年通过开发廊坊龙河高新区而进入产业地产领域。作为宏泰首个园区 PPP 项目，龙河高新区采用"政府主导+企业运作"的开发模式。由政府统一领导园区经济社会事务，宏泰承担基础设施投资建设、招商引资、产业服务和园区运营等工作，并获取园区发展带来的土地出让、税收分成等收益。这在一定程度上类似于国有园区平台公司，通过代行部分政府工作，成为产业创新的服务商、区域经济的发展者和政府事业的合伙人。

通过打造高水平城市设施和产业配套功能，龙河高新区取得了相当的成功，引进了富士康、中国建筑、普洛斯物流基地等一系列重点项目，建

设了红星美凯龙全球家居广场、创业大厦、安次医院、龙河一小、宏泰龙邸等高端产业及生活配套项目，成为新一代信息技术产业、高端装备制造业、现代服务业聚集的高地和配套完善、产城融合发展的产业新城。宏泰发展也据此在国内首先提出"产业市镇"综合开发的概念，指利用产业集聚所形成的发展动力，推动土地开发、交通建设、基础设施建设，再通过人口聚集、公共配套和商业化服务促进发展，形成产业区域开发和配套城市生活有机结合的产业市镇（图 10-5）。

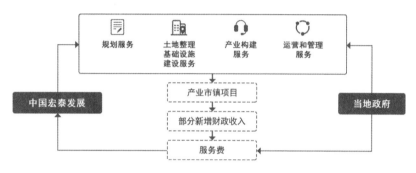

图 10-5　宏泰发展产业市镇 PPP 模式

总结这一模式，宏泰官方认为重点在于其具备了四项核心能力：产业定位、规划设计能力，基础建设投资能力，产业构建、招商引资能力，产业市镇运营管理能力。而这其中的关键一招就是以招商为核心的产业构建能力，宏泰能够招到央企、国企这样的优质项目，而招来一个大项目，就能带来一个产业链，再通过提供相应的服务，促进技术转化、企业孵化、资本组合提升价值。为此，宏泰也以产业构建为核心，积极整合大文旅、大健康、通用航空、工业设计、智能制造等产业资源，为其业务发展提供支持。

（二）宏泰产城综合开发运营模式的核心要点

1. 建立产城一体化的操盘机制

宏泰与政府合作的产业市镇 PPP 项目，不仅需要开发建设，还需要有科学的规划定位、有效的招商引资、有力的后期运营管理。因此，宏泰发展需要形成"规划—投资—开发—招商—运营—收益—再投资"的操盘机制，并建立起相应的开发建设、企业招商、园区运营、生活配套等子系统（图10-6）。

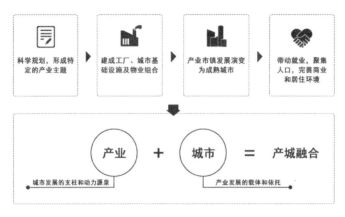

图 10-6　产城一体化操盘机制

在具体的园区开发运营方面，首先需要完成园区基础设施、重点配套项目建设，形成一个较完整的起步区域，以展现投资环境。在企业招商方面，宏泰需要根据园区产业定位明确重点招商方向，确定招商企业名单和项目库，实时对接相关企业要求，推进项目落地。在园区运营方面，既要考虑对招商项目进行选址服务、政策对接、事务代办来帮助企业落地；同时针对中小企业、创业团队做好二级园区建设，助力创业孵化、企业服务等内容。在生活配套方面，宏泰也需要根据园区产业发展、企业入驻的情况，有节奏地招引相关商业服务项目、建设各类公共服务设施和市镇配套设施，形成完善的产城氛围。这些都需要一整套的产业市镇操盘机制，而经过在龙河高新区 15 年的开发积淀，这套体系正是宏泰的竞争力来源。

2. 与政府建立合作协同的良性关系

因为在某种程度上需要代行政府职能，宏泰也与政府保持了良好的合作关系。在政商关系处理上也按照"对政府要高效服从"的原则，其园区项目的产业定位、园区规划、具体建设与政府思路、要求高度契合，形成良性的协同关系。因此，在宏泰重点发展的通航产业及石家庄栾城通航小镇项目中，宏泰协助河北编制全省通航产业发展规划，参与省市区三级政府具体的通航产业扶持政策的制定，协助地方政府提升产业园区定位和规格。在资金上，宏泰与石家庄市政府共同发起航空产业基金，计划规模为 50 亿元，以股权投资形式做大通航实体企业。

3. 以招商能力作为产业培育的关键

在招商能力建设方面，宏泰建立了"百鸟朝凤"的招商模式。通过对行业和公司的大量数据分析，宏泰首先在特选的行业内锁定一两家龙头企业，落实其"全力对接京津，瞄准沪深，锁定中字头、国字号和著名民企"的招商策略，再吸引和关联同行业或相似行业的公司或上下游企业入驻产业市镇，提供配套城市化生活设施，形成产业生态圈的闭合。其代表性园区——龙河高新区入驻的企业，就包括富士康、中建机械、中航工业、国机集团等龙头。

4. 以土地配额把控园区开发的节奏

宏泰所具有的另一个重要能力在于其通过土地配额制度，有效把控了园区开发的节奏。宏泰有一个专业团队对园区内土地的区域位置、用地性质、推出周期、开发规模进行控制。这样一方面其面对企业时可通过土地配额来掌握招商的主动性，能直接满足企业对土地的具体要求；另一方面宏泰也能更好地把控园区操盘节奏，落实其园区发展思路，获得园区产业及配套成熟所带来的土地溢价。❶

（三）宏泰产城综合开发运营模式的具体做法

除了开发、招商等重点领域，宏泰在最考验企业长期发展能力的产业运营领域，也打出了一套"组合拳"。宏泰一方面积极布局产业孵化，建设了泰智会产业加速器，建设其产业培育能力；另一方面也布局了定位为中国高新技术产品服务交易平台的"火炬网"；同时在其重点关注的通航产业、工业设计等领域，也以国际化视野高度整合了一批产业资源，为其产业市镇业务做好储备工作。

1. 搭建以智泰会为核心的产业孵化平台

针对产业孵化，宏泰成立了自家的孵化平台——智泰会，致力于整合

---

❶ 宋振庆，吴金兰，梁椿，等. 园区中国 4：共舞园区 PPP［M］. 北京：清华大学出版社，2016：120.

产业链上下游资源，聚焦细分产业领域，运营创新创业载体，打造服务创新的产业生态系统，为加速全产业链的孵化，提供源源不断的技术和资金支持。目前已在北京中关村、深圳南山、上海张江等地进行布局；运营人工智能、虚拟现实、车联网等主题的众创空间，形成了"高新技术企业+产业联盟+产业园区"的三位一体产业生态培育体系。同时，宏泰在大本营廊坊也建设运营了京津冀（廊坊）协同创新创业基地、慧谷·梦工厂和廊坊工业设计创新中心，创新孵化面积40万平方米，锁定北京十大名校，形成北京原始创新、廊坊孵化转化的组织协同。

2. 搭建高新技术交易平台火炬网

火炬网定位为服务于科技型中小企业、高新技术企业推广应用的高新技术产品交易服务平台（图10-7）。其积极集成国内外权威、正规的检测、认证、专利代理、知识产权保护、科技保险等机构，为科技型中小企业及高新技术企业（产品）提供一站式服务，并根据企业的创新程度给予一定的补贴，帮助企业尽快完善市场资质认证。此外，平台还将第一时间发布政府采购信息，依托政府采购、为企业提供销售渠道，帮助科技型中小企业及高新技术企业（产品）打开市场。

图10-7　高新技术交易平台——火炬网

3. 国际化视野的产业资源整合

在"一带一路"倡议的指引下，宏泰也以全球化视野重新配置产业资源，在遍及亚洲、欧洲和北美的区域进行企业对接，项目涉及高端制造、生物医药、科技创新等重点领域。尤其在其战略布局的通航产业领域，宏泰通过整合美国、加拿大、荷兰、捷克、意大利、以色列等国的航空航天企业，引进科技、人才、教育等配套资源，发展临空制造、改装维修、航空运营、科技研发、会展销售、航空运动和航空培训七大产业板块，推动我国通用航空产业园区、产业链布局与世界接轨。宏泰未来将全面展开海外布局，在国际核心地域设立机构，通过产智合作，打通科技孵化"最后一公里"。

（四）宏泰产城综合开发运营模式的启示

从宏泰发展的商业模式来看，其核心能力确实如宏泰官方所言就在于大企业、龙头项目的招商能力。而背靠着北京产业外溢的东风，加上其通过土地配额制度所控制的土地资源，以及所具有的较强招商能力，成为宏泰发展产业市镇模式的核心竞争力来源。可以讲，宏泰发展的运营能力，是以招商能力和土地配额为核心的产业建构、园区操盘来支撑的。

而为了更好地整合产业资源、掌握科技创新力量，避免出现靠天吃饭的尴尬，宏泰也重点通过泰智会、火炬网及与高校合作来强化企业孵化能力和科技资源流量，尤其重点以孵化器、加速器的建设来形成产业培育能力。另外，宏泰发展也重点围绕某一特定产业（通航产业、工业设计）等方面与相关院校、企业、行业协会合作进行资源整合，并将视野扩展到全球范围。

因此，我们应该看到宏泰发展的产业服务能力仍是以产业招商与资源整合为核心的，这是其产业市镇 PPP 商业模式的核心催化剂。同时，宏泰也积极建设产业孵化、产业服务等能力，一方面是为了企业的长期发展逐步构建核心竞争力，让其自身逐步建立起产业培育的能力；另一方面，也是为了更快地积累企业资源、科创资源，为其产业市镇业务进行支撑。可见，宏泰的发展是秉承着一种轻重并行的道路，虽然当前重资产开发的业务占据主体，但从种种趋势来看，其也在不断积累轻资产运营能力，而且未来还会进一步增强。

四、联东 U 谷：工业地产"招商+"运营模式案例

（一）联东"招商+"运营模式解析

联东集团创立于 1991 年，以建筑模板业务起家，并在 2003 年进入产

业地产领域，其首个项目为北京光机电一体化基地的光联工业园。也是在2003年，北京联东投资集团有限公司成立，自此走上了集团化发展之路。联东集团的商业模式以"联东U谷"为核心品牌，重点面向中小型制造企业，打造以多层标准工业厂房为主力产品的销售型产业园区。目前，联东集团已经进入北京、上海、天津、重庆、沈阳、济南等40多座城市，产业园区项目已经超过200个。在联东的发展历程中，2003—2009年，联东的业务主要是机会型的简单扩张。至2009年，联东开始进入全国范围的战略性扩张阶段，尤其在2012—2013年，是联东扩张布局的顶峰期。但到2015年，在三、四线城市备尝招商困难教训的联东开始战略转型，改变了全国开花的粗放扩张战略，提出回归一、二线的口号，重新聚集于"2+10"既北京、上海和经济较为发达的10个省会城市。

与此同时围绕招商，联东也提出了"两优、三审、四有"的发展战略，通过引进优质企业来打造优质园区（图10-8）。所谓"两优"就是优秀项目、优质客户；而"三审"为项目一审、集团二审、政府三审；"四有"则强调产业园区有方向、产品项目有形象、进驻客户有质量和园区去化有保障。可见，联东的商业模式中招商是核心要素，一切都建立在招好商、快去化基础之上。联东集团虽将自身定位为"中国产业园区专业运营商"，可是其运营的出发点和落脚点都是为了服务招商，希望通过一定的运营服务来增加对企业的黏性，其运营体系就是以招商为核心的服务体系，一切都建立在"招商+"基础之上。

两优、三审、四有战略		
优秀项目 优质客户	项目一审 集团二审 政府三审	产业园区有方向 产品项目有形象 进驻客户有质量 园区去化有保障

图10-8 "两优、三审、四有"招商战略

（二）联东"招商+"运营模式的核心要点

1. 以招商为核心的运营服务体系

既然联东的商业模式有着很强的房地产"招商+销售"特征，因此关注企业核心诉求、满足企业核心诉求，就成为其建设运营服务体系的中心。而在联东看来，其最主要的客户——中小型制造业企业是以招人与融资作为其核心关注点的。因此，联东的运营服务也以人力资源服务和产业金融服务为重心，同时配套相关政策服务及基础服务来搭建运营体系。可见，这是一种比较有限的运营服务体系，是对其重资产开发业务的补充。

2. 不自有而采取平台化的整合方式

作为一个重资产开发为重心的产业地产商，在运营体系建设过程中，联东并不强调自身的服务能力建设，而是将科研院所、产业主体、政府引导政策、金融机构、第三方专业服务机构等要素进行有效融合，为入园企业在技术升级、产业转型方面，提供人才、资金、市场、品牌等方面的助力。可见，联东的运营服务并没有强调自身的投入，更多依赖整合的资源。就当前联东的园区项目来看，更多地是提供一些基础性的物业服务，缺乏有效的产业运营服务团队。

（三）联东"招商+"运营模式的具体做法

从当前的实践来看，联东的运营服务主要集中在人才服务、金融服务、政策服务和基础服务四个方面，初步形成了其"招商+"服务体系（图10-9）。

图 10-9　"招商+"服务体系

1. 人才服务

联东通过举办招聘会和培训活动，为入园企业的人才储备提供优渥土壤。联东每年在各个园区都会举办春季与秋季人才招聘会，为入园企业解决用工难的问题。同时联东对招聘会的主题也进行了分类，有专门针对用工型的，有专门针对行业技术研发型的，也有专门和高校联合举办的校招型，满足企业不同层次的用工需求。

2. 金融服务

联东通过整合银行、科技租赁、资产管理等机构，打造园区绿色快速贷款通道。一般情况下中小企业贷款门槛较高，而联东有上万家的企业基数，因此通过与北京银行、浙商银行、工商银行、交通银行合作，分别针对园区企业推出过专门的理财融资产品。

3. 政策服务

联东按照"宣讲团+辅导小组"的落地模式，帮助各种类型的企业及时利用好政府的引导政策、创新政策。主要包括科技政策申报、产业政策宣讲、落户政策培训、税务政策培训等内容。

4. 基础服务

联东围绕政策宣讲、教育培训方面联系企业，形成基础的通用性运营服务。总体来看，这些基础服务主要包含企业管理、人力资源、银企对接、产权申报、职工关爱、安全生产、消防演习等内容。❶

（四）联东"招商+"运营模式的启示

联东U谷在全国各地的成功布局与开发，其核心原因在于联东集团有着精准的项目选址能力、强大的产业招商能力、有效的产品打造与成本控制能力。而在此基础上不断进行的异地复制，也都是围绕"拿地—建设—销售"的流程而搭建的，更符合传统房地产商的"高周转"模式。

相应的其产业运营思路也更多地体现为地产销售思维，更关注招商并围绕招商重点解决企业人才招聘、融资服务等能力建设，其运营服务更多地是

---

❶ 宋振庆，沈斌. 园区中国7：产业地产操盘实录［M］. 上海：上海人民出版社，2019：198.

为了做好招商而拓展出来的。从整个行业的发展趋势来看，无论当前联东的规模有多大、园区有多少，都面临地产痕迹过重而产业运营偏弱的问题。而联东的各个园区普遍存在缺失产业运营团队、缺乏运营服务内容的问题。

当然，联东也意识到相应的问题所在，并积极推进自身转型。一方面，联东围绕重点关注的产业领域，成立产业招商部以及建立数据库，以打好产业招商的基础环节。另一方面，联东也在不断增加园区自持，积极组建产业服务团队，力求打造出真正有用的产业服务能力。此外，联东也在不断完善当前的基础服务。毫无疑问，联东的这种趋势也代表了诸多以厂房租售为核心盈利来源的企业的发展方向，但其运营服务的发展思路及所能发挥的效力仍尚待观察。

五、星河产业："房东+股东"的产业创投运营案例

（一）星河产业创投运营模式解析

星河产业是传统房地产企业星河控股集团成立的产业地产投资运营公司，其基于对"产·城·融·投"四要素的整合，形成载体开发、资本投资、产城研究、产业运营 4 个核心板块，打造出"平台孵化+资本投资+运营服务+联盟支撑"的新型产业创投模式，具体的组织可以用——"扎根产业、依托载体、整合资源、联动金融、服务园区、投资未来"来形容。

星河产业的代表项目为深圳星河 WROLD，园区囊括了写字楼、住宅、酒店公寓、购物中心、学校、休闲场所等设施，构造了一个全方位、多业态的大型城市产业综合体。园区运营运用星河的产融联盟做资源支撑，打造出面向小微企业的孵化器平台——星河领创天下，以实践"产权/租金/服务换股权"的运营模式；同时发行了 5 亿元的深圳红土星河创业投资基金，部分定向投资园区企业，打造"园区+金融"双闭环总部基地，充分实践"产·城·融·投"一体的模式。

在实际操作中，星河围绕其重点关注领域，依托园区载体平台进行重点招商。再通过产业联盟整合相关产业、金融及服务资源，采取"房东+股东"的运作模式，采用直接投资或与各类基金联合投资的方式帮助企业解决资本、服务等各方面难题，助推企业成长。可见，这是一种创投主导

的发展模式，其更注重对产业资源的整合、对产业生态的营造、对企业的孵化培育，通过为企业发展提供一个良好土壤，赚取未来的企业发展红利。

（二）星河产业创投运营模式的核心要点

1. 星河产业创投的核心逻辑

星河创投模式的核心在于众创空间和股权投资的高效配合。领创天下是星河产业运营的主要载体，与一般的孵化器不同，领创天下包括两部分，一个是众创空间，二是早期基金，两部分互相联系，而又独立运作。其众创空间是服务创业的，并不想要去赚创业者的钱，而是要把创业公司培育壮大。但如果没有股权投资，创业公司发展壮大后则与星河平台并不存在关系，所以重点还是在股权投资上实现链接，这是星河投资孵化的核心逻辑。通过众创空间与早期基金的配合，通过高质量的孵化，为基金不断地提供优质项目。

2. 依托众创空间筛选优质企业

前期，星河为新入驻公司提供免租金的待遇，同时设置了严格的筛选条件。入驻之前，项目团队必须提出明确的商业计划。通过筛选入驻后，领创天下会持续进行 3 年的考核，对不达标的企业，有权要求其退出。这样通过严格、残酷的筛选后，能留下来的都是经过检验的、具有顽强生命力的项目。并且领创天下对入驻的公司享有优先投资权，这为下一步的产业投资建立了良好基础。

3. 创新玩法、仔细甄别做好产业投资

后期，星河也覆盖从天使期到 PE 期，乃至上市、并购等各阶段，形成股东的全生命周期。在实际操作中，拥有一个产业园可以为股权投资增加很多新的玩法，这是单纯的投资机构无法效仿的。星河创投在企业的选择上，首先关注的是团队背景。从人员结构看，更倾向于投资技术出身的团队，并在行业领域有靠前的地位；同时还要看重团队的凝聚力，看团队成员能不能适应合作伙伴、能不能适应内部合伙人，在面对发展分歧时又如何处理。同时还需要关注创业公司的细分市场精准度以及企业以实用为

目标的成本控制能力。

（三）星河产业创投运营模式的具体做法

为了落实星河"扎根产业、依托载体、整合资源、联动金融、服务园区、投资未来"的思路，其形成了建设企业全生命周期的产业载体、打造促进企业发展的众创孵化平台、以资本驱动形成"房东+股东"双闭环、以产业联盟促进产业资源多向整合、构建"GALAXY+"商务运营体系的具体做法。

1. 建设企业全生命周期的产业载体

星河的园区包含了创客空间、创业苗圃、孵化器、加速器、产业园区和总部基地等多种类型，涵盖了企业发展的全生命周期。通过园区内的众创空间、孵化器的前期孵化，为园区提供源源不断的优质项目。同时通过产业服务、产业投资建立黏性，以序列化的产品载体将企业从小到大全生命周期都留在园区。

2. 打造促进企业发展的众创孵化平台

星河的孵化平台以领创天下为载体，为创新创业团队提供加速服务，在孵化平台内一站式提供国际化资源、全生态空间、垂直孵化、持股孵化、院士级导师资源、全方位服务的产业生态，不断帮助企业发展、成长（图10-10）。

| 国际化资源 | 全生态空间 | 垂直孵化 | 持股孵化 | 院士级导师资源 | 全方位服务 |

图 10-10　全方位的众创孵化服务

3. 以资本驱动形成"房东+股东"双闭环

星河将其拥有的物理空间集聚优势转变为强相关的股权性纽带，面对招入的企业不收取房租而换取股权，成为企业事业合伙人。在时间上，其对企业的投资包含了天使期、种子期、初创期、成长期和成熟期，空间上则有创客空间、创业苗圃、孵化器、加速器、产业园区和总部基地等多种类型进行对应。星河通过孵化器为加速器、总部基地输送成长性企业，加速器、总部基地又借助产业投资带来的客户黏性留住成长起来的企业，实现"房东+股东"的双闭环（图10-11）。

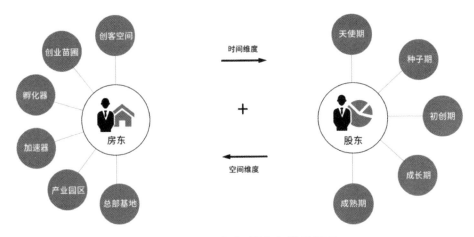

图 10-11　"房东+股东"的双闭环

4．以产业联盟促进产业资源多向对接整合

在资源支撑上，星河搭建了产业联盟会，与国际知名机构广泛合作，共建共享产业资源平台，以产业优势赋能个体，促进产业和联盟成员间的相互作用，促进产业创新要素在全球范围内的多向流通，创造产业生长力。

5．构建"GALAXY+"的商务运营服务体系

为更好地服务入驻企业，星河产业打造了一站式、全过程、多层次、按需设计的服务体系，推动企业非核心业务外包，驱动企业核心业务发展。同时，引进政务服务大厅，从优质人才、创新金融、资源整合、知识产权、咨询顾问、高级政务六大维度全面助力企业快速可持续发展。

（四）星河产业创投运营模式的启示

星河的盈利模式不只是建立在物业出售上，作为企业的股东其有很强的动力推进运营服务，只有企业好，才有星河好；只有促进企业发展，星河才有更好的投资收益，这是一个互利共赢的关系。这充分说明了运营服务作为整合资源、促进产业、培育企业的价值，是整个行业的核心领域和根本所在。

　　通过这个案例我们可以看到，产业运营商应当做到：（1）产业运营商要建立与入园企业共同成长、互利共赢的发展理念，让双方成为命运共同体。让企业在市场的大潮中披荆斩浪，让运营方不断进行后勤支援，双方形成良好的互动配合。（2）产业运营服务的重点应该放在为企业提供产业资源、解决企业发展中的问题上面。企业发展需要一个产业生态，也需要一个服务生态，这都将是产业运营需要不断努力的方向。（3）运营方有条件尽量要实现运营与投资的双轮驱动，产业服务通过运营为企业提供价值但又缺乏与企业的紧密联系点，而这正是产业投资的价值所在。通过产业投资来驱动运营方更有动力为企业做好服务，而通过做好服务企业又为产业运营方提供更好的回报。这种模式在未来有很大的发展价值。❶

六、亿达中国：产业地产商轻重并行运营模式案例

（一）亿达轻重并行运营模式

　　亿达中国的产业地产业务起步于 1998 年的大连软件园，作为中国产业园区的经典，大连软件园累计引入包括 IBM、GENPACT、ORACLE、ACCENTURE、HP 等 60 余家世界 500 强在内的 800 多家企业，推动大连跻身亚太软件和服务创新中心之一。依托大连软件园作为载体平台，亿达也积累了二十余年的园区开发、建设、运营、管理经验，形成包括创业孵化、金融支持、政策对接、人才招引等在内的一整套服务体系，亿达也成长为一个集园区开发、园区运营、工程建设、物业管理等业务于一体的综合性集团化企业。

　　在发展早期，亿达作为一个区域型产业地产企业，其产业园区的异地复制主要以重资产项目为主，在武汉、苏州等地开发了武汉软件新城、苏州高铁新城科技园等项目。但其园区的异地拓展并不顺利，除了与东湖高新联合开发的武汉软件新城外，其他项目多乏善可陈。从 2014 年开始，

---

❶ 宋振庆，沈斌. 园区中国 7：产业地产操盘实录［M］. 上海：上海人民出版社，2019：380.

亿达宣布转型轻资产业务，将以轻重并行的战略在全国进行布局，这也成为国内首个以轻重资产业务并行为发展重点的产业地产商。

亿达转型的核心诉求在于希望摆脱重资产开发带来的资金压力大、拓展效率慢、市场不确定因素多的问题。通过轻资产运营服务的模式，与园区持有方进行合作，帮助其进行产业招商、整合资源、做好运营，更快进入新市场、扩张业务规模、掌握产业资源，并通过规模化运营获取利润。后面再通过轻资产运营所掌握的市场信息、产业资源再进入重资产领域，以项目开发来获利。对此，亿达官方将其总结为"以轻带重、以重促轻、轻重并举"的发展模式（图 10-12）。

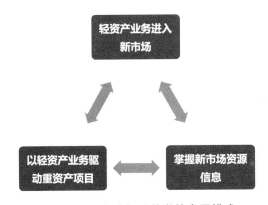

图 10-12 亿达轻重并举的发展模式

（二）亿达轻重并行运营模式核心要点

1. 以"以轻带重"的方式拓展项目、推进开发

亿达按照"以轻带重"的方式推进项目拓展，看似损失了大量重资产开发的盈利空间，但同时也有效了解了新市场的环境、一定程度上获取了园区业主方的产业资源，也锻炼了团队、赢得了实际的园区操盘运营能力。因此，其轻资产运营业务，并不计较一时所获取的是较低的利润，而在更大的范围内整合了更多产业资源、获取了更为丰富的产业运营经验，也为后续的重资产业务提供机会。通过这种将关注点从载体转向客户的方式，形成重资产与轻资产相辅相成、协同发展的格局，更能提升企业的竞争力。

2. 按"平台化+朋友圈"的打法来整合资源

这种轻资产运营先行的打法，使得亿达不仅需要抓牢客户还需要有资源支持，为此亿达也采用"平台化+朋友圈"的整合式打法。首先，亿达与首开股份、成都工投、合肥工投、中铁建、保利等国有开发企业形成战略合作，成为其园区运营的合作伙伴。同时，还引入中民投作为第一大股东，与中国民生投资集团旗下的建筑工业化、新能源、金融等业务板块嫁接，插上产业和资本的翅膀，融入更高一级的产业资源平台，以能够更好地进行全国布局与拓展。

3. 以"早中晚"三期轻资产服务来构建盈利点

亿达的轻资产业务既包括产业定位、规划设计等前期谋划，也包括代建管理、企业招商等中期操盘，还包括后期的园区运营、产业投资等内容。因此，其盈利也能够按照"一鱼多吃"的模式，在产业研究、规划咨询、代建管理、招商服务、园区运营、物业管理的各阶段都能形成相应的收益。而亿达则希望将这三种收益结合在一起，形成早、中、晚期的有效结合，实现可持续的轻资产运营服务盈利。

（三）亿达拓展轻资产服务的具体做法

亿达在具体的轻资产运营服务体系建设方面，形成了产业咨询策划、园区建设规划、楼宇建设管理、配套解决方案、客户增值服务、园区招商运营、物业管理服务 7 个部分的轻资产运营服务链。（图 10-13）在实际运营中，各个服务模块可灵活组合，通过输出单个或组合式服务方案，满足不同项目在不同时段的多样化发展需求。亿达也不断搭建人才团队、整合业务链条，构建从"产业咨询""资源对接"到"产业集聚"的全链条运营服务能力。

图 10-13　亿达轻资产运营服务链

1．产业咨询策划

通过分析区域特点和产业机遇，最终确立项目的产业定位和发展方向，包括产业政策研究、产业市场研究、产业定位研究等。

2．园区建设规划

针对园区概念设计、整体规划、功能布局、交通规划等内容，提供包括概念规划、单体设计、施工图审查、产业楼标准设计等服务。

3．楼宇建设管理

根据产业特点和客户需求进行楼宇设计和施工管理，主要包括工程代建、现场管理、成本控制、竣工验收等。

4．配套解决方案

针对园区的教育、生活、休闲娱乐等要求，提供主要包括配套规划设计、配套建设咨询、配套建设施工、配套租售代理、配套运营监管等服务。

5．客户增值服务

为客户量身定制创新孵化、人才引进、项目申报、员工活动等各类专业化增值服务，主要包括企业孵化、人才引进、政策咨询、项目申报、民生服务等。

6．园区招商运营

进行项目推广和客户招商，为园区提供运营服务，主要包括市场分析、客户定位、渠道建设、品牌推广、市场活动、租售代理、园区运营、企业服务等。

7．物业服务管理

以提供满足客户所需求的物业管理为基础，对园区进行资产调配和运营，主要包括资产管理、物业运营、物业基础服务、物业运营成本监控等。

（四）亿达轻资产运营模式的启示

轻重平衡、双轮驱动也是很多产业地产商不断强调的发展模式。但就现实情况而言，轻资产运营服务前期投入大、见效周期长、缺乏盈利点的问题导致很多产业地产商的"轻重并举"发展只是说说而已。而亿达依托近20年开发、建设、运营大连软件园的经验，打磨出的一整套运营服务体系，确实具备了输出轻资产服务、再带动项目开发的潜力。而亿达中国将轻重并行模式放到公司战略高度，并推出全产业链一体化运营体系，促使轻资产业务规模得到快速增长，也成为行业的一个特殊现象。

就亿达轻重并行的业务而言，比起不断扩张的规模，怎么搭建起有效的运营能力、整合出一系列产业资源、实现扎实做好园区运营，才是决定亿达长期发展的关键。就实际来看，亿达所面对的业主方并不仅仅需要日常的企业服务或基础性的运营服务，更关注其产业招商能力和产业培育能力。这不仅需要亿达有强能力还需要厚资源，亿达在全国层面拓展了几十家园区，其产业运营能力和产业资源储备能否支撑得住就成为重点。如果亿达仅仅希望赚取基础性的园区运营费用，提供通用性的产业研究、规划咨询、企业服务、物业管理等服务，而不能给业主方提供资源、培育产业，则面临的局面将相当的尴尬，并有出局的危险，而再拓展重资产项目也就成为"无源之水"。

因此，从逻辑上看亿达希望通过轻资产运营服务，发挥其产业运营能力的长处，并起到熟悉市场、整合资源、锻炼队伍、培养品牌的目的，但这种商业模式的成立还需要亿达能够真正地发挥有效的轻资产运营能力，成为园区业主方不可或缺的合作伙伴才可行。可见，亿达这种轻资产带动重资产的战略，能否形成一个真正成熟的商业模式还尚待更长期的观察。

七、产业地产商运营服务的突围之路

(一) 突围需构建好轻重并举的发展路径

虽然轻资产运营能力，特别是产业招商和产业投资能力是产业地产商的核心竞争力来源。但就商业模式而言，单纯地做一个"招商机构+产业投行"既有高难度，也缺乏对产业资源和园区项目的实际掌控，还不能获取当前行业最大的收益来源——园区开发收益。

因此，产业地产商多会立足其园区开发能力，以物业去化获取现金流进行项目再开发，实现园区的异地拓展、企业的全国布局，建立好重资产开发能力。再通过自持部分园区并逐步培育商业运营、产业运营、产业投资及物业管理等服务能力，来获取长期的收益，锻炼出轻资产运营能力。当前，在轻资产运营领域除产业投资等个别专业性服务能够获利外，其他领域商业模式并不完全成熟，独立的轻资产运营面临较大的压力。因此，建立一个"轻重并举、以重补轻、分而不离"的发展模式，这既保证了产业地产商能够通过开发业务不断获利并进行业务扩展，也能通过园区平台，不断地发展其轻资产运营能力，实现双轮驱动、共生发展。

（二）突围需以招商投资能力建设为重心

无论产业地产商多么强调其具有的一揽子运营体系，但仍然不能脱离招商和投资两个关键领域。首先来看招商，产业地产商在其强调的能力和服务中，产业研究、产品开发、项目选址、人力资源、法律财税、知识产权等服务，其出发点和落脚点基本都是为了招商，通过对行业的研究、企业的分析、产品的建设、服务的提供来增加其招商的筹码。因此，产业地产商要迅速摆脱招租散售的思维，真正地站在促进产业、企业发展的基础上来实施招商。其次就是投资，对企业特别是小微企业来讲，融资是其发展壮大的关键力量，也特别关注产业地产商所能提供的产融对接服务。而就产业地产商而言，其角色从"房东"向"股东"转型，一方面既能获取产业投资收益，另一方面也强化其对产业资源的掌控力。

因此，在产业地产商的运营体系当中，涉及的人力资源、知识产权、法律财税、企业咨询、商业运营、物业管理等基础性服务内容，既可以自己来做，也可将其外包给专业的服务商。但无论如何产业招商（包括支持招商的相关领域）、产融投资能力都是最核心的，是不可能完全外包出去的，在引进外援的基础上仍需要自建能力，这就是产业地产商运营服务的重心所在。

（三）突围需要以产业资源整合力为基础

一个合格的产业地产商，不仅是园区物理平台的建设者，还是园区产业集群的招引者，更是产业生态的孵化者、园区服务的提供方，这就需要产业地产商按照"园区+企业+投资+金融+服务"的平台化模式去链接资源、去构建生态。而产业联盟类组织就是产业地产商整合产业资源的平台，通过推进与领军企业的战略合作、与行业协会合作、融入企业家圈层、对接专业智库，以助力园区发展。

一般而言，产业联盟类组织发挥资源整合力会重点选择要发展的产业领域，与行业领军企业进行强强联合，以求打通上下游产业链；也会推进与相关高校、科研院所的合作，以求建立引入创新力量、新兴技术；以及推进海外孵化中心的建设，实现项目与人才的双招双引；还强调与行业协会、专业智库的合作，促进对行业资源的整合、产业发展趋势的理解，以更好的决策。通过这种不断的积累资源，产业地产商才能完善运营服务、强化对企业赋能。而产业资源整合力的建设更要做好与资源方的协同，双方形成共同的工作理念、共赢的商业模式，最终实现共同做事、一起发展，真正将资源变现。

（四）突围需要真正破解专业性运营能力

产业地产商最终运营能力的成熟，仍然在于其运营是否能够破解企业真正有强需求的专业性服务，而非那些已经市场化的通用性服务。从目前国内不多的实践来看，构建起企业需要、市场稀缺的专业性服务将是实现运营独立盈利的关键一环，如华夏幸福的招商能力、张江高科的创投能力、无锡星洲的供电业务都是这一模式的代表。而专业化运营由于要真正融入产业链，深刻了解企业需求，具备相应的资源、技术支撑，而被视为虽然前途光明但仍是路径难寻。

从运营发展的视角来看，专业化运营的核心目标就在于"让天下没有难做的企业"，因此，只要产业地产商真正地融入产业链、科创链、供应链，以产业人、企业家的眼光去寻找市场机会，那么广阔的产业群体中必然有大量的潜在机会可以获得。此外，从现有运营的发展来看，不同的产业方向、不同的企业规模、不同的区域状态都会催生出不同的专业化运营需求，大量的机会正在留给真正要做运营的产业地产商，而运营业务在未来的突破也将会以满天星斗的方式呈现，一批各有高招的产业运营商将会在未来出现。

第十一章　数字时代的"互联网+"产业服务

2019 年 11 月 11 日，一年一度的天猫"双 11"购物节迎来了第 11 个年头。开场仅 14 秒成交额破 10 亿元，1 分 36 秒成交额破 100 亿元……截至 23 时 59 分 59 秒，成交额高达 2684 亿元。

"双 11"惊人成交数额的背后，是平台经济的发展所带来的必然变革。在数字化时代，平台经济将进一步发挥其强大的力量，成为未来经济增长的新引擎。所有的不可想象，都终将化作寻常。

平台经济的影响力顺着现代服务业的枝干蔓延到产业服务领域，目之所及皆被赋予了强大的生命力。产业服务如同一股新生力量，在百舸争流的平台经济发展当中逐浪前行。究竟谁能成为新时代的弄潮儿，谁又会被淹没在无边的浪潮中呢？"互联网+"产业服务的序幕已经拉开，未来的精彩，更值得期待。

一、互联网带来了颠覆性的经济模式

（一）互联网孕育了平台经济与平台企业

互联网技术的发展催生了具有虚拟经济特征的平台模式，不同于传统意义上的实体平台，互联网平台是基于互联网技术产生的新兴经济形态。从淘宝、京东等直接面向终端消费者的电商平台，到共享服务、工业互联网等基于网络的新兴产业领域的诞生，平台逐步由一种商业现象发展为一种经济形态，"平台经济"的概念应运而生。

国务院发展研究中心产业经济研究部发表的文章指出，平台经济基于信息化、网络化、数字化、智能化技术，以连接创造价值为理念，以开放的生态系统为载体，依托网络效应，进行价值创造、价值增值、价值转换与价值实现,是新经济的重要类型。❶ 平台经济对传统产业链的组织形态提出了挑战,产业链中游和下游环节某些节点的企业转变为平台企业,改变了与其他环节节点企业间的分工协作方式。平台企业是互联网平台的提供者(所有者、运营商),通过网络效应和促成双边用户交易或变革而获益的社会经济组织。❷

从平台经济的演化逻辑来看,互联网平台企业的发展,大多会经历从专业型平台到综合型平台再到生态型平台的迭代历程。许多企业会从单一领域开始,通过提供贯穿服务上下游主要环节的一体化专业服务,或专注某一个高频服务环节,提供规模化的线上服务支持,由此发展成为该领域的专业型平台,比如猎聘网为代表的专业人才服务平台,以滴滴为代表的共享出行平台等。随着业务类型增多、服务界面的延展、横向关联服务的并入,平台所提供的服务由过去单一的"链式"服务,开始逐渐向多元化、综合化、多重交叠的复杂服务模式转变,由此发展出更加综合的大平台,比如新浪、网易为代表的综合性门户平台,以 58 同城为代表的服务类平台等。❸ 随着综合型平台的持续发展壮大,平台经济的效应会更加凸显,一些同行业的优秀企业开始接入或加入大平台当中,更多业务和应用场景深度融合,形成一个资源高度整合、全面满足用户需求的多维体系生态圈,"生态型"的平台也由此应运而生,比如阿里、京东、腾讯等为代表的巨型互联网平台企业。

(二)互联网平台的核心价值是解决信息问题

从制度经济学的角度来看,互联网平台使有效信息的价值趋于最大化、极大地降低了企业的交易成本,从而实现了帕累托改进,提高了市场经济的运作效率。而互联网平台对于交易成本的显著降低主要源自于其对"信息"处理的强大能力。

---

❶ 魏际刚. 数字化时代的平台经济 [EB/OL]. (2019-09-27). http://www.rmzxb.com.cn/c/2019-09-27/2434103.shtml.

❷ 陈禹,杨培芳,姜奇平,等. 互联网时代的经济学革命 [J]. 财经问题研究, 2018 (5): 3-20.

❸ 贺慧明. 互联网平台企业发展路径研究 [D]. 郑州: 郑州大学, 2019.

1. 促进高价值信息的大众传播

传播学将传播分为"自我传播、人际传播、群体传播、组织传播和大众传播"五个层次，从互联网作为信息传播的媒介开始，它对传媒行业的影响就渗透到了大众传播的每一个环节。门户网站、搜索引擎、社交媒体和垂直化社区等传播平台为我们带来了爆炸式的信息供应，与此同时消费者对信息内容的质量要求越来越高，提供的高价值信息的平台成为大众青睐的对象。

一则动人的新闻报道、一篇精彩的公众号文章、一段新奇有趣的短视频，都有可能引起大众在互联网平台的自发传播：比如 papi 酱生活化的趣味自制视频，单条最高播放量达 2725 万次；知乎、36 氪、虎嗅网、i 黑马网、创业邦等门户网站和社区，则通过高质量的内容与知识提供，积蓄了一大批的忠实用户。互联网平台打破了物理空间的距离，促进了信息的大众传播，从而使信息本身的效用和价值得以发挥。

2. 降低买卖双方信息交换成本

互联网平台集聚了规模庞大的买方和卖方用户群，积累用户需求和供方信息，使得买卖双方的供需迅速得到匹配。"面对面需求"的减少显著降低了卖方的服务成本，移动搜索和基于位置服务的使用显著降低了买方的搜索成本。许多服务产品具有无形、不可存储且不可远距离运输的特性，因此以前提供服务通常要求买卖双方"面对面"，而互联网平台使得面对面服务的需求比重的大幅降低，比如企业在外包服务平台上便可以完成交易环节和部分服务的提供。不过，还是有一些服务如试验发展、管理咨询等，难以在线上平台环节完成，依然依赖于线下的提供方式。

在供给端，互联网平台不仅降低了企业的服务成本，还因此提升了服务的供给规模；在需求端，互联网平台使得搜索成本大幅下降，并进一步扩大整个市场的需求，对行业的发展起到了积极的推进作用。互联网平台作为创造和聚集价值的桥梁，正日益成为服务经济中最具有活力、最具有增长空间的关键部分，并倒逼传统制造业按照平台经济的特征需求，全面变革其生产模式、管理模式和营销模式，加快产业结构服务化的发展趋势。

3. 减少服务环节中的信息不对称

在互联网出现之前，由于交易双方的信息不对称，卖方掌握的商品质量信息远比买方多，最终导致"柠檬"现象（劣等产品驱逐优质产品）的发生。互联网平台出现之后，供需双方不仅可以通过平台展示信息，还形成了多对一的竞争局面。营销的意识渐起，供给方积极通过平台宣传自己的产品，价格也回归理性，需求方在收集到足够多的采购信息之后再做出选择，大大地降低了信息不对称所带来的风险。

然而，尽管初级的信息不对称问题通过互联网平台得到了解决，但深层次的信息不对称依然存在。互联网平台难以实现信息的完全透明，商品的真实品质、交付的时间、交易过程的顺利程度、买卖双方的信任度等……许多会对市场交易产生重大影响的深层次信息都很难通过平台被保障。以二手商品房交易为例，目前二手房线上平台的功能大多局限于"展示"，实际交易过程中不仅需要线下实地看房、中介参与，买方往往还要求与卖方面对面交流，以规避深层次信息不对称所带来的巨大潜在风险。

二、"互联网+"产业服务平台种类繁多

互联网平台为企业解决了信息问题，极大地助力了现代服务业的发展。产业服务作为现代服务业的一部分，与其他服务业态一同受到平台经济的影响，衍生出新的存在方式。与其他类型的平台相似，产业服务平台的发展阶段也大致是从专业型平台到综合型平台，再到生态型平台。目前产业服务在我国的发展刚刚起步，大多数产业服务平台尚处于专业型平台或是由专业型平台向综合型平台转变的阶段。

典型的专业型平台包括招聘网站、知识产权交易网、产业招商网站等垂直领域玩家；综合型平台则整合了多个产业服务功能，比如猪八戒网、创业黑马、36氪等（表11-1）。

表 11-1　产业服务综合型平台代表型企业

企业名称	平台服务功能
猪八戒网	外包服务、工商财税、办公采购、科技成果转化

续表

企业名称	平台服务功能
创业黑马	创业培训、孵化加速、产业媒体、广告营销
36氪	投融资、创业服务、产业媒体、广告营销
汇桔网	科技成果转化、工商财税、设计服务
顶呱呱	工商财税、知识产权、贷款服务
沃土股份	创业培训、工商财税等企业服务

从互联网平台的核心价值出发，产业服务平台的构建离不开对"信息"的处理。首先，互联网的介入解决了信息的存储、展示问题，数据库、门户网站等产业平台出现；而在信息量爆炸的今天，平台需要通过标准化的机制筛选掉虚假信息、去伪存真，提高用户信任度，这一点对于"解决信息不对称问题"的交易服务类平台来说尤为重要；在得到真实信息之后，平台根据用户需求或数据分析完成个性化的筛选，使客户接收到有效信息，比如招聘网站推荐符合企业需求的候选人简历、产业媒体平台对用户可能感兴趣的话题进行推送等（图11-1）。

图 11-1　互联网平台对信息的处理示意

根据信息利用侧重点的不同，可以将现有的产业服务平台大致分为三种类型：以信息的展示、存储为主要功能的"专注于信息创造与传播的平台"，在此基础上以促成交易服务为目标的"主攻信息匹配与服务交易的平台"，以及实现信息的实时传导、共享、分析，"解决日常运营服务管理问题的平台"。

（一）专注于信息创造与传播的平台

1. 产业媒体平台

这类平台大多由媒体企业创建，在互联网带来了大众传播的"媒体+"

时代后，它们将互联网媒体当成一种基础设施，利用媒体高效地连接用户和资源，并对资源的综合价值进行挖掘，找到各类变现的方式。

产业媒体平台通过对产业前沿、行业资讯、原创观点等垂直领域专业内容的传播，积蓄一定厚度的入口流量，先是通过流量换取广告收入，后续逐渐通过提供品牌营销、创业服务等方式实现商业模式的转换。其用户积蓄的原理是通过对信息的筛选、加工或创造，为读者提供了高价值的"干货"，利用信息的价值形成平台流量和平台黏性。长期持续的高质量信息资讯服务像磁铁吸引小磁针一样稳定住高质量的读者，相比其他类型的产业服务平台，集聚了庞大且优质的变现流量基础，信息本身的价值得到了极大的发挥。

这也是媒体类企业在"互联网+产业服务"领域表现出色的主要原因之一。创业黑马和36氪两个案例向我们清晰展示了产业媒体平台起家的企业是如何转型综合服务平台的。除了上述两家企业，目前我国还有一些表现出色的专业型产业媒体平台，比如虎嗅、3W、钛媒体、界面等。

2. 数据库类平台

大数据时代的到来，引发了各个产业领域的颠覆性变革。"互联网+大数据"不仅打破了传统数据的边界，极大地提高了企业数据的准确性和及时性，更重要的是，企业通过分析大量数据进而挖掘细分市场的机会，能够在商业模式、产品和服务上有所创新。有了大数据平台的支持，产业服务平台既可以充分挖掘垂直领域的潜在机会，深耕某一专业领域，又能够延伸开拓自身业务范围，转型综合服务平台。

产业服务行业常见的数据库包括企业数据库、园区数据库、招商数据库、经济数据库、行业数据库、研报数据库和文献数据库等；一大批优秀的服务平台已经涌现，比如极具产业服务特色的前瞻数据库、中商情报网，雄霸金融投行的万得、慧博，提供知识服务的中国知网、万方数据、维普期刊，发布国民经济运行数据的各级政府的数据开放平台。

数据库为企业提供了实时、广泛、翔实的信息来源，同时又作为信息存储、搜索和筛选的工具，将信息本身的价值充分发挥；数据库平台借此构建以用户付费为核心盈利渠道的业务体系，并通过新闻、咨询、分析报告等免费内容提升客户黏性。

（二）主攻信息匹配与服务交易的平台

这类互联网平台普遍承担了信息服务的"中介"角色，通过搭建面向多边主体的信息发布、展示和交流平台，极大地降低了信息的不对称性，以达到撮合买卖双方完成交易及服务的目的。

1. 外包服务平台

企业外包服务平台的运作模式与面向消费者的电商平台类似，只不过交易的对象从实体商品转换成了服务，平台通过广告收入、交易费用抽成等方式盈利。

买方通过外包服务平台发布需求信息，大幅降低了搜索成本；卖方选择回答自身专业领域的问题或竞争成为服务的供给者，将服务的成本最小化。交易信息的匹配、交易的过程、服务的执行都可以在互联网线上完成。目前我国表现较为出色的外包服务平台包括猪八戒网、一品威客、时间财富网、任务中国等。

2. 人才招聘平台

人才招聘平台，诸如前程无忧、智联招聘、猎聘网、拉勾网、应届生求职网之类的，在人们的生活中已经被广泛使用。它们为企业、求职者搭建了双边信息展示和匹配的平台，降低了双方的搜索成本，平台通过广告收入、面向会员收费、猎头服务、面向企业收费等方式盈利。

3. 科技成果转化平台

科技成果转化平台的服务以促成技术转移交易、知识产权（专利）交易、科技金融交易为目的，提供科技创新相关的一系列服务。政府、院校、企业等多方主体既可以在平台上发布最新的技术或专利研究成果，又可以提交相关的采购需求。从信息的发布，到项目的对接，直至交易落地的全流程服务均可在线上完成。

目前国内科技成果转化领域表现较为突出的平台包括科易网、顶呱呱、中知在线、中细软等，平台的收入来源主要有广告、单次服务收费以及会员会费。上述三类平台所提供的服务具有不对称信息少、交易成本低、合作风险小、服务效率高的特点，因此实现全过程服务链的互联网化相对容易，相关领域未来的发展前景也普遍被看好。

4. 投融资平台

作为"互联网+"金融的时代产物，投融资平台除了在产业服务行业颇为重要，还备受政府以及参与市场经济的各个主体的关注。它的主要作用是帮助中小企业及创业企业寻找融资资金，帮助政府机构、投资人、产业运营方寻找优质的创投项目，充当他们之间的"中介"角色。

然而就投融资平台的发展现状来看，它们在促成投融资项目成交并借此盈利这件事情上进行得并不理想。现有的投融资平台上的虚假信息较多，有效信息的筛选机制不成熟，信息不对称的问题尚未很好地被解决；此外，企业的信用、平台本身的可信度等问题仍然横亘在投资方和融资项目之间。比如，互联网融资平台"投融界"会对寻找融资机会的企业收取融资费用，但企业却经常迟迟等不到融资成果。再者，项目投融资的交易金额动辄高达数十万元，如果出现 P2P 一样的暴雷事件，则会给投资者带来惨重的损失。

5. 产业招商平台

目前市场上存在的互联网产业招商平台（中工招商网、中国园区招商网等）功能仍以厂房、写字楼、产业园、商铺等空间载体的属性信息展示为主，实际的租售交易主要还是在线下完成。大部分招商网站几乎就是将房地产中介网站的页面生搬硬套过来，只不过把商品从住宅、商业物业换成了产业物业，信息的展示也局限于对于载体自身及空间属性的描述。

事实上，产业招商与房产租售有着本质上的区别，不仅产业载体等硬件产品至关重要，企业入驻之后的生产、经营和成长（孵化加速）氛围，以及园区运营方能为企业发展所提供的一系列产业服务等软性条件也十分关键。载体的真实品质、运营方的产业服务能力、双方的契约精神等深层次信息的不对称问题很难通过互联网得到解决，因此产业招商往往需要经过一轮又一轮的线下商业谈判，交易双方才能就成交条件达成共识。

（三）解决日常运营服务管理的平台

1. 企业管理平台

在互联网和大数据技术的作用下，企业对于信息整合、实时信息分析、信息安全、辅助决策的需求愈加强烈，"互联网+"企业管理的模式也在不断地创新。

企业管理平台通常由多个系统集成，包括 OA 办公系统、ERP（企业资源计划）系统、人力资源管理系统、生产管理系统、财务管理系统、设施管理系统、采购与供应商管理系统，等等。金蝶、用友、浪潮等公司都是常见的企业管理平台服务商。此外，随着大数据、传感技术等科技的进步，还出现了连接全产业链、全价值链的工业互联网平台。

通过对企业信息流、资金流、物流和工作流的集成与整合，企业管理平台起到了提升企业管理和员工工作效率、优化组织结构、助力企业决策和降低经营成本的作用。未来，随着信息化建设的不断升级，企业管理平台将朝着柔性可扩展平台的发展，以实现整体信息化、全面流程化和业务一体化，促进企业管理达到新的高度。

2. 园区管理平台

如何实现产业园区内资产的高效管理一直是困扰着各产业运营方的难题：传统的线下管理模式中，资产的属性信息呈现零散的点状，底层信息无法实时传递至高层，信息的价值被浪费；决策者无法及时准确地获得资产的信息数据，严重影响了企业的运转效率。

在线上平台接入之后，资产的基本属性信息、设备的实时运行信息、人员的巡检信息等数据实现了智能化的整合，管理者可对资产实施 24 小时不间断的动态管理和远程控制，决策者通过全面的可视化图表纵览全局并辅助其制定长期的规划管理方案。各类信息之间关联互通，数据孤岛被消除，实现了信息可视化、数据实时化、策略智能化，在物联网、大数据等技术的辅助下，单一的管理平台逐渐发展为多功能的智慧园区平台。我国智慧园区平台的发展尚处于起步阶段，但是许多先进园区早已开始使用线上管理平台，比如深圳天安云谷的"CC+平台"、武汉东湖高新区的

"智慧光谷"、杭州海创园的"云助平台"等。

3. 政务服务平台

互联网、大数据技术的进步推动了政府管理流程再造、信息数据平台整合、跨部门资源共享与协作与电子政务升级，多项政务服务已经或正在实现线下到线上的转移。对于企业来说，工商注册、行政审批、企业年检、社保公积金等政务事务的线上办理高效便捷，节约了时间和劳动成本；对于政府机关而言，行政与公共事务管理的效率得到了大幅提升，对于构建智慧城市有着推助作用。

近年来，我国多地政府大力推行"互联网+政务服务"：浙江政务服务网提出"最多跑一次"的口号，江苏提出"不见面审批"，湖北提出"马上办、网上办、一次办"、天津提出"一枚印章管审批"，等等，"互联网+政务服务"平台呈现蓬勃发展的势头。华为、平安、浪潮等互联网通信行业巨头参与其中，率领众多中小型创业企业，提供"互联网+政务服务"以及智慧城市的解决方案。

三、创业黑马：产业服务平台的流量积蓄与变现

创业黑马（股票代码300688）是我国创新创业及中小企业服务领域首家创业板上市公司，号称"企业科技创新服务平台和城市产业升级加速基地"，公司通过打造创业辅导服务、活动公关服务和创业资讯服务为一体的多元创业服务生态，形成了集创业者、企业家、投资人、园区与政府等在内的社群。截至2018年9月，创业黑马有效服务了1万多家企业，培育了11家上市公司、35家未上市独角兽企业，累计融资4800余笔，总融资额2600多亿元。

（一）建立蓄客体系及客户筛选机制

1. 全媒体矩阵从各个入口积蓄了巨大的流量

创业黑马的前身是《创业家》杂志，"创业家"从传统媒体起家，累积了一大批的创业者与企业家客户。随着互联网媒体的崛起，"创业家"由线下媒体逐渐转为线上平台，并更名为"创业黑马"，定位为"帮助创

新创业企业和中小企业学习成长的综合性服务平台"（表 11-2）。

表 11-2　创业黑马线上媒体平台

媒体类型	产品名称	更新频次	传播力度
网站	i 黑马网、创业家网	每日更新	—
公众号	i 黑马、创业家	每日更新	微信粉丝合计超过 130 万
App	创业家、黑马学吧	每日更新	注册用户超过 3 万
微博	i 黑马、创业家传媒	每日更新	微博粉丝合计超过 500 万，总计覆盖用户数超过 2000 万

以线上媒体平台为用户入口，创业黑马围绕"创业家""i 黑马网""黑马学吧"三大品牌，构建了覆盖网站、微信公众号、微博和移动 App 的全媒体矩阵。通过线上入口吸引大批的用户流量，构建培训、比赛和社群等各种服务场景，对接创业者与企业家的精神需求和商业需求，形成强关系、强链接、强互动的社群生态，完成了从传统纸媒到创新创业企业服务提供商的转变。伴随公司品牌和服务知名度逐步提升，及上市后的影响力与认可度，公司客群的聚集效应愈发明显，通过自有用户平台继续强大的客户流量，为营销业务提供了应用基础。

2. 从庞大的社群中筛选出增值服务的目标客户

创业企业和中小企业具有媒体营销能力弱、媒体渠道匮乏的特点，它们既没有相应的媒体经验，也没有合适的媒体环境；但是，创新创业企业和中小企业又非常需要在投资者和用户面前展示优势的机会，对于他们来说只有良好的商业创意是远远不够的，只有获得投资者的支持才能有足够的资源将自己的创意落到实处。因此，创新创业者所需要的媒体服务与一般企业有所不同，不仅是未来扩大其在公众的影响力和提升公众形象，更重要的是获取投资者的关注。

创业黑马瞄准创业企业和中小企业强烈的媒体服务需求与薄弱的营销能力之间的矛盾，以媒体服务为突破口，挖掘创业服务的价值点，用户筛选路径如图 11-2 所示。

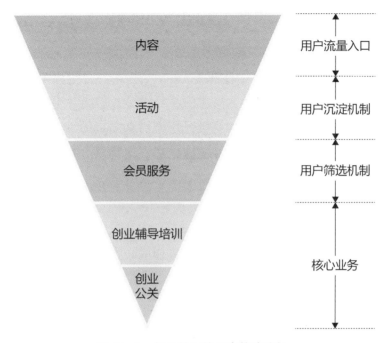

内容　　　　用户流量入口

活动　　　　用户沉淀机制

会员服务　　用户筛选机制

创业辅导培训

创业
公关　　　　核心业务

图 11-2　创业黑马的用户筛选路径

首先，庞大的社群是服务价值实现的基础。创业黑马在《创业家》时期已经累积了一个有数百家企业的"黑马库"，为增值业务积蓄了最初的潜在客户群体；转型互联网媒体后，通过优质内容的输出吸引了数以百万计的用户流量；后来又以举办线下创业大赛的方式成功吸引大量创业企业、投资人、企业家的参与，充分扩大了社群规模。历经十余年积累，公司已拥有超过 10 万人的社群基数，其中社群内活跃人数过万。

其次，在庞大的社群中寻找增值服务的目标客户。这主要通过线下活动的沉淀和 VIP 服务的筛选来实现，创业黑马可以得到一批支付能力较强的优质客户。他们有的是创业辅导培训的学员，有的是创业大赛的优胜选手，有的是 i 黑马网或者创业家 App 等媒体的 VIP 用户……而这些人，绝大多数都是创业公司的创始人，他们有着相类似的知识诉求、社交需求和相近的价值取向，提供与他们的需求相匹配的服务，便是创业黑马将流量价值变现的思路。

（二）以媒体服务为基础，开拓企业加速服务

创业黑马通过在企业级服务+媒体的基础上，又开拓了面向创新创业及中小企业的全方位的孵化、加速服务，目前已成为中国最大的虚拟孵化加速器。同时，创业黑马也基于大量的用户需求，通过打造众创空间等方式将虚拟孵化服务向线下衍生，为地方创新创业及中小企业提供物理空间来支撑路演、培训、课程等服务，并通过视频连线等方式实现众创空间之间的共享，打造国内领先孵化加速综合服务平台。❶

1. 媒体服务串联了创业企业和投资方

创业黑马媒体服务的客户主要有两类，一类是上文提到的优质创业企业和中小企业；另一类则是园区类政府机构或品牌企业。

针对创业企业和中小企业"展示自身、获取资源"的需求，创业黑马主要提供以下三大服务：一是企业动态跟进，创业黑马让记者对有需求的企业进行跟踪采访，撰写公司报告发布在它的各类媒体上。二是每年发布创业公司榜单，帮助企业更好地展示自己的优势，同时让投资人发现有潜力的企业。三是线下活动的牵线搭桥，在举办黑马大赛等线下活动的同时，创业黑马利用自身创业资讯服务形成的平台及媒体资源，为创业企业客户提供了活动的赞助、品牌的宣传、广告营销等媒体服务，实现了创业者与投资机构、投资人、大企业之间的对接。

而园区类政府机构、品牌企业则是以招商引资或增加品牌文化中的创新因素为目的。针对这类型的客户，创业黑马提出了"线下冠名+线上宣传"的模式，使客户通过赞助公司的各类赛事及活动，或通过定制活动的方式，将企业主和企业作为潜在客户群体，通过各类活动进行品牌展示和宣传推广，并动用公司自有的线上媒体平台，进行活动宣传和后续跟进，进一步扩大活动的媒体效用。

2. 产业加速服务形成了多功能融合的完整闭环

创业黑马的核心优势在于独特的服务体系，它的产业加速服务既不同于提供孵化器空间及运营的"空间模式"，又区别于股权投资及回报作为

---

❶ 招商证券. 创业黑马（300688）：以"MIT"为核心，构建企业级服务平台 ［R］. 2019.

主要盈利的"投资模式",是一套独有的孵化加速综合服务体系,具体实现方式可以总结为"七步加速论":通过"甄选潜力企业→精准匹配导师→培育创新理念→参访标杆案例→对接融资机构→扩大订单市场→塑造明确企业的产业加速链条",实现创业企业和中小企业的成功孵化。

创业黑马将产业加速所需的培训、辅导、咨询、融资及资源在公司的平台上整合为标准化、体系化的流程,同时基于多年服务中小企业及创业公司的经验累积及数据基础,通过不断增加平台上导师的数量并精准地匹配创业者的需求,形成了产业加速服务的平台规模化的效应,实现了产业加速闭环(图11-3)。

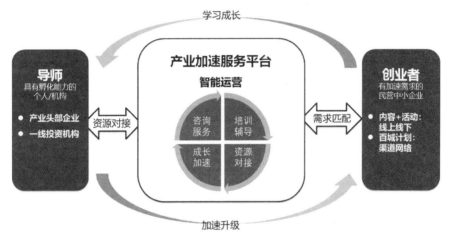

图 11-3　创业黑马的产业加速平台❶

(1)甄选潜力创业企业:通过线上媒体和线下活动的第一层引流,在此基础上严格筛选创业者和中小企业入会,最后再精选出优质项目加入黑马成长营等并帮助其实现短期快速融资,挖掘潜力黑马。

(2)快速、精准地匹配和对接资源:一方面通过导师与同学之间的精准匹配和培训交流互动,帮助学员快速定位解决问题的资源,推动资本和项目的链接,在学习期间完成融资。另一方面,通过细分产业、地区、城市社群,以发现和匹配企业的投融资需求,即时实现资源精确对接。

❶　创业黑马(北京)科技股份有限公司. 2018 年年度报告［EB/OL］.(2019-04-26). http://data. p5w. net/t1206106213. html.

（3）企业案例经验库指导：通过成功的企业家案例以及发展过程中创业成员的成功和失败案例的分析，不断充实自有案例经验库，从中总结企业发展经验、教训和方法论，实现较为模式化的可复制的企业发展过程，为创新创业者及中小企业提供即时指导和反馈。

（4）利用平台帮助企业推广和营销：通过社群信息数据化，如根据对社群中最近讨论话题和关键词的提取，推送相关广告等，提高营销的精准度；通过第三方媒体采购扩大营销范围。

（5）拓展实验室小班教学："实验室"的小班课程使各导师实验室相互结合，更精准地解决企业创业和发展过程中各个发展阶段遇到的各种类型问题，为创新创业及中小企业的成长保驾护航，实现一个孵化阶段到另一个孵化阶段的整个企业发展链条的顺利衔接。

（6）企业成功后反哺，形成产业加速闭环：经创业黑马一手培育的创业企业在成功后的反哺，使得产业加速形成可持续的良性循环发展。一方面，公司会邀请一些成功的创业企业回到黑马营参与创业课程讲授，为企业营销等提供咨询；另一方面，客户也通过自身圈子，为创业黑马的品牌进行免费和病毒式的营销宣传。

（三）平台经济视角下的创业黑马："精确的客户筛选+多重服务变现"

以平台经济和产业服务的交叉视角来看，创业黑马是集"创业培训、孵化加速、产业媒体、广告营销"等功能于一体的综合型产业服务平台。

公司以线上全媒体矩阵为用户入口，通过优质的内容吸引了庞大的流量。尽管在互联网行业流传着"用户＝流量＝金钱"的公式，但是想要从严控成本的创业公司身上收取增值服务收益并非易事。而创业黑马的核心优势之一，便是通过构建"用户筛选机制"对自己的用户进行了过滤，得到了支付能力较强的优质客户，实现精准定位。面向变现率高的目标客群，搭建以媒体传播、孵化加速和资源对接为目的，多种关系交叠的产业服务平台（图11-4）。通过各类互动场景与服务场景，对接创业者与企业家的精神需求和商业需求，增加用户黏性，打造强关系、强链接、强互动的社群生态。

图 11-4 创业黑马的产业服务平台商业模式

目前创业黑马的营业收入主要由两部分构成，一是广告投放、企业动态发布、创业公司榜单、赞助、冠名等广告营销收入；二是来自黑马成长营、创业实验室、黑马高管营以及国际游学等线上线下课程的培训辅导收入。

然而，这样的业务构成对于一家自诩"创业服务与产业加速平台"的企业来说太过单薄，与创业黑马对外宣传的"融合媒体推广、培训辅导、咨询诊断和投资"服务模块不甚相符。未来，这家公司仍然需要逐步提升自身的综合服务能力。

四、36 氪：从单一服务走向多元综合，探索增值服务体系

以科技创投媒体起家的 36 氪始创于 2010 年 12 月，经过 9 年的发展，公司已成长为一家科技创新创业综合服务集团，拥有新商业媒体"36 氪传媒"、联合办公空间"氪空间"、一级市场金融数据提供商"鲸准"三大业务模块，其中 36 氪传媒已于 2019 年 11 月 9 日在美国纳斯达克上市。截至 2018 年 12 月 31 日，36 氪的客户已经覆盖了全球财富 100 强企业的 23 家、中国 100 强新经济公司中的 59 家、中国 200 强投资机构中的 46 家。36 氪所取得的成就主要归功于它精准的客群定位以及具有前瞻性的盈利模式。

（一）自创立起便精准定位互联网创业者

从创业黑马的例子中我们已经知道精准的客群定位对于产业服务平

台来说至关重要，36氪的创始人也意识到了这一点，从创立之初就将自身定位为互联网创业的服务者，瞄准"互联网"行业，找准了自己的位置。

最初，36氪仅为国内互联网创业者提供国外互联网科技创业资讯，内容主要是编译国外科技博客 TechCrunch 中的文章。随着互联网的深化发展，36氪迎来了前所未有的机遇，这个时期用户是最关键的资源，只有将这群忠实受众转化为用户，才能在激烈的市场竞争中占领一席之地。基于将网站流量转化为用户的需要，36氪增加了原创的国内创业方面的信息，在生产资讯的同时还提供创业者和投资者交流的服务，逐渐将单纯提供二手资讯的平台升级成为创业服务平台。

随着虎嗅网、钛媒体等科技类媒体的崛起，单纯依靠提供创业服务已不能满足用户需求。为更好地留住用户资源，36氪进一步升级为提供创业融资的互联网创投平台，推出了36氪+（后演变为"鲸准"），吸引了大量投资人和创业项目入驻。至此，36氪搭建起了创业者和投资者之间的桥梁，成为国内知名的互联网综合创投平台。

找准自身清晰明确的定位，使得科技博客时期的36氪较少地卷入于综合网站、传统媒体的混战当中，反而另辟蹊径，逐步勾勒出未来发展道路的轮廓，走向"创业服务平台"，又升级成为"综合创投平台"，为创业者和投资人提供快速精准的行业资讯、产品信息和投融资机会。可以说，精准的定位是构成36氪核心竞争力最基本的要素之一。

（二）立足长远盈利模式，业务逐渐多元化、综合化

36氪在其招股文件中发布的商业模式称，聚焦新经济的高品质内容是其业务基础，这些内容主要包括企业洞察报告、即时市场更新资讯、发人深省的社论和评述（图11-5）。截至2019年6月30日，36氪媒体的全网月均访问量达3.47亿次，企业用户数量超过80万家。

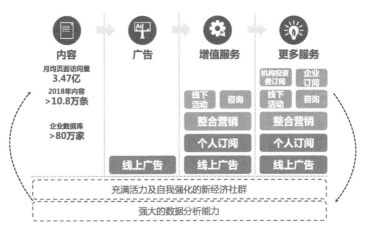

图 11-5 36 氪的商业模式演进❶

凭借高质量的内容，36 氪走出了一条与其他科技财经类媒体不太相同的道路，尤其在用户变现方面颇有心得。其盈利模式探索大致可以分为以下三个阶段：

1. 以线上广告盈利的传统互联网媒体模式

起初，36 氪与同类媒体一样，收入基本来源于网站和客户端的线上广告，不过 36 氪的广告内容是由撰稿人来判断和决定的，广告销售人员不能进行编辑，从营销的角度来说这一方式并不能实现效果最大化。从这种模式中可以看出这家企业并没有刻意追求广告盈利和流量。虽然网站的广告收入并不能使 36 氪实现盈利，但至少能让它在开拓其他增值业务的同时基本实现收支平衡。

2. 以创业服务为核心的增值服务

转型创业服务平台之后，36 氪把焦点更多对准在国内的创业团队和产品。为了提升客户价值，公司大胆地采取了免费策略：线上免费对创业项目进行推介，杜绝通稿、软文类的内容发布；辅以线下的 36 氪开放日活动，为创业者和投资者提供面对面交流的机会。

此时 36 氪的业务主要由线上广告服务、个人订阅服务和企业增值服

---

❶ 36 氪控股. F-1 招股文件［EB/OL］.（2019-11-07）. http://ir.36kr.com/sec-filings/sec-filing/f-1a/0001047469-19-006131.

务（以整合营销为主，少量线下活动及咨询业务）三个部分组成。相比传统网媒时期单一的线上广告收入支撑，业务体系已然丰富了不少。但是，除了广告外，其他业务难以贡献有效的收入，此阶段36氪尚处于用户资源的积累期。

3. 面向企业收费的综合型创投服务

2017年2月15日在36氪客户端上线的付费专栏"开氪"是其业务发展的一个转折点，这意味着36氪从"以提供免费的内容积攒流量"的客户培养期，走向了"以付费方式将流量变现"的成果收割期。经过两年多的发展，"开氪"的专栏数量已经由最初的5个增加至现在的28个，以经典的"每日商业精选"为例，截至2019年6月4日，已有36.1万人次为其付费。这样的成果算不上喜人，对于习惯了免费内容的国人而言，付费之路还需要很长的时间来铺设。

2017年8月15日，36氪发布了面向投资机构及投资人个人的两款"鲸准"产品。"鲸准"的定位是为投资机构、投资人和创业者提供的金融数据、投融资对接服务以及资产管理系统的金融信息服务平台，由在线融资平台36 tree进化而来。从"鲸准"的定位和主营业务可以看出，它一直在向全球最大的金融信息服务供应商——美国的彭博社（Bloomberg）看齐。2018年，彭博社的年营业收入突破百亿美元，其中终端收费贡献79亿美元，来自全球30多万用户，每个终端的年费高达2.4万美元。尽管不太可能像行业巨头彭博社这样实现如此高额的收费，但终端付费仍是"鲸准"未来获得稳定收入的可行性较高的模式。只有围绕B端客户构建价值链，通过建立面向企业的收费业务，综合型创投服务平台才能名副其实地发挥其在创业投资中的作用。

（三）平台经济视角下的36氪：新经济为核心，"企业+个人"客户并重的业务圈层

1. 围绕"新经济"构建的综合型产业服务平台

以平台经济和产业服务的交叉视角来看，36氪是集"投融资、创业服务、产业媒体、广告营销"等功能于一体的综合型产业服务平台。

随着互联网红利逐渐消退，36氪也与时俱进地调整了自身的业务模

式，在近期发布的招股书中，36氪不再聚焦于互联网创业企业，而是采用了"新经济参与者"一词扩大其目标客户的界定范围："新经济"指的是互联网、软硬件技术、消费零售和金融业，它的参与者则包括新经济公司、正在转型的传统企业、机构投资者和与之相关的个人（图11-6）。

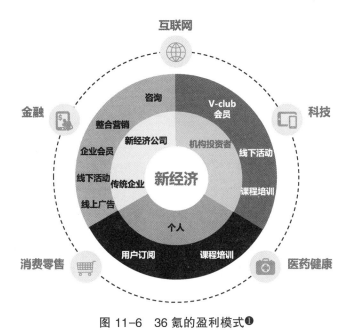

图 11-6　36氪的盈利模式❶

　　36氪为企业提供定制化的在线广告服务和整合营销服务、企业订阅服务、与投资机构交流的线下活动、市场更新和咨询服务；为机构投资者提供企业情报、新经济行业报告、行业培训，找到适合的投资项目；为个人用户提供内容订阅服务和知识课程。理想状态下，上述每个业务环节各司其职、相辅相成，最终构成一个完整的生态链。

　　2. 开始面向B端收费，但新兴盈利模式如何构建仍有待观望

　　36氪2019年的财务数据显示，与往年相比，订阅收费来源（以往仅有个人和机构投资者）增加了"企业"这一类别，标志着其内容付费的范围由C端扩大至B端的创业企业、中小企业和投资机构。从产业服务的角

❶　36氪控股. F-1招股文件［EB/OL］.（2019-11-07）. http://ir.36kr.com/sec-filings/sec-filing/f-1a/0001047469-19-006131.

度来看这件事的意义在于，平台开始了面向企业收费的新兴盈利模式的探索。毕竟产业服务始终是围绕着企业开展的，面向企业发展出的盈利方式才可能是未来行业内可持续、可延伸的道路。此外，2019 年 36 氪的企业增值服务收入占到了总营业收入的 49%，与往年在线广告服务一头独大的情况相比，以企业服务为核心的营收结构初具轮廓（图 11-7）。

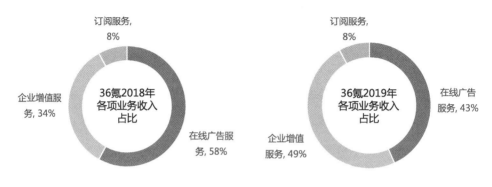

图 11-7　36 氪各项业务收入占比

从科技博客到创业服务平台，36 氪的成功转型是有目共睹的；然而上市首日破发，开盘跌 13% 也是事实。尽管 36 氪把握住了互联网风口一路高歌猛进，但美国资本市场对这家以媒体身份上市却号称自己做的是新经济业务的公司并不十分感冒，理想中的盈利模式能否实现，在众人的心里都打了一个问号。

五、"互联网+"产业服务平台潜力无限

（一）用户积累和流量变现是当前平台发展的主流做法

"互联网+"产业服务平台的线上属性打破了产业载体的空间界限，服务的半径不再局限于特定的物理空间范围内，用户的接入门槛也大大降低。平台先通过构建线上的全媒体矩阵，让自己的流量入口覆盖全网，从而累积庞大的潜在客户群体；再通过特定途径筛选潜在客户、精准定位客群，然后深入地挖掘客户的痛点，搭建起高质量的社群并围绕他们构建产业服务生态圈，实现流量的变现。

"用户积累→流量变现"是当前主流产业服务平台普遍采用的商业模式，创业黑马和36氪都是这个策略的成功践行者。媒体起家的企业总是比其他行业的玩家更懂得如何获取和收割流量，它们不仅利用线上媒体所积累的用户资源获得即时收入，还在此基础开展衍生业务，实现流量的多重变现。目前，在众多类型的产业服务平台中，"用户积累+流量变现"仍是主导的盈利模式，通过交易收费、服务收费等其他方式盈利的平台占比相对较低。

（二）真实有效的海量信息是决定平台竞争力的基础

真实有效的海量信息是交易服务类平台构建核心竞争力的基础，比如，"贝壳找房"通过链家整合线下房源信息，并利用大数据技术确保平台上有海量并且真实的房源，逐渐建立起了良好的口碑，在众多房产交易信息网站中脱颖而出。在产业服务领域亦然，信息真实性的缺乏是阻碍产业服务平台（尤其是提供交易服务的平台）发展的一大绊脚石，无法保证双边主体所提供的交易信息真实有效导致许多产业服务平台正在经历困境，大部分产业服务平台仍然处在发展的初期，规模小、用户少，本身就缺乏公信力；加上平台管理不成熟、网络监管不到位，平台上发布的信息真假混杂，扰乱了双边主体的交易秩序，严重影响了平台的发展质量。

未来，信息将从多元化、碎片化走向粉尘化、泡沫化，仿佛浮动于空气中一般地无处不在，信息流和信息量都将提升不止一个量级，这意味着产业服务平台对信息的处理能力也需要有质的提升，尤其是提供交易服务的平台。首先，平台需要对信息进行采集和汇聚，形成海量的信息库；其次，通过专业化、科技化的手段对海量信息进行梳理、筛选和提纯，得到真实的信息；最后，将真实信息归置为有逻辑的数据资产，并根据客户需求设置信息快速展现的个性化形式，让使用者方便快捷地获取有效信息。从"海量信息"，到"真实信息"，再到"有效信息"，逐步筑起未来产业服务平台核心竞争力的基石。

（三）信息精准匹配的技术引擎会造就全新的平台霸主

首先是资讯的匹配。不同的用户对于平台的功能性、专业性和使用效率，信息的广度、深度和新鲜度的要求都各有不同，"优质内容+编辑精选"的沉浸式阅读已经不能满足用户的需求。优化提升数据挖掘能力、计算能力、萃取能力和交换能力等，准确把内容、平台、用户连接起来，实现高价值信息的精准分发和服务的精准触达，是产业服务平台未来发展的路径之一。平台触达用户的精准度提高，对信息生产能力的依赖性就会降低，平台逐渐从信息的制造商进化成为信息的分销商，其本身的价值愈加凸显。比如，当36氪的智能分发足够精准的时候，它作为内容分销商的价值也许会胜过原创信息所带来的价值，进而在产业服务领域演化出"今日头条"的功能。

其次是交易的匹配。随着人工智能、大数据等技术的逐渐成熟，产业服务平台可以应用技术手段来解决精准匹配及效率提升的问题，将交易服务的需求方和供给方进行最优匹配。以招聘网站为例，AI 通过机器学习挖掘更加贴近 HR 的思维模式，既能实现网络招聘流程自动化，又能精准匹配求职者的信息，极大地节约了成本、提升了匹配的成功率。AI 帮助平台工作人员处理了流程层面的工作，使其能够专注于服务交易的核心环节，提高整体工作效率。

(四) 服务质量管控能力是决定服务交易平台生存的根本

服务质量是影响产业服务平台发展的重要因素。服务作为一种特殊产品，与普通产品最大的区别在于它的无形性，服务的流程、服务的质量、服务的效果等，用户只有在体验之后，才能产生感知并进行评价。因此，对服务质量的管控要比实体产品的质量管控难度更大，服务质量管控出色的平台也更加具有公信力，从而更有可能在行业中站稳脚跟。

重视服务质量的管控是猪八戒网在众多威客平台中一枝独秀的秘诀之一。2017 年 7 月，猪八戒网更新了"服务商管理规范"，并对诚信保证金、技术服务费率、会员产品进行了调整，旨在打造品质服务的市场秩序；2018 年 6 月，八戒软件严选业务上线，以严选服务商、全透明项目管控、高质量交付为主要卖点；2019 年 5 月，主打服务品质和体验的全新平台"八戒严选"正式上线，平台通过对服务流程、价格和交付条件进行标准化，以提升服务品质和服务交易的用户体验。"八戒严选"上线以来，服务品类多达 100 余款，订单成交量大幅增长，交易效率提升了 3 倍，快速形成了盈利能力……由此可见，服务质量的管控能力对于交易服务平台的成长和发展至关重要，尤其是以提供交易服务为主要功能的产业服务平台，服务质量的管控能力是决定这类平台能否茁壮成长的根本所在。

未来，"互联网+"产业服务平台应充分发挥技术优势，将"互联网+"思维融入质量管理，以用户为中心，构建全面的质量管控体系，主要围绕以下策略开展：一是"全员参与"，将参与品质管理的范畴从内部员工扩大到覆盖供应商和客户，不仅包括企业内部的最高管理者到一线员工，还让供应商、客户也参与到品质管理的重要环节；二是"全面涉及"，从平台企业的战略管理，到项目管理、供应商管理、设备管理、安全管理、人力资源管理、财务管理等各个方面，都将严抓品控作为基本原则实施；三是"全过程把控"，将严格的质量管理要求从产品研发阶段就开始落实，贯穿设计、采购、生产和服务的全过程。

（五）线上线下紧密融合的服务模式是生态型平台的关键

产业媒体、园区管理、外包服务、人才招聘、政务服务等线上专业型产业服务平台在发展的过程中，需要不断与线下实体服务对接，以实现线上流量到线下场景的转化与变现；投融资平台、招商平台等难以在线上构建全过程服务链的平台，则正在逐步形成"线上平台积蓄流量、打开知名度+线下沟通交流、完成服务"的商业模式。在产业服务的各个领域，线上业务和线下业务并非割裂，反而是呈现出相辅相成的状态。

当线上产业服务平台在某个专业领域创造了极致的服务、成功实现了规模效应，或是实现了多功能整合、开始跨产业发展时，线性的产业价值链条逐渐演化成网状的产业生态圈，平台开始朝着生态型的商业模式发展。对于生态型产业服务平台而言，线上业务快速拓展的同时，线下业务的有效布局是产业服务落地的关键。比如，通过建立线下产业服务中心，可以将无法在线上完成全过程的产业服务通过转移至线下，用户的诉求在线上线下融合的生态体系中能够得到一站式解决。线上线下业务紧密融合的服务模式，有助于生态型产业服务平台实现生态圈内的高效协同、资源共享和多方互利共赢，是未来产业服务平台迈向成功的关键。

(六) 挖掘平台沉淀的海量服务数据会开启行业发展新纪元

大数据技术在产业服务领域的应用场景极其丰富，它既可以帮助提供传统模式下无法提供的产品，又可以在满足市场需求的情况下创造出新的需求。首先，数据本身就具有价值，这是数据库类产业服务平台构建的基础；然后，通过对采集到的海量数据进行挖掘分析，可以在产业服务的其他领域中创造出全新的应用场景，比如产业地图、大数据招商、大数据选址、大数据决策等。

目前，数据挖掘技术及其在产业服务领域的应用尚不成熟，产业服务大数据的价值还有待被开发。未来，随着数据挖掘、云计算等相关技术的进步，产业服务涉及的数据类型会越来越多元化，包括用户的行为数据、智能设备的机器数据、服务的实时数据、企业的运营数据等，日积月累会沉淀出海量的数据资源。以数据挖掘为技术手段，基于海量产业服务数据资源而构建的数据挖掘平台也会逐渐涌现，大数据时代产业服务行业发展的新纪元即将随之开启。

以大数据招商为例，技术的进步有望为饱受深层次信息不对称问题困扰的产业招商平台提供解决方案。产业招商平台可依托于企业库、政策库、项目库、人才库、展会活动库等海量数据基础，通过分析企业的规模、产业链环节、生命周期、资产状况、营业状况、投资现状、选址偏好等影响因子，针对不同行业、不同类型的企业建立算法模型，有望实现企业与载体之间的最佳匹配，做到"精准招商"；通过自定义检索、关联词分析和自然语言处理技术，对各产业链上下游企业进行全面评估测评，发现企业之间的多条路径关联，挖掘高价值的目标企业，让招商有的放矢，从而实现"产业链招商"。类似地，基于产业服务其他领域不同的应用场景，数据挖掘类平台可以基于相应的海量数据库输出不同类型的服务，比如基于企业的经营数据提供精准营销方案、基于企业的行为数据提供科学决策机制等。在数据挖掘技术的助推下，"互联网+"产业服务平台将迎来更广阔的发展前景，产业服务行业的新纪元也即将开启。

第十二章　纵向深耕的专业细分服务之路

　　面对激烈的市场竞争，企业的诞生、发展和壮大，势必会面临专业化和多元化的战略选择。专业化既可以让企业获得独一无二的市场地位，也可能会让企业遭遇抗风险能力较弱的境地。多元化可以让企业扩大规模，提升抗风险能力，但也可能出现因核心资源分散、业务领域关联不强而导致企业难以做大做强，甚至逐渐被淘汰。纵观国内的企业发展史，既能看到专业化的行业隐形冠军企业和多元化的行业巨无霸企业，也能看到因专业优势丧失而衰败的行业新星和因多元化失败而衰落的昔日巨头。回顾产业服务的发展历程，几乎所有的细分领域都出现了专业服务商，产业金融、人才服务、知识产权等部分领域更是诞生了具有行业影响力的龙头企业。专业程度、需求频次、付费意识、市场规模、利润率等因素，深刻影响着细分领域的规模化发展之路。从专注单一服务领域、服务环节的中小专业服务商，到整合服务链上下游的巨头服务商，它们都为行业的发展做出了独特贡献。深刻认识专业服务商的发展历程和格局，是更好理解产业服务行业，推动服务模式创新和服务生态形成的重要途径。

一、专业服务商的发展背景及现状

（一）产业价值链的分解融合成就了专业服务商

　　古典经济学理论认为分工带来的专业化导致技术进步，技术进步产生报酬递增，而进一步的分工依赖于市场范围的扩大。从三次产业的分工，到工业经济时代制造业的分化，再到服务经济时代高技术产业及服务业的出现，都是产业分工的结果。专业化分工是规模经济的本质，其替代边界是专业化带来的分工经济的好处大于专业化分工所带来的交易成本，即存在规模经济性。❶ 从产业价值链的角度来看，价值链的分解、融合、创构导致产业细分。近些年逐步发展火热的生物 CRO、CMO 合同生产、合同能源管理 EPC 等都是产业价值链分解的典型代表，电子商务、在线教育等是产业价值链融合的最好实践，移动支付、服务众包、共享出行等则是产业链创构形成的新业态。

产业服务细分领域的发展和专业服务企业的壮大也是产业价值链运动的结果。面对服务需求的日益多元化和爆发式增长的市场环境，在激烈的市场竞争下，无论是基于满足个性化需求的需要，还是出于集中精力于专业化领域的考虑，服务业价值链开始加速分解。随着价值链纵向分解的越复杂、越彻底，所产生的细分领域发展也会越成熟，独立市场也随之形成，高度专业化的公司开始在市场立足并逐步发展壮大。当细分后的市场规模不足以支撑新企业的出现，细分便会停滞，行业边界随即出现。同时，行业龙头企业对利益的追求，使其利用行业经验进行垂直整合或跨界延伸，也会阻止产业细分的进行，进而也会促使细分行业边界的形成。

中小型专业服务商的发展，更多的是得益于价值链分解带来的专业化分工和市场范围的不断扩大。寡头型专业服务商的出现，则是产业链细分基础上，受技术、市场、政府、企业等多重因素驱动，大企业开始纵向整合和重新组合，实现价值链内部化，或将众多企业捆绑到自我为主的价值链系统中，进而形成一定的市场垄断优势。拓展、延伸、闭合是产业价值链分解的路径，也是专业性服务商出现并发展壮大的内生动力。依托市场、渠道、平台等优势的大企业跨行业融合，让专业服务商的业务变得更加多元、跨界，基于产业价值链分工的专业服务商开始向基于消费者需求的综合性服务商演变，最终会形成产品多元、业态繁多、实力庞大的"巨无霸"型企业。今天的互联网服务巨头，阿里巴巴、腾讯、京东等皆是这一演变的最好例证。

---

❶ 王德禄. 新经济方法［M］. 北京：金城出版社，2018：228.

（二）部分领域诞生了一批具有行业影响力的龙头企业

产业服务是一个非常庞大的市场，具体细分领域涵盖人力资源、工商财税、知识产权、软件办公、创业孵化、法律金融、规划咨询、市场推广、检验检测等诸多类别。从各个细分领域发展现状来看，呈现出一个较为明显的趋向：部分因服务需求相对比较分散、服务边界较为模糊、服务专业化程度不高，暂时难以产业化；而另一部分细分行业在技术、市场等多重因素驱动下形成了一定的集聚度，并且正处于充分的市场化竞争阶段，服务商种类繁多，产生了一批规模较大、实力强劲、上下游垂直整合的行业龙头。

随着产业价值链的分工深入和市场化程度的不断加深，加之国内产业园区转型升级浪潮下园区"二次创业"和"大众创业、万众创新"的双创大潮下激增的小微企业所带来的服务需求，产业服务细分领域一些相对专业、共性的环节呈现出较高的行业集中度，尤其是在人力资源、工商财税、知识产权、软件办公、创孵孵化这几个领域，市场庞大、需求集中、专业化程度高、服务边界清晰，出现了一批极具代表性并具有行业影响力的龙头企业（表12-1）。

表 12-1 细分领域专业服务商典型企业

细分领域	业务内容	典型企业
人力资源	外包、派遣、培训、招聘、测评、管理咨询、猎头服务等	前程无忧、海峡人力、科锐国际、猎聘网、点米科技、中智、北森等
工商财税	代理记账、财务咨询、工商代办等	慧算账、大账房、精斗云、畅捷通（用友旗下）、税友等
知识产权	商标版权、知产购交易平台、专利、涉外知识产权、综合政策服务、数据工具等	权大师、八戒知识产权、中细软、汇桔网、知果果、超凡网等
软件办公	提供办公软件系统解决方案	阿里钉钉、用友、顶呱呱等
创业孵化	为初创企业提供空间运营、创业辅导、金融服务、工商财税、政策申报等服务	氪空间、优客工场、创新工场、张江孵化器、中关村孵化器等

在人力资源服务领域，线下招聘市场分散，线上头部企业较为集中，行业大部分市场被龙头企业所占有。目前，形成以前程无忧、智联招聘和58同城三家独大的竞争格局，在占据一定市场份额并形成规模效应后，头部在线平台地位进一步巩固。从市场占有率来看，易观数据显示，2019年第二季度，前程无忧市场占有率为21.6%，稳居前列。

在工商财税服务领域，专业服务商也各自崭露头角，特别是在财税服务领域，出现了众多的新型专业服务商，其中表现较为突出的代表畅捷通好会计，根据易观数据显示，在现有小微企业市场覆盖比例上，畅捷通占比约19%，位居第一。

在知识产权服务领域，目前国内知识产权服务行业的发展还处于起步阶段，市场集中度相对较低，在未来，知识产权数量的增长将倒逼知识产权服务发展，中国的知识产权服务行业将是促进中国企业由"发展数量"转向"发展质量"的关键链条（图12-1）。随着技术的演进，国内的知识产权服务机构也开始互联网化。目前在知识产权领域较知名的服务商有汇桔网、知呱呱、权大师、八戒知识产权、中细软、超凡网等。其中，汇桔网作为国内较早在知识产权领域布局的企业，截至2018年12月31日，汇桔网会员总数超过490万，同行业排名第一。❶

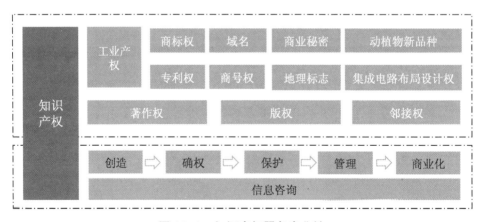

图12-1　知识产权服务产业链

❶　数据来源：汇桔公司官网简介。

在软件办公服务领域，也已经形成了一批具有竞争力的服务企业，其中阿里钉钉作为后起之秀，目前用户数已超过 2 亿，品牌影响力大。中国有 4300 万中小企业组织，目前市场上的软件服务企业只为大约 10 万家大型企业服务，而小型企业分散，平均生存周期约 2 年，为了使社会资源投入到中小企业服务领域时产生最高的性价比，需要一个能够聚合公众的共性需求，公平、透明、高效的生态共享平台，帮助企业在社会资源利用、企业办公协同等多个维度上站在同一个起跑线出发。从企业软件服务商角度来看，中小企业服务的市场存在极大的开拓空间。

二、人力资源——前程无忧：一路向上的生长密码

（一）基本情况

前程无忧成立于 1999 年，是中国最大的线上招聘的人力资源服务供应商之一，网站定位白领人群和专业人士，利用中国互联网崛起下的人口红利和移动端信息技术快速发展，在中国人力资源行业仍处于探索期时就开始增强专业顾问团队并不断丰富产品服务，通过内生和外延走出了自己独特的招聘服务发展之路。

2004 年 9 月 29 日前程无忧在美国纳斯达克上市，成为第一家上市的中国人力资源服务公司，目前在中国 HR 服务供应商中仍然处于龙头地位。公司大股东为日本人力资源巨头 Recruit，二股东为创始人 CEO 甄荣辉。前程无忧的起家经历与 Recruit 有着惊人的相似之处，最早靠在北京做印刷报纸中的招聘广告起家，而后逐步发展成国内在线招聘市场的龙头企业，从纸媒时代招聘广告业务跨入目前以在线招聘为主、线下商务服务为辅的新阶段。

在面对新秀的冲击和老将的对抗中，前程无忧依旧在"新赛道"上保持着领先的行业地位和市场规模，营利能力更是值得点赞，上市 15 年至今的 59 个季度全部实现盈利。2018 年全年企业总营业收入达到 37.82 亿元，实现盈利 11.50 亿元，盈利增长率达到 32.09%（表 12-2）。

表 12-2　2018 年前程无忧主要财务数据❶

2018 财年企业主要财务数据	
人力资源相关营业收入	37.82 亿元
企业总营业收入	37.82 亿元
营业利润	11.50 亿元
流动资产	96.77 亿元
营业利润率	30.41%
营业利润同比差额	0.19%
营业利润增长率	32.09%
人力资源相关收入增长率	31.26%

（二）核心业务

1. 在线招聘业务

公司在线招聘业务主要是通过网站及移动端的应用，进行职位发布、简历搜索、广告展示等服务向 B 端企业收费。公司旗下的招聘网站包括前程无忧网（白领）、应届生求职网（大学生）、无忧精英网（经验人士）、拉勾网（技术人才）等。公司向 B 端企业提供的付费套餐为期 1 个月到 1 年不等，在线广告展示套餐为期 1 周到 1 年不等，并在期间内确认收入，基本不向 C 端求职者收费。在线招聘业务与宏观经济关系密切，业绩受宏观经济影响大且表现略滞后于经济波动。

2. 其他 HR 业务

公司其他 HR 业务包括 BPO、校园招聘、猎头业务等多种服务。公司从 2005 年起布局 BPO 业务，先发优势显著，由于该业务刚需性强、受宏观经济影响小、跨期持续性强，多为 1~3 年期协议，而且 BPO 业务可利用在线招聘业务销售地推人员、广告营销投入及大量的企业客户资源，与在线招聘有较强的整合协同效应（表 12-3）。

---

❶ 数据来源：2019 年全球上市人力资源服务公司 50 强报告。

表 12-3 前程无忧主要业务模式❶

业务模式	具体内容
BPO 业务流程外包	代企业缴社保、发工资等人事服务及其他合规服务
校园招聘	协助企业进行系列校园招聘活动，收取雇主校园招聘筹划、组织、活动和行政等费用
培训	提供技能培训类的研讨会或课程，收取雇主参与论坛和沙龙的注册费
职业测评	订阅付费，取决于测评类型和数量
猎头业务	锁定合适人选，面试筛选等
薪酬调查	提供一般或定制市场薪酬调查
安置及搜寻	提供中高端人才访寻服务

(三) 整体评价

1. 业务模式上，依托信息技术的升级发展实现互联网化

随着移动终端、互联网服务、大数据分析、云服务、O2O 等新技术的发展，人力资源服务信息化开启了新的方向，也推动人力资源服务行业不断转型变革。未来，信息技术将作为经济生产函数的倍增函数与人力资源服务产品相结合，前程无忧从纸质媒体起家，通过打造聚合性的社会平台，有效利用丰富的客户资源和具备消费能力的雇员群体，实现业务数据增值，形成基于大数据的有效经营，从而实现向互联网企业的进化。

2. 服务内容上，从基础性网络招聘向更高层次的服务内容转移

随着我国产业升级转型展开、产业链整合和企业国际化进程的加速，企业选择人力资源外包服务的动机、服务内容都将发生较大变化，企业对于人力资源外包服务的需求正逐渐由以人事代理、传统派遣为主的基础性事务性工作向人力资源产业链高端转移，以招聘、福利管理、员工关爱等全流程人力资源服务需求将在未来集中爆发。与此同时，市场对人力资源服务价值的要求也日益提高，"专、精、深"的个性化服务需求与综合性的服务解决方案并存将是行业发展的大势所趋。

---

❶ 资料来源：公司官网及公告。

作为最早开始行业探索的先行者，前程无忧从实习、应届毕业生、往届专业人才、高端人才招聘到行业培训 5 个方面共同入手，布局了完整的产品矩阵。除了为 B 端雇主提供招聘服务、人事外包服务、培训服务、管理咨询外，也为 C 端的用户提供就业指导、职业规划、人才评测和心理咨询服务，通过多品类的服务以满足行业市场频繁改变所带来的挑战。前程无忧是目前国内唯一真正实现全国服务平台的人事外包供应商，成功实现客户、产品资源共享，并且自身利润率还不断得到提高。从前程无忧 2019 年度收入结构中我们可以了解到，除网络招聘服务外的其他人力资源服务收入占比不断提高，在第四季度超过 45%。

三、工商财税——畅捷通：智能云财务应用赋能小微企业

（一）基本情况

畅捷通是用友集团旗下成员企业，成立于 2010 年 3 月，并于 2014 年 6 月在香港联交所主板挂牌上市（股票代码：1588）。公司以"用信息技术推动小微企业进步"为使命，以成为全球领先的小微企业财务及管理服务（/平台）提供商为愿景，致力于为中国小微企业提供以财务服务为核心的平台服务、应用服务、数据服务和金融服务。截至 2018 年年底，公司软件业务累计注册用户数达到 147 万，云服务业务累计用户达到 415 万家，其中累计付费企业用户数超过 11 万。

近年来公司坚定落实云服务业务规模化和软件业务效益化增长的业务战略，取得不错的成效。2018 年公司实现云服务业务收入 3752 万元，同比增长 49%。作为云转型的先行指标，2018 年公司云现金收款达到 9400 万元，同比增长超过 200%，合同负债达到 7100 万元，同比增长 172%，收款收入及合同负债的快速增长均验证了公司云业务的快速增长趋势。

易观数据显示，2019 年畅捷通好会计在云财务应用领域销售增长、市场占比上都领先行业。2019 年上半年畅捷通销售收入增长达 150% 左右，同比增速第一；在云财务应用服务领域注册量方面，畅捷通服务用户超 300 万；在现有小微企业市场覆盖比例上，畅捷通占比约 19%，位居第一

（图 12-2）。❶

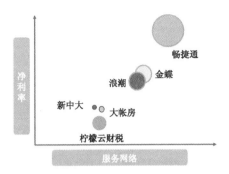

图 12-2 财务应用企业厂商执行和运营能力情况

（二）优势产品

畅捷通之所以能够达到市场的广泛认可，正是得益于其产品能直击企业需求要害。定位小微企业推出综合化云端管理服务，构筑了一系列的云服务产品生态，例如好会计、好生意、T+Cloud、易代账等云服务产品，目前服务超过 440 万小微企业，从商贸工贸零售型 ERP、普及型财务进存档、社会化财税共享服务 3 大市场切入，以云端服务应用为核心，形成综合化云端管理服务（表 12-4）。

表 12-4 畅捷通云产品线

产品	模式	主要功能	收费标准	客户案例
好会计	SAAS 应用	财务核算、发票管理、税务管理、管理报表、财税培训	普及版：398 元/年起（3 账套） 标准版：698 元/年起（3 账套） 专业版：1998 元/年起（5 账套）	北京中盛达润商贸、北京奥视传媒、上海昂狄吉广告设计
好生意	SAAS 应用	智能营销管理软件	标准版：1998 元/年起 手机旺铺：3800 元/年起	北京韩酱源商贸、山西嘉通华商贸

❶ 资料来源：权威｜易观发布小微企业云财务市场分析报告：畅捷通市场覆盖率第一。

续表

产品	模式	主要功能	收费标准	客户案例
T+Cloud	SAAS 应用	面对小微企业的云 ERP	普及版：2980 元/年（5 账套） 标准版：4700 元/年（5 账套） 专业版：6100 元/年（5 账套）	四川雅安平杰、重庆雅伦科技、广州和纵联横
易代账	SAAS 应用	代账公司的运营管理	50 账套：998 元/年 100 账套：1998 元/年 200 账套：2998 元/年 500+账套：4998 元/年	重庆麦积财务、上海君晓、上海众锦企业管理咨询

好会计是一款为有专职会计的小微企业量身打造的智能云财务 SAAS 应用，财务人员可通过 PC 端、手机端、微信端随时随地管理财务信息，在使用上非常便利，在具体业务上涉及现金银行、发票、往来、报税、经营分析等多个方面，全面、高效、智能的提升小微企业财务管理水平，防范税务风险。

好生意是一款专门为商贸类小微企业量身打造的以线上做生意、线下管生意为一体 SAAS 应用，主要是通过智能营销、智能销售、智能管理全过程进行深层次的客户分析、商品分析，为小微企业构建千人千面的营销基础。智能营销主要是通过多样化的营销手段和营销活动，对不同类别的商品规划不同的营销解决方案，比如畅销品、滞销品、新品营销方式各有其针对性；智能销售是指通过交易引导，达成线上微信端、官网端、线下门店等多种交易方式，为小微企业提供线上线下全方位的营销及交易管理服务；智能管理是覆盖整个服务过程的，通过对智能商业范式的全面践行和实施，促进传统小微企业向互联网智能商业运营模式转型。

T+Cloud 是畅捷通 ERP 产品 T+的云端升级版，通过 PC/手机端随时随地管理财务、进销存、批量订货、生产管理、多门店经营等，帮助企业在拉新、留存、促活、转化和持续经营方面实现突破。

易代账是以财税为中心面向代账公司、代账个人的企业服务平台。平台上可以直接实现票据导入、智能记账、自动结转、账务 100% 自动处理等功能，管理员统一分配权限，在老板端，客户可以随时查看账表，提升代账公司效率和代账质量。

(三) 整体评价

1. 切中小微企业痛点, 刚性服务需求

据易观数据显示, 截至 2017 年, 我国小微企业数量已达 9000 万户 (含个体工商户), 占市场比重高达 90%。我国小微企业的平均寿命在 3 年左右, 成立 3 年后的小微企业持续正常经营的仅占 1/3。成本高、效率低、不规范一直是小微企业财务管理的关键痛点 (图 12-3)。小微企业营利能力有限, 难以负担高昂成本, 如雇用高素质财务人员、购买专业化财务管理软件; 小微企业经营信息化水平低, 财务管理仍主要通过纸质凭证和手工操作; 小微企业管理制度不健全, 财务管理分工不明、操作混乱, 财务信息质量差, 进一步导致企业融资困难。当前 9000 万的小微企业急需一个有效的解决方案, 云化、数字化成为了解决小微企业财务管理痛点的最佳途径, 智能云财务服务产品正好满足小微企业财务的紧迫诉求。快捷通切中小微企业财务管理要害, 能够在资金管理和节制费用上实现效用最大化。当前越来越多小微企业逐渐认识到线上能力的重要性, 企业上云已成为大势所趋。

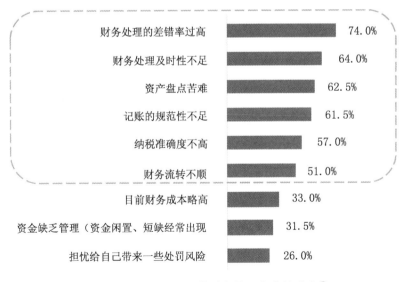

财务处理的差错率过高	74.0%
财务处理及时性不足	64.0%
资产盘点苦难	62.5%
记账的规范性不足	61.5%
纳税准确度不高	57.0%
财务流转不顺	51.0%
目前财务成本略高	33.0%
资金缺乏管理 (资金闲置、短缺经常出现	31.5%
担忧给自己带来一些处罚风险	26.0%

图 12-3 小微企业目前财务管理存在的痛点❶

---

❶ Analysys 易观: 中国小微企业云财务应用市场专题分析 2019。

2. 紧抓数字化大潮，服务手段和品质不断升级

在人工智能悄然来袭的时代，会计的记账、核算工作已经逐步被智能化记账软件所替代。科技的持续赋能将使得财务管理行业的服务品质和效率大大提升，原本在财务管理过程中因人为因素导致容易出现的如错账漏账等风险性问题将得到解决。畅捷通在业务端不断拓展产品类型，增强产品在线营销功能，与此同时，畅捷通持续进行智能机器人"服宝"的智能化能力升级，打造线上线下相结合的实时互动服务体系，与企业用户建立起实时连接，进一步提高了服务效率和用户满意度。

四、知识产权——汇桔网：知商时代的行业领跑者

（一）基本概况

成立于 2013 年的汇桔网是国内最早将知识产权与人工智能、大数据等技术融合的公司，抢先把握了知识产权与科创服务行业的发展方向，在中国知识产权与科创服务领域打破了多项纪录。《2019 年胡润全球独角兽榜》上，"汇桔网"成为全球知识产权与科创服务领域唯一上榜企业，同时上榜的还有蚂蚁金服、字节跳动、爱彼迎、滴滴出行等。汇桔的入选，充分向世界展示了公司的实力，也表明知识产权与科创服务行业的未来前景无限宽广。

目前，汇桔已在中国大陆设立了 38 家分子公司，并在全球拥有香港、新加坡、美国硅谷、日内瓦等运营中心，拥有超过 3300 人的技术和服务团队，汇集交易各类知识产权以及服务的 SKU 数量超过 1000 万件，会员总数超过 550 万，2018 年交易额突破 223 亿元，稳居全球同类型企业排名第一。❶ 凭借前瞻性的运营模式，2015 年汇桔网获得厚朴实业 2.1 亿元 A 轮融资，刷新行业融资纪录；2017 年 1 月，汇桔网获得粤民投 10 亿元 B 轮战略投资，2018 年 11 月，汇桔网获胡润百富战略投资，2018 年 12 月，汇桔网旗下四川智链（汇桔宝）获科发基金战略投资，这是中国知识产权

---

❶ 重磅！知识产权与科创服务平台汇桔荣登胡润全球独角兽榜单［EB/OL］.（2019-10-25）. https://tech.china.com/article/20191025/kejiyuan0129393200.html.

与科创服务领域一个重要里程碑，目前，估值达 100 亿元。❶。

（二）核心服务

汇桔网的核心服务内容主要涵盖知产云服务、交易资源服务、营销云服务和科创服务四大板块（图 12-4），通过"汇桔大脑"云系统和两大支柱产品为客户提供全方位服务。

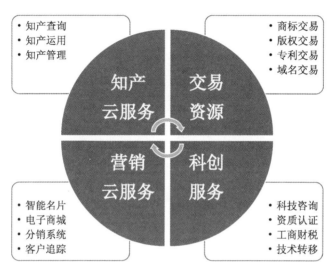

图 12-4 汇桔网服务内容矩阵

汇桔大脑：提供九大核心解决方案。在 2019 年 10 月第六届世界互联网大会举行期间，汇桔重磅发布了专门为智慧（知识产权）科创城市园区打造的云系统——汇桔大脑，九大核心解决方案，助力智慧科创城市园区建设：①科创公共服务云平台帮助用户进行大数据查询、分析、检测、风险预警的功能平台；②政策统一集中发布推送与集中申报系统；③辖区产业分析导航系统；④辖区技术转移与科技赋能升级系统；⑤辖区产业与科创人才资源引进对接系统；⑥辖区企业科创大数据智能导航系统；⑦创新资源分布地图与智能匹配系统；⑧辖区重点龙头企业成长发展动态跟踪系统；⑨辖区企业商标品牌分布与成长发展动态跟踪系统。

---

❶ 关于汇桔-知识产权与企业服务资源共享平台［EB/OL］．（2019-06-14）［2020-01-09］．https://www.wtoip.com/employ/about.html.

两大支柱产品。汇桔云这款产品主要是基于全球互联网大数据，为企业提供知识产权（商标、专利、著作权等）查询、科技项目申报、企业知识产权托管、雷达监控、风险预警、知识产权交易等核心服务。汇桔宝则是一个人工智能大数据企业产业化云平台，以云计算和大数据应用为中心，搭载人工智能技术，为企业提供信息化、数字化、平台化、智能化、互动化的一站式全网服务，真正实现"互联网+"。目前，这两大支柱产品为汇桔网集聚了 1.2 亿企业工商数据、3500 万商标数据、3000 万专利数据、3500 万版权数据、1200 万域名数据，为来自新一代信息技术、人工智能、大数据、区块链、生物医药、新材料、新能源、高端装备制造、节能环保等领域的 20 多万个企业级用户提供强大数据支撑。❶ 这两款产品与其说是平台，更像是为知识产权业务服务赋能的工具。

（三）整体评价

1. 线上线下双布局，专业服务赋能产业发展

汇桔网可以称得上是知识产权服务行业的领头羊。公司一方面通过汇桔云、云桔宝等智能产品帮助企业完善知识产权布局，实现 IP 价值最大化。此前，企业级服务公司要么是线上提供 SaaS、云等纯线上产品，要么就是在线下为企业提供工商注册、商标维护等线下服务。线上线下结合的优势，让汇桔网既可以规模化服务企业客户，也可以在线下提供个性化服务，为企业提供定制知识产权服务，提高黏性。另一方面，融合多方资源，通过汇桔大脑赋能智慧科创城市园区建设，以产业为中心进行全球知识要素的汇聚，赋能地方主导产业，完成新旧动能转换，推动行业升级迅速发展。

2. 抓住 IP 时代风口，为企业提供优质科创服务

知识经济时代下，2018 年汇桔网与胡润百富的强强联合，成功获得战略投资，不仅为知识产权与财富的结合提供了最佳范本，更是深度赋能知识产权与企业服务生态，分享与变现全天下的知识资源，带动更多拥有知

---

❶ 杨昕. 知识产权云化时代 汇桔云全面赋能 AI 产业 ［EB/OL］. （2019-06-14）［2020-01-09］. http://www.iheima.com/article-232562.html.

识产权的科创型企业走上财富变现之路。国家对知识产权愈发重视，人们对知识产权保护意识也越来越强烈，在这样的环境下，产业链后端服务市场有着巨大的发展空间。当前知识产权的保护与自主创新至关重要，尤其在5G、芯片、集成电路、人工智能、生物医药等战略性新兴产业。然而，传统的知识产权服务机构存在着小而分散、多而不强现状，很难满足新兴企业知识产权保护、运用以及未来布局等需求。在还未有龙头企业出现之前，各个企业都有机会在竞争赛道上成为行业的引领者。

3. 技术是服务工具，人才才是知识产权服务破局关键

技术只是知识产权服务产业的助推器，而人才才是产业破局关键。随着技术的演进，国内的知识产权服务机构也争相开始互联网化，新兴科技在知识产权行业中的一些环节确实能发挥很大的作用，例如区块链在存证、AI在数据检索或者取证等方面，较传统的方式而言可以极大地提升效率，也能推动企业内部经营管理变革创新。但知识产权是一个典型的脑力密集型行业，以专利领域为例，提供专利服务的专利代理师是需要在法律、技术、外语等多方面具备能力的复合型人才，并且在整个服务过程中，专业的沟通也起了非常重要的作用。科技可以提高部分工作效率，但却还远远达不到颠覆行业的程度，最终服务成果的质量，很大程度上还是要依赖专业人员的经验。

五、软件信息——阿里钉钉：全链路数字化解决服务商

（一）基本概况

成立于2014年的钉钉是阿里巴巴集团专门为中国企业打造的免费沟通和协同的多端平台，帮助企业通过系统化的解决方案，全方位提升中国企业的沟通和协同效率。从现在的发展状态来看，无疑它是成功的，钉钉改变了企业管理中组织和人的关系，使企业进入云和移动时代。根据数据显示，截至2019年6月30日，钉钉用户数量突破2亿，企业组织数超过1000万家，开放平台入驻开发者也已突破20万，企业级应用服务数量已超过30万个，已经成长为全球性智能协同办公平台，帮助1000万个企业

实现了组织的在线化和移动化。❶

(二) 核心服务及客户案例

1. 核心服务：提供"人""财""物""事"四大服务场景解决方案

钉钉作为数字经济时代的企业操作系统，可帮助企业在人、财、物、事四个层面实现数字化运作和决策，同时为企业提供部署服务、使用支持、咨询定制的全方位服务（图12-5）。在"人"的场景下，钉钉发布了数字化名片，实现商务人脉数字化在线管理，3秒可以交换100人甚至是1000人的名片，人脉也可以分类管理检索查询，不但高效而且环保；在"财"的场景下，数字化企业支付，支付宝与钉钉联合打造，企业报销流程实现全链路数字化；在"物"的场景下，钉钉打造"理想办公室"，将智能办公硬件升级为软硬件一体的数字化解决方案，包括数字化智能网络中心、数字化智能前台和数字化智能会议室三个场景，实现一键联网；在"事"的场景下，推出智能文档和数字化智能客服中心，智能文档包含两大功能分别为"在线编辑"和"智能协同"，在线编辑功能主要针对Office文档和WPS文档提供，智能协同体现在智能语义分析、任务协同、表格关注等功能。

部署服务	• 专家根据组织具体情况，提供工作流配置、全员培训、行业解决方案等服务
使用支持	• 钉钉提供热线、在线及自学习使用手册，帮助组织快速解决疑问
咨询定制	• 认证专家团队为组织提供量身定制服务，保障组织需求诊断到制定方案落地，服务期间7x24小时服务

图 12-5 钉钉服务内容❷

---

❶ 中国信息通信研究院 & 阿里研究院. 2019 钉钉商业生态系统及经济社会价值报告［R］. 2019.

❷ 资料来源：钉钉官网。

从企业级 IM（企业即时通信工具）延伸到 CRM、HR、财务管理、协同办公、客服、进销存等企业服务的方方面面，再到智能前台、智能门禁、智能考勤机等软硬一体化办公产品。针对快消、零售、教育等垂直行业，钉钉又联合合作伙伴推出企业、机构数字化管理解决方案。

除了专门对接服务 B 端的企业外，钉钉开始拓展全国各地的科技园区业务，为产业园区提供规划、建设、运营阶段的解决方案。有着"中国硅谷"之称的中关村软件园目前应用钉钉硬件解决方案，分期实现了智慧办公和智慧运营。基于钉钉统一的通信、组织化管理和开放平台的能力，通过软件与智能办公硬件组合，实现智慧办公、园区智慧运营、园区智慧配套服务和园区智慧社交，并最终做到资产可视化、业务线上化、会员社群化、服务平台化、空间智能化的精细化管理和数据驱动型经营。与钉钉合作后，很多园区全方位提升了商业办公的用户体验，运营效率也大大提高。

2. 复星国际的数字化之路

成立于 1992 年的复星国际是一家科技驱动的家庭产业消费集团，于 2007 年在香港联交所主板上市。2018 年总收入达到人民币 1094 亿元，截至 2019 年 6 月底，公司总资产达人民币 6815.1 亿元。复星通过钉钉实现了一个去中心化的敏捷组织，成功实现了让 7 万员工在同一个平台上实时在线、有效协同，通过专家库、项目库等数据，实现了人力资源的共享，保证组织中的核心人员信息随时可查，企业与企业之间、员工与员工之间，实现了资源的随时可调配，打破了组织的边界、沟通的边界、协同的边界，促动了组织文化升级（表 12-5）。

表 12-5　复兴的数字化解决方案

痛点	解决方案	效果
在跨国、跨司的沟通中无法信息高效传递	通过钉钉完成 24 小时全球随时随地高效联动	保持组织活力和快速反应
多子公司管理，协同协调问题多，管理效能低	跨地域的组织迁移到钉钉平台上，实现一个平台的有效协同	打破组织边界，实现了资源的共享和多边协同

痛点	解决方案	效果
组织庞大，企业文化落地执行难	启动钉钉，和复星公司的创业文化合二为一	激发员工创造力，员工成为创业者

同时，复星在沟通中以"信息不加工、不过滤，完全透明"为准则，避免层级体系导致的信息上报不真实，同时高级管理层也能真实的了解公司业务运营情况，提高决策质量与效率。为了让员工工作更高效，复星在建立钉钉数字化管理平台的时候，强调"沟通即工作，工作即沟通"，从员工的角度考虑，提供人性化的管理系统，让钉钉的行为和企业管理系统完全打通，保证协同工作的高效运行。

3. 洛可可的数字化之路

洛可可是中国著名设计师贾伟于 2004 年创立的一家创新设计公司，在成立的前十年，洛可可保持着 100% 的增长，随着设计师的增多，品牌影响力的提升，每年订单数量急剧增加，但线下的 1000 个设计师只能解决不到 10% 的订单，剩下的 90% 无人服务；同时有些设计师开始挑单、提价，反而影响了洛可可的品牌形象。面临这个亟待解决的矛盾，洛可可董事长通过创立一个全新的共享设计平台洛客，实现了整个商业模式的拓展升级，而这很大程度上要得益于其与阿里钉钉的深度合作。

一方面，洛客平台上的设计师都是线上接单远程工作，分散在各地的他们利用钉钉实现在线沟通和管理。另一方面，钉钉与洛可可达成合作，搭建了专属生态沟通协同设计创新平台——洛钉钉，这个平台与洛可可公司业务和组织进行了深度融合，通过大数据等技术手段极大地提升了设计效率。通过数字化升级之后平均人效提升 2.5 倍、总体服务量从 3000 多个项目快速提升到 9000 多个项目，平均项目交付周期从 3 个月降低到 1 个月，这就是数字化升级的威力。

(三) 整体评价

1. 平台级引领者，助推企业、行业数字化转型

作为数字化转型 2.0 时代的一个平台级别的引领者，钉钉对经济社会

的发展都产生了较大影响力。从微观层面来讲，极大地提升了工作效率，不仅提升了个人工作效率，还大大地提升了部门内、跨部门以及跨企业的组织效率；改变了人们的工作方式，原本线下为主的工作方式向线上线下结合的方式转变，比如针对销售类的企业而言，可以实现零售中的沟通、推广、销售、服务彻底打通线上线下，同时解决业务在线的问题。从宏观层面来看，钉钉立足时代潮流前沿，促进新兴诞生与传统产业转型；推动创业就业、政务民生，加速创新革新，激发发展动能，多维度多层次推动数字经济、社会经济新发展。

2. 危机酝酿新生，移动办公正迎来行业转折点

移动互联网的迅速发展以及智能手机的大量普及，为移动办公提供了物质基础，加之有着庞大需求量的 B 端即企业服务需求全面大爆发，移动办公成为未来办公的一种主流趋势已是势不可当。而又因疫情的爆发，自我隔离、居家办公成为疫情防控的重要举措，移动办公市场的普及正在迎来一个行业发展转折点。2020 年 4 月 8 日，阿里钉钉正式发布海外版 DingTalk Lite，支持繁体中文、英文、日文等多种文字和语言，主要包括视频会议、群直播、聊天、日程等功能，疫情期间面向全球用户免费，这一举措将是钉钉在海外布局和国际化战略上的重要里程碑。

3. 行业蓝海之下，服务能力和品质是关键

目前，中小企业因受疫情管控的影响，急需通过远程办公实现公司业务正常化运作，另外，互联网巨头、管理软件厂商、新创业者纷纷入局企业移动办公市场，比如思科、华为等硬件巨头，微软、阿里、腾讯、字节跳动、百度等互联网巨头，以及 Zoom、Vidyo、小鱼易连等垂直远程办公企业。但是，我们从目前已有的产品功能来看，主流的移动办公软件基本上都存在同质化的问题，像视频会议、在线协作、OA 管理等。面对企业移动办公群雄逐鹿的市场环境，各大竞争对手也在不断模仿和创新。未来，要想移动办公市场中多分得一杯羹，一是要结合自身用户群优势，注重差异化服务的提供；二是要始终把握住用户的需求点，不断提升服务能力，做好产品和服务才是克敌制胜的法宝。

六、产业互联时代的专业服务商发展趋势

(一) 互联网化发展趋势明显

随着互联网技术的不断发展，物联网、云计算、大数据等新一代信息技术与社会各领域形成了高度的融合。产业服务各个领域的专业服务商借助互联网技术进行创新，将技术与市场相结合，推动行业发展。人力资源服务业"轻资产"特征正在被"互联网+"改变，前程无忧从一家靠传统的纸媒线下招聘成功过渡转型为现在以线上招聘为主、线下服务为辅的人力资源服务领域龙头企业。知识产权代理服务被互联网模式撕开了一个大口子，业务外溢现象明显，出现了一批线上平台服务商如汇桔网、权大师等，引领了知识产权服务行业发展趋向。

(二) 从专业型向综合型拓展

专业服务商更关注某一领域的服务，优势在于在特定的服务上做精做深、形成特色，当具备一定的核心竞争力后，许多服务商开始积极创新发展模式，不断尝试横向延伸，在功能或是业务方向上进行相关联领域拓展，不断争取更大的市场空间。阿里钉钉一开始的市场目标客户主要是以企业为主，而后逐渐扩散到政府组织、事业单位等，成为一家综合性的数字化企业服务商。畅捷通面对小微企业数字化转型的发展机遇，对标国际会计 SaaS 企业，持续加大对云服务业务的投入，从一家专门为小型企业提供会计软件的供应商向综合型企业平台供应商突破转变。

(三) 新时代机会与挑战并存

一方面，市场化运营带来专业化服务机会。大多数传统的产业园区发展产业集群，只注重发展核心产业本身，与之相配套的金融、财税、营销、人力等服务发展严重滞后，园区运营管理市场化的发展趋势，使得细分领域的服务商有了更多的机会进入产业服务领域。原来相对分散的、零乱的中小微企业在各个产业园区、孵化器、特色小镇形成集聚效应，专业服务商可以此为切入点，通过园区合作的形式服务于园区内的中小企业。专业化的服务可以为多数入园企业在发展过程中遇到的共性痛点（资金、

专利、技术及市场）提供相对应的解决方案，利用自身的资源优势，帮助企业渡过难关、快速成长。

另一方面，垂直领域竞争激烈。入局者众，在市场开拓时代，专业细分服务市场竞争激烈，各个细分领域内部相关服务企业争相创新业务，推动市场快速发展。与此同时，随着企业的逐步成长，每个阶段所需服务也不尽相同，例如在财税服务领域，企业对财税服务需求已经不仅仅停留在记账报税这一层面，而是需要搭建更正规的财务框架，获得更专业的咨询和帮助。现代企业的财务管理职能还包括资金管理、预算管理、财务分析、内部控制、税务管理等多个方面。细分行业内部垂直化竞争也逐渐白热化，主要表现在商业模式升级、竞争壁垒设置等方面。

在产业互联时代，谁能深入行业站在从业者的角度，提供他们需要的服务，谁就能抓住发展契机，成为产业服务领域的头部企业。当一个行业成熟的时候，其检验的标志就是配套服务的完善和成熟。产业服务市场化运营是大势所趋，载体内的众多中小微企业服务需求旺盛，专业服务商要在专业化市场发展中挖掘赛道差异化机会。

第十三章　加速兴起的轻资产运营服务赛道

2014 年，光谷联合制定了向轻资产转型的战略；2015 年，东湖高新首个以轻资产方式建设的园区落地；2015 年年初，亿达集团制定了轻重资产并行的发展原则，2016 年即正式推出"轻重并举"的战略转型；2016 年，张江高科推出"新三商"战略，强化向"科技投行"转型；2019 年，华夏幸福主动更新业务模式，开始进入轻资产领域……可以看到，越来越多的产业地产开发商在全国圈地建园的步伐开始放缓，其运营思路和宣传口径正逐渐集中到如何为入园企业提供更好的服务上来，产业地产的轻资产运营成为当下最热议题。

一、与时俱进的轻资产运营服务

（一）轻资产运营重塑产业地产行业生态

从产业地产商视角来看，一方面，产业地产传统的重资产模式面临前期资金投入大、投资回报周期长、标准化和复制移植难度大等问题，即使是实力型产业地产开发商，其拥有的园区项目，无论是数量还是规模皆是有限的，在同一城市内的园区规模更显微小。典型如国内产业地产大亨华夏幸福，截至目前，其产业新城全国布局也仅 70 余座。❶ 随着城镇化速率减缓、工业用地价格上涨、产业地产政策限制趋严，传统的重资产模式日渐式微，产业地产行业正在从"拼量"走向"重质"。另一方面，产业运营服务需求复杂多样且专业性强，单凭一家企业难以满足。企业若自建产业运营服务能力，则需要整合大量的专业服务商资源，难度大且成本高。

---

❶　资料来源：产城中国，《新战略完整解读：盛世基业，华夏幸福》。

而采用轻资产模式的产业地产运营商在资源整合、成本摊销、经营性现金流等方面具有先天优势，产业地产商，尤其是中小型的产业地产开发企业与轻资产运营商合作成为现实选择。

从专业服务商视角来看，其服务园区企业通常遵循从单个企业到单个园区，再到多个园区的市场拓展路径，成本高且效率低。即使与实力型产业地产商合作，受限于其拥有的园区数量，专业服务商的业务规模很快会遇到"天花板"。轻资产运营模式能够实现所有权和管理权分置，突破资金成本限制。轻资产运营商在不断的规模扩张中，通过运营服务输出触达更多的园区和企业，进而发挥联动专业服务商与园区企业的平台纽带作用。专业服务商与其合作，便找到了服务更多企业的流量入口，降低搜寻成本，集中有限资源用于提升核心服务和产品。

（二）轻资产运营重构产业地产商业逻辑

"轻资产运营"不是一个新概念，从地产到文旅，从餐饮到零售，几乎各行各业都在打造自己的专属轻资产模式。相比之下，产业地产行业聚集了一批轻资产运营的资深玩家。张江高科、华夏幸福、亿达中国、招商蛇口……国内知名的产业地产商都在轻资产运营的道路上一步一个脚印地探索和积累。

轻资产到底有多"轻"呢？其实，这里的"轻"是相对的，是相对于传统地产的"重资产"（大投入、大建设、大风险）而言的，更加强调通过发展企业的软实力（特别是品牌价值）及在某一方面的核心竞争力（比较优势），获取相应的投资回报。简言之，花小钱，办大事。不过，"轻资产"绝不意味着不用投入（资金、技术、人力等），一家优秀的轻资产运营企业可以做到"重于泰山"。具体到产业地产，轻资产运营主要包括产业研究规划、产业运营、资本运作、资源整合、企业服务等方面的内容。产业地产"重资产"与"轻资产"模式对比见表3-1。

表 13-1　产业地产"重资产"与"轻资产"模式对比

项目	重资产模式	轻资产模式
特点	· 在资金、技术、人力等方面的投入大 · 对运营商自身而言，前期成本投入高，且受资本限制，重资产项目复制难度大 · 负责产业园区的硬件建设，开发建设量较大 · 进入门槛较高（特别是对资金方面的要求） · 产业项目（园区）本身具有较高的可复制性	· 资金投入相对较小 · 对运营商自身而言，轻资产各阶段投入较均衡，轻资产服务可实现快速复制扩张 · 负责产业运营方面的品牌、内容与管理输出 · 进入门槛较高（对某一方面的能力要求高，具备比较优势） · 运营模式成熟后，很难被复制模仿
优势	· 容易形成规模效应 · 容易获取政府信任与支持	· 降低企业自身的运营风险 · 专注于某个领域（运营）核心竞争力的锻造

可见，轻资产运营商不再以土地资产为核心，而是更加关注项目运营过程中带来的企业价值增长，即从以往靠资源赚钱的重资产转向靠能力赚钱的轻资产，包括产业运营、金融服务、咨询服务、产业孵化与投资、品牌溢价、其他增值服务及衍生收益。产业地产轻资产运营是一个典型的多边市场，主要包括以下参与者：政府、企业用户、专业服务商和平台，其中轻资产运营商即平台厂商，为政府、企业用户和专业服务商提供交易机会，并从交易三方（政府、企业用户和专业服务商）收取费用而获取利润。

相对于传统产业地产的重资产模式，产业地产轻资产运营具有投入小、风险小、高杠杆率、高回报率、标准化程度高、专业化程度高等突出特点。简单而言，产业地产轻资产运营可以分为两类：一类是全委托代管，另一类是运营服务输出。❶

(三) 产业地产轻资产运营主流运作模式

虽然主流的产业地产商大多已涉及轻资产运营，但尚未形成一个固定

---

❶ 雪球. 产业地产轻资产运营能力哪家强？——产城研究之战略观察系列第 187 期 ［EB/OL］.（2019-5-30）［2019-12-20］. https://xueqiu.com/3221921741/127517030.

的模式。目前代表性的产业地产的轻资产运营模式有运营输出、投资孵化、借力基金、合作开发四种类型，具体到某一个企业身上，轻资产的模式还是各家各异。

1. 中电光谷：运营输出，搭建平台

中电光谷总部位于武汉东湖高新区，是香港联交所第一家主板上市的产业园区运营集团。作为中国产业地产十强企业，中电光谷在全国 26 座城市运营管理 38 个产业园，运营总建筑面积逾 2200 万平方米。从企业营收结构上看，2018 年中电光谷的产业园运营服务收入为 11.55 亿元，占总收入的比重达 38.5%；2019 年上半年，产业园运营服务收入为 6.29 亿元，同比上年增长 42.5%，意味着是业内为数不多的在轻资产上真正意义上实现突破的企业。

中电光谷的运营服务主要包括规划建设（区域总体规划咨询服务、规划方案设计、工程设计、项目及施工管理）、招商运营、企业服务（资源对接及价值链服务、文体活动及广告宣传等）、产业投资等，为政府及关联企业提供一揽子服务。在运营服务的基础上，结合物联网、大数据技术，搭建产业资源共享平台。可见，中电光谷的角色倾向于平台运营/服务商，如图 13-1 所示，在该平台上打通国有平台（如土地）、地方政府、地产企业、行业协会、社会资本等方面的关系，推动要素之间的流动与合作。目前，中电光谷已经逐渐摆脱对园区开发—建设—销售的过度依赖，聚焦自身的运营服务能力上。

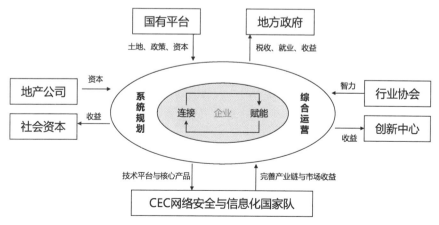

图 13-1　中电光谷产业资源共享平台运营生态体系

2. 张江高科：科技投行，利益捆绑

张江高科是公认的产业地产殿堂级元老，也是业内最早提出向科技投行转型的企业。2016年，张江高科的投资收益就已超过地产营业利润。近五年财报显示，张江高科企业投资孵化收益共计31.75亿，投资金额累计18.5亿元，回报率达1.72倍。其主营业务（房地产销售、房地产租赁、服务业）毛利润共计40.17亿元，5年来，其投资收益已经基本同营业利润持平。

作为一家"科技投行"，张江高科正践行"新三商"战略（全创新链产业投资商、全生命周期创新服务商、全产品线科技地产商）（图13-2）。产业投资是张江高科的核心优势，包括直接投资和委托投资，投资领域主要集中在信息技术、生物医药和文化创意等方面。其中，所投企业超过半数注册在张江园区内，这也意味着张江高科与园区企业同进退、共患难。对张江高科而言，难点在于对潜力企业的筛选，通过所选企业的成长获取利润，从而形成一种可持续的增长模式。而张江高科在创新服务与科技地产领域的探索实际上是为产业投资做支撑，三者共同服务于"科技投行"的角色。

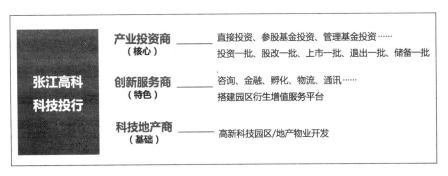

图13-2 张江高科"新三商"战略

3. 北科建：资产证券化，适度减"重"

资产证券化是一种将未来收益提前变现的方式，中国产业地产行业的资产证券化尚处于探索期。早在2016年，北科建集团以嘉兴、无锡、青岛、长春四家科技地产园区持有物业发行的信托受益权为基础资产，以四家园区持有物业未来租金收入提供现金流支持，成功募集资金 22 亿元，期限 15 年，并设立了每 3 年一个还款敞口期，中诚信评级给予 AA+ 的信用评级。

北科建作为国内领先的新城新区运营商、中关村发展的幕后英雄，其在产业地产资产证券化上的"先行一步"不仅是一种园区类项目的融资手段创新——将园区租金收入作为资产证券化标的，解决了园区长期运营所需要的资金保障；更是一种对持有物业的存量盘活方式——摆脱"重资产"的枷锁束缚，强化企业的园区运营服务效率与能力的提升，将其转变为企业的优质资产（图 13-3）。

图 13-3　产业地产商资产证券化的两大益处

4. 启迪协信：合作开发，资源互补

2015 年，以商业地产起家的重庆协信正式转型产业地产，与清华启迪地产业务战略整合重组，成立启迪协信。启迪控股、协信集团的强强联手是产业+地产的资源互补，形成"1+1>2"的协同效应，并使得启迪协信具备发力产业地产的三大核心优势：

第一，品牌形象。启迪控股主要资源优势是依托清华大学的资源及其在全球创新服务网络的资源优势。协信集团作为中国房企五十强，主要优势是房地产业务开发与城市综合体运营服务。无论是面向市场，还是面向政府，启迪和协信两大品牌加持赋予了启迪协信专业的、有实力的园区开发运营商的新身份形象。

第二，规模优势。组建之初，启迪控股和协信集团便为新组建的启迪协信准备了高达 400 亿元的资产包，同时布局重庆、北京、苏州、青岛等 20 余个城市，在建与储备项目共计 40 个，开发面积近 2500 万平方米，这些都是其他产业地产企业难以复制的竞争优势。

第三，产融基因。园区运营中只有产业与金融相结合，才能实现资本化升级，这是一个成功的运营商所必备的基因。启迪协信以金融为纽带，在创投基金、并购基金等领域多层次布局，为入园企业提供全生命周期的综合金融服务。

截至目前，启迪协信创新网点覆盖环渤海、长三角、珠三角、西南和中部五大都市圈，遍布北京、上海、广州、深圳、天津、重庆、杭州等20多个一线和核心二线城市，建设启迪科技城、启迪科技园40余个，进入运营园区面积近300万平方米。

产业地产轻资产运营主流运作模式优势、劣势对比见表13-2。

表 13-2　产业地产轻资产运营主流运作模式优势、劣势对比❶

运作模式	优势	劣势	典型代表
运营输出	①以较小资金和较低风险实现园区规模化布局 ②快速新增可协同园区，实现外溢资源的变现 ③为重资产项目进入新的城市探路	①倚重品牌积淀和相对标准化的服务套餐，若没有足够的重资产经验，轻资产业务拓展必将受到限制 ②对各类资源整合能力要求高	中电光谷 亿达中国 中关村发展
投资孵化	①园区更了解企业的经营状况，可抢占先机 ②典型的以小博大，前期投入成功退出可获得巨大收益	①投资回报周期长 ②园区资本在众多投资机构中难以突出优势 ③打造高效投资团队难度大	张江高科 市北高新 星河控股
借力基金	①提高资金周转效率 ②扩大企业规模 ③实现持有项目的退出，统一变现资产，释放资金 ④融的有力方式	①销售为主、收益稳定可靠的优质资产稀少 ②工业用地年限较短并有进一步缩短的可能	北科建 星桥腾飞 万通工业
合作开发	①新军进入产业地产行业的有力方式 ②实现资源共享、优势互补 ③进入新城市的最好方式	①合作前期需要大量的准备工作，具有很多不确定性 ②某一方的独立品牌会大大弱化，初期会有些许的影响	启迪协信 百富东方 碧桂园

---

❶ 资料来源：根据公开资料整理。

(四) 产业地产轻资产运营服务发展现状

1. 国内产业地产轻资产运营总体上仍处于发展初期

纵观国内产业地产发展历程，总体而言，目前国内产业地产领域轻资产运营模式尚处于"各显神通、各骋所长"的发展初期，轻资产运营服务体系不成熟，且未形成规模和完整的产业链条，"加快创新探索、抢占市场先机"是行业共识。从服务主体来看，主流产业地产商、传统知名房企、实力制造企业、品牌空间运营商等纷纷采用轻资产模式输出运营服务，但大多是想通过轻资产运营输出反哺其重资产业务，以轻资产运营为主业的公司数量较少，且暂未出现业务体系全面、市场口碑突出、业务覆盖规模化的"教授型"企业。从服务内容来看，大多数企业轻资产模式输出的运营服务和产品主要集中在园区运营、空间运营和平台输出三大细分领域，碎片化、孤立化特征明显，体系化的服务尚未形成机制。产业地产轻资产运营行业现状如图 13-4 所示。

内容	现状	特征	代表性企业
园区运营	① 产业地产商轻重并举，依托轻资产输出，获取地方政府信任，再做重资产 ② 区域性小型产业运营服务商积极承接政府及第三方园区，实现规模扩张	以实际操盘经验和历史项目积累见长，在服务体系化、品牌、资源积累等方面仍有很大的成长空间，暂不具备行业领导能力	YiDA亿达 亿达中国控股有限公司　VAST宏泰　TIAN AN CYBER PARK 天安 聚顺科技　海龟 TURTLE　绿城产业服务
空间运营	① 品牌房企和空间运营商正在快速布局 ② 房企以"自开发、自运营"为主，空间运营商则更多是承租第三方优质资产 ③ 尚未形成激烈市场竞争	相比传统"二房东"项目，有完善产业运营能力支撑的空间运营项目具有明显竞争优势，更受政府信赖，但投入也相对较大	vanke万科　碧桂园 碧桂园800场会议　绿地控股 wework　UR work 优客工场　绿城产业服务
平台输出	① 园区运营公司、专业软件公司、初创公司等都在积极开发智慧园区服务平台 ② 品牌房企基于自身大量的非住宅项目（商办），由旗下子公司自主开发或外包定制智慧服务平台	智慧园区服务平台已成为产业地产轻资产运营不可分割的组成部分，市场很大、服务商多、产品各有优劣	上海浦东软件园　FE飞企互联 zuolin　园里园外 千丁　绿漫科技

图 13-4　产业地产轻资产运营行业现状

究其原因，主要有以下三点：第一，产业地产领域轻资产运营模式在我国发展时间较短，行业缺乏相关的标准和评价体系，导致轻资产运营企业服务水平良莠不齐、产品质量也各有优劣；第二，产业运营是一项非常专业且系统的工作，场景复杂、需求多样，对轻资产运营企业的品牌积淀、资源整合等软实力要求极高，就目前国内产业地产领域的主要参与者而言，更多重心在基建，在产业导入、创业孵化、后期运营等方面仍略显"力不从心"；第三，产业地产轻资产运营的盈利性尚未完全明确，因而以轻资产运营为主业的公司目前仍处于探索发展期，相对而言，园区运营、空间运营和平台输出三大细分领域市场需求较明确且发展相对成熟，成为轻资产运营的现实选择。

2. 物业服务企业是产业地产轻资产运营的"明日之星"

在产业地产轻资产运营企业中，有一股力量格外引人注意——物业服务企业。以往，物业服务通常被认为是地产行业的附庸品。当下，房地产趋冷，行业由增量市场转向存量运营，物业服务与资产运营由于存在"滞后性"，正在从"幕后"走向"台前"。事实上，自1981年中国第一家物业管理公司——深圳市物业管理公司成立以来，物业服务企业就一直在探索物业服务的多样性和可能性。一方面不断拓宽服务边界，业务覆盖从住宅到商业、写字楼、城市公建、产业园区等多元空间形态，服务范围从社区到街区，再到全镇域。另一方面持续创新服务内容，从安保、保洁、维修、绿化等基础服务，到顾问咨询、资产管理、公共服务等增值服务。相关统计数据表明，目前物管企业增值服务利润占比多为20%～30%❶，国内TOP30物管企业2017—2018连续两年的增值服务收入均值增速达80%以上❷，未来增长潜力巨大。迄今为止，国内共有17家物管企业成功上市。❸如图13-5所示，从物管企业不同年份的上市数量来看，2018年和2019年物管上市公司数量显著提升，这预示着越来越多的物业服务企业即将走向资本市场，也意味着资本市场已经逐步认识到了物业服务企业的价值。

---

❶ 睿信地产研究院. 物业管理增值服务模式仍在探索，未来值得期待（上）［EB/OL］.（2015-10-08）［2020-01-08］. https://www.jiemian.com/article/2520380.html.

❷ 睿信地产研究院. 物业管理增值服务模式仍在探索，未来值得期待（下）［EB/OL］.（2018-10-10）［2020-01-08］. https://www.jiemian.com/article/2525701.html.

❸ 虎嗅网. 房企寻路：鸡肋物业变战略宝贝［EB/OL］.（2019-12-16）［2020-01-08］. https://www.huxiu.com/article/331368.html.

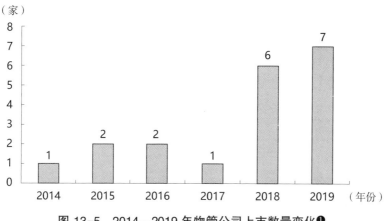

图 13-5　2014—2019 年物管公司上市数量变化❶

历经数十年的发展，国内物管行业已经完成了居民住宅物业、商用物业以及产业园区物业三大类型的布局。❷ 具体到产业园区物业，目前较为知名的物业服务企业包括上海陆家嘴、漕河泾，深圳天安，杭州绿城，成都嘉善等，管理业态涵盖厂房、仓库、写字楼、产业园区等，开展业务不仅有传统"四保一服务"❸，更拓展到了资产管理、设施管理、园区商业、企业服务等方面。我们看到，产业园区物业服务企业在实现"管作分离❹、集成服务"的基础上，又开始向平台型、开放式生态圈模式转换。如漕河泾物业与开发区内各开发主体、功能主体建立战略联盟，从而最大程度集聚资源、扩展网络、提升服务。❺ 对大部分园区物业服务企业来说，创新服务路径，融合产业优势，引入管理新手段，进而深入产业园区发展甚至参与运营，具有诸多发展机遇和广阔空间。

❶　数据来源：根据公开资料整。

❷　新浪财经. 物管企业上市潮，港交所独占 94.7% 名额，2020 年仍将"恒温沸腾"？[EB/OL]. https://www.sohu.com/a/361665032_522913?scm=1001.0.0.0.

❸　物业工作中所说的四保一服务主要是指：保安、保洁、保绿、保修、客服中心。

❹　管作分离指物业的具体服务事物由专业公司（如保洁公司、绿化公司等）落实，物业服务企业受业主委托去监督专业服务企业按合同约定履行职责，代业主履行相应的义务。

❺　资料来源：《产业园区物业管理现状与解析——产业融合新支点　园区服务新引擎》，上海漕河泾开发区物业管理有限公司。

二、深耕轻资产运营的绿城产业服务

不难发现，目前国内市场上主流的产业地产轻资产运营模式主要是由传统产业地产商在重资产业务基础上，通过借鉴、转型或探索而来，但有这样一家企业，出生即专注轻资产运营——绿城产业服务。绿城产业服务脱胎于绿城服务集团，是一家在物业服务基础上延伸和创新而来、专业从事产业生态打造的平台运营/服务商，致力于通过"互联网+服务"进行链接和赋能，推动要素资源之间的合作与流动。无论是从服务理念的先进性、服务产品的落地性、服务手段的智慧性，还是从品牌积淀、产业资源整合等综合实力来看，绿城产业服务在业界的表现一直都很亮眼，可作为典型案例进行深入剖析。

（一）企业简介

绿城科技产业服务有限公司（以下简称"绿城产业服务"）创立于2017年，是绿城服务集团加速向"城市综合服务商"转型过程中，以服务中国产业园区（特色小镇）创新发展、构建产业生态圈而成立的专业机构。绿城产业服务通过"互联网+服务"模式，助力园区小镇打造形成完善的产业服务生态圈，致力于通过创新服务模式和科技化的服务手段，提供专业的园区运营、企业服务和生活服务，立志成为中国领先的"产业生态运营商"（图13-6）。

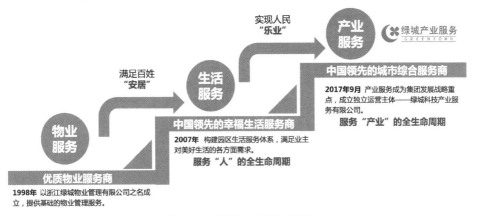

图 13-6　绿城产业服务溯源

　　绿城产业服务是典型的轻资产运营企业，坚持在规模扩张中创新、提升和完善自身的运营服务能力。自成立以来，绿城产业服务积极寻求与地方政府、园区管委会及市场化的产业载体拥有方进行深度合作，通过委托运营或合资运营方式，为园区输入高品质的产业运营服务。与此同时，在服务过程中，协议承租优质产业载体并导入完善的产业服务体系也同步进行，但目前这部分的比例相对较低，绿城产业服务更希望将有限的资金和资源放到服务产品的创新及优化上。

　　成立以来，绿城产业服务始终坚持"立足浙江、深耕长三角、辐射全国"，短短几年间便取得了迅速发展。依托绿城服务集团，绿城产业服务制定了"基础物业服务先行、核心产业服务跟进"的业务推广策略，以杭州未来科技城（海创园）为起点，研发了一套较为完备的产业服务体系，并在服务过程中不断创新和完善后，成功将该完整的服务体系导入中国（杭州）人工智能小镇、杭州知识产权创新产业园、衢州衢时代创新大厦、合肥创新创业园、余杭经开区创新创业园等十余个园区小镇，足迹遍及杭州、南京、合肥、石家庄、济南等区域性重点城市。截至目前，叠加已经导入物业服务单项业务的园区项目，绿城产业服务事业版图已遍布全国 15 个省、36 个城市，服务园区项目超过 400 个，管理物业体量超过 3000 万平方米，在服园区入驻企业超过 10 万家、员工超过 150 万人。

　　纵观全国，产业园区数以万计，园区经济已成为国家和地方经济的强力引擎。但不容忽视的是，资源闲置浪费、空置率高企、"重房产开发、轻产业运营"等园区运营问题，融资需求难满足、高端人才缺口大、研发能力普遍弱等企业成长问题，以及"重生产发展、轻生活服务"、产城脱节、职住分离等产城融合问题，一直是影响园区可持续发展的顽疾。有鉴于此，绿城产业服务成立伊始即从园区运营、企业成长和产城融合的痛点出发，确立了"一核两翼"服务战略，即以园区运营服务为核心，解决产业载体拥有方的服务需求；以企业服务和生活服务为两翼，满足载体内企业和企业员工的服务需求（图 13-7）。

图 13-7 绿城产业服务"一核两翼"服务战略

（二）业务特色

绿城产业服务围绕"一核两翼"服务战略，以产业发展服务和空间运营服务为导向，以智慧化服务手段为支撑，为入驻园区的企业及其员工提供可落地的体系化、全链条服务；同时，大力发展线上"一键直达"的智慧园区服务云平台和线下"一站式"产业服务中心，实现线上线下一体化联动。

1. 体系化、全链条的产业服务

在服务落地层面，经过近两年的探索，绿城产业服务创新构建了"两链一网"服务体系（表13-3）。其中，"两链"分别指的是产业发展服务链和空间运营服务链，前者涵盖产业发展的全生命周期，为产业园区发展添动力，为产业项目落地营造智慧、安全、高效的发展软环境；后者覆盖园区规划建设和发展运营的全过程，为园区小镇入驻企业、员工打造一个舒适、高效的工作生活环境。"一网"则是指智慧服务网，是一个"以人为本、融合创新"的科技赋能服务体系，通过移动互联网、物联网、大数据、人工智能等技术，为服务落地和效率提升提供载体及工具。截至目前，"两链一网"服务体系共计19个服务子项、80余项细分服务内容。未来，随着产业的不断创新发展和企业、员工需求的不断变化，该体系所涵盖的具体服务内容也将随之动态优化调整。

表 13-3 绿城产业服务"两链一网"服务内容清单

服务模块	服务子项	细分服务内容
产业发展服务链	产业规划服务	· 产业专题研究　· 专项产业规划　· 园区小镇发展规划
	产业招商服务	· 招商策划　· 项目推荐　· 活动承办　· 考察接待　· 代理招商　· 招商数据库
	创业孵化服务	· 创业辅导　· 创业活动组织　· 众创空间运营
	科技创新服务	· 技术成果展示推广　· 产学研精准对接　· 知识产权服务
	人才引培服务	· 招聘活动组织　· 人才在线招聘　· 中高端人才寻访　· 人才培训　· 专业技能培训　· 人事服务
	产业金融服务	· 产融信息对接　· 项目投资推介　· 融资中介服务　· 上市辅导　· 产业基金　· 风投机构
	政策宣贯服务	· 政策推送　· 政策宣讲　· 政策咨询　· 项目申报
	产业公共服务	· 检验检测　· 市场拓展　· 法律服务　· 工商代办　· 财税服务
空间运营服务链	空间运营策划	· 拿地方案策划　· 概念性规划　· 整体运营策划
	品牌包装推广	· 品牌定位　· 品牌包装　· 品牌活动　· 品牌维护　· 品牌升级　· 空间设计
	商业配套招商	· 商业定位　· 商业招商　· 活动策划　· 活动承办
	资产运营管理	· 资产可视化管理　· 资产托管　· 销售代理　· 房屋租售

服务模块	服务子项	细分服务内容
空间运营服务链	物业管理服务	·物业咨询　·基础物业服务　·设备管理　·能耗管理　·办公入驻定制服务
	生活配套服务	·餐饮美食　·园区通勤　·房屋租赁
	会务参观接待	·会务策划承办　·园区接待讲解　·会议配套服务
	文体活动组织	·文化活动　·节庆活动　·社团组织　·赛事组织·公益活动　·社交论坛
智慧服务网	智慧园区咨询	·顶层设计　·建设方案　·运营咨询
	软硬件平台输出	·智能硬件建设：人行道闸、车行道闸、安防监控、访客机、人脸门禁等·软件平台实施："云助"智慧园区服务云平台、物联网一体化平台、3D 智脑、数据云图系统
	平台推广运营	·平台推广　·服务运营　·内容运营　·活动运营·技术运维

2. 线上线下一体化的产业服务

迄今为止，绿城产业服务已投入上亿元研发资金，打造"云—边—端"智能化体系。通过"互联网+产业"，利用自主研发的"云助"服务平台，将园区人、事、物集中管理的"物联网 3D 智脑"，以及实时展现园区管理与服务全貌的"大数据云图"等"黑科技"应用赋能园区运营管理和服务。

绿城产业服务的智慧园区服务云平台——"云助"平台，以实现管理、服务、数据和物联网的"四位一体"为目标。目前，随着系统的快速优化升级，云助 2.0 已经上线，云助 2.0 采用微服务架构，服务模块化，可根据用户需求，定制化研发服务产品，并不断丰富落地。在企业服务和生活服务赋能方面，企业和员工个人只要做好自己的本职工作，其他服务需求交给"指尖"，在云助 App 和小程序里点击相应服务选项（图13-8），即可快速得到响应。

园区服务App　　　园区服务小程序　　　园区管理App

图 13-8　云助 App 和小程序界面

行车入园不必停车，云助 2.0 无感支付，进出办公楼不必刷卡，人脸识别自动开闸……这些智能化的便捷服务极大地提升了用户体验。在园区运营赋能方面，绿城产业服务的物联网一体化平台，能够将车辆管理系统、消防监控、电梯监控、能效管理、鹰眼监控、门禁、环境、充电桩八大硬件系统全部整合到一个平台上，实现智能设施的一体化，让"人与人""人与物""物与物""人与服务"智慧连接，实现产业园区面向物理世界进行管理的"数据融合、状态可视、业务可管、事件可控"。其中，物联网 3D 智脑应用能够通过展示物联网数据、实景联动、业务处理提醒等立体、直观交互功能，实时更新与掌握园区动态，实现对园区的精益管理和运营（图 13-9）。

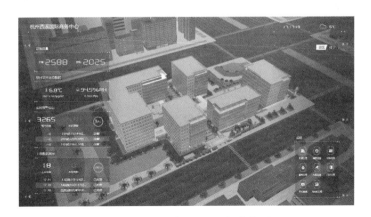

图 13-9　物联网 3D 可视化智脑

此外，物联网实现物、服务与人的互联，在提高管理效率的同时沉淀了多维度鲜活数据，绿城产业服务以大数据可视化决策分析系统"云图"的形式，从多角度、多维度，动态、实时地展现园区管理与服务的全貌，构建了产业园区全维大数据。云图系统可穿透到连入智慧园区服务云平台的所有园区，提供包括"云助"App使用数据、园区访客数据、服务订单数据、服务评价数据、设施设备数据等详细信息，让管理者全面掌握园区的运行情况，做出正确的决策（图13-10）。未来，还可为相关产业政策、园区管理制度等的制定出台提供有益支撑。

图 13-10　产业服务云图系统

绿城产业服务的智慧园区服务云平台将首先在绿城服务集团所服务的园区项目中推广和覆盖。截至目前，云助2.0平台已经推广应用至全国100多个园区项目，涵盖科技园区、特色小镇、小微企业园、写字楼（群）等产业载体类型，数十个重点示范园区项目实现了物联网一体化改造。

产业服务中心是绿城产业服务在原有物业服务中心基础上升级打造的线下产业服务载体。为加速产业服务体系在杭州未来科技城（海创园）落地，绿城产业服务在此设立了首个产业服务中心，建筑面积超过1000平方米，集展示、参观、接待、服务、路演五大功能于一体，并设置了人才服务、科技服务、金融服务、公共服务、商务服务、物业服务、生活服务七大服务窗口，能够为企业提供一站式服务，解决企业多维发展需求。

杭州未来科技城（海创园）产业服务中心的设计极具科技感，内有智能显示屏、大数据云图系统、互动机器人等先进智能设备，随处能感受到智慧化服务；云图大屏区可"秒变"活动路演区，最多可容纳近百人，超宽的 LED 屏也能够为企业承办活动、组织会议提供有力支持；会议室可为小型座谈会、小型培训讲座、商务洽谈提供更加私密的空间。自开放以来，杭州未来科技城（海创园）产业服务中心累计接待国内外近 600 个参访团队、3000 多人次。将该中心打造成服务样板后，未来将逐步复制到中国（杭州）人工智能小镇、衢时代创新大厦等全国 300 余个园区、特色小镇。海创园产业服务中心实景图如图 13-11 所示。

图 13-11　海创园产业服务中心实景图

（三）核心优势

目前，产业服务行业参与者大致分为以下几类：专注平台和智慧园区建设的、专注双创服务的、专注投资开发叠加基础运营管理的，还有很多专注细分单项和细分服务的，典型如华夏幸福、中关村发展集团、张江高科、东湖高新等，在某些细分领域，这些企业是绿城产业服务的竞争对手，但每一家的业务内容和服务模式都有一定的差异性，在服务方面也都有其局限性。相较而言，以"一站式园区综合运营服务"为特色的绿城产业服务，拥有三大核心优势。

1. 全方位的优质资源整合打造产业服务生态

产业服务覆盖面广、服务门类多、专业性强，且客户需求具有明显的多样性，想要满足多元化、个性化的产业服务需求，实现服务全面性与高品质的有机统一，必须建立一个具有更强服务能力、更广服务范围的综合性服务平台。绿城产业服务基于绿城品牌、规模优势和社会资源，全方位整合各类优质服务资源，并针对合作资源从入驻到提供服务，实施全流程闭环管理。截至目前，绿城产业服务搭建的产业服务生态已成功接入 200余家专业合作伙伴的优质服务资源。

具体来说，一方面，外部链接植入龙头骨干企业、科研院所、投融资机构等各类专业产业资源，倾力打造产业发展服务能力，促进在服务园区产业和企业的创新和可持续发展。例如，绿城产业服务与浙江大学合作成立产业创新研究中心，共同推动产业创新的理论研究，现已形成了首部行业发展理论成果，即《构建与创新：新时代产业服务探索与实践》；与杭州未来科技城管委会、浙江省知识产权交易中心合作共建的"杭州知识产权运营公共服务平台"，并成为该平台唯一的市场化运营商。另一方面，外部整合导入人力资源服务机构、商业服务机构、生活服务商等各类优质服务资源，全面提升空间运营服务能力，为企业和员工营造良好的工作生活环境，提升归属感和幸福感。典型如在企业办公采购方面，绿城产业服务携手京东企业购，"科技+服务"双管齐下，智慧采购精准服务 10 万+企业客户，打造一站式企业采购标准化流程的同时，兼具个性化方案定制服务的功能。在人力资源服务方面，人博 T 空间现已入驻海创园产业服务中心，并基于海创园特性，提供包含猎头、人才背调、人才测评在内的企业级服务产品，以及培训、劳动纠纷诉讼等个人级服务产品。

2. 基础性物业服务优势延伸至空间运营服务

在绿城产业服务"两链一网"服务体系中，我们可以看到，产业发展服务链以促进产业高质量发展为目标，业务涉及产业发展全生命周期的多个阶段。同时，产业发展服务具有明显的知识密集、技术密集、资本密集和创新活跃特征，每个细分领域都需要拥有专业知识和技能的高素质人才，关注产业发展是产业园区核心价值的体现，也表明了绿城产业服务先进的服务理念。在产业发展服务方面，绿城产业服务在倾力打造自身服务能力的同时，更多扮演的是资源集成者的角色，不断吸引带动、链接植入外部专业的产业服务资源。与此相对应，空间运营服务则更关注生产生活环境的打造，体现的是"以人为本""产城融合"发展理念。空间运营以复杂、琐碎的日常事务性工作为主，具有劳动密集型特征，从业人员多为简单劳动提供者。脱胎于绿城服务集团，绿城产业服务在由基础物业服务创新延伸而来的空间运营服务方面优势明显。

具体而言，首先是信任优势。物业服务是产业园区的刚性需求，能够提供优质物业服务的企业在物理距离上较一般的服务商更近，物业服务人员日常通过为企业及员工提供服务建立信任关系。其次是需求的精准把握。物业服务人员与园区企业及员工接触频繁，可以相对准确地掌握企业、员工的需求，进而提供个性定制、便利快捷的服务。最后是运营成本优势。物业服务企业本身的主业是安保、保洁等基础服务，与会场布置、参访接待等空间运营服务具有一定的重合性，可以实现人员复用、工作协调，因而绿城产业服务可以充分依托绿城服务既有的物业服务资源、线下空间和整合的社会资源，获得运营成本优势。此外，绿城产业服务还拥有百余人的运营团队，叠加绿城服务上万人的物业服务团队，形成庞大的服务人员基础，可根据不同的园区，开展"量身定制"的服务匹配。

3. 住宅社区经验积累助推产业园区智慧应用

随着大数据、物联网、移动互联网、人工智能等新一代信息技术的迅速发展和深入应用，智慧园区建设已是大势所趋。作为产业生态运营商，绿城产业服务坚持"科技创新""服务赋能"引领智慧园区建设，持续研究新兴技术在园区服务领域的创新应用，以科技连接人与服务，不断实践流程的重塑和模式的升级，着力将智慧园区从未来带到当下。绿城产业服务以自主研发的智慧园区服务云平台——"云助"，作为智慧服务网解决方案的承载与能力输出角色，通过建设具备高度融合性的系统平台，实现各类软硬件解决方案的接入与整合，并从贴近运营、促进发展、满足管理等的多维角度，输出智慧化应用与解决方案，为园区的管理及运营方提供一站式的智慧化、科技化平台服务，为园区的企业发展、人员生活、就业成长，提供便利有序、高效快捷的智慧化平台服务（图13-12）。

如前所述，空间运营服务是基础性物业服务的创新延伸，以复杂、琐碎的日常事务性工作为主，且从业人员多为简单劳动提供者，但在产业园区内，企业及其员工却高频接触该项服务，服务效率和服务体验将直接影

响服务被接受的程度。绿城物业在 2014 年推出智慧园区服务体系，2015
年，正式对外发布智慧社区综合服务平台——"幸福绿城"，通过实现物
业服务部分功能的线上化，有效提高了物业管理效能和服务效率，为业主
带来更美好的服务体验。多年来，绿城产业服务技术团队通过为"幸福绿
城"平台提供集开发、推广、运营、维护于一体的体系化服务，在住宅社
区智慧服务领域已经建立了明显的经验优势，这必将为智慧园区服务平
台——"云助"的体系化运营探索提供有益借鉴。

图 13-12　智慧园区产品矩阵

（四）整体评价

整体来看，在"产业服务"的概念还不清晰之时，绿城产业服务选择
垂直性发展在业内比较少见，其在绿城服务的基础上走出了一条独具特色
的发展路径。

首先，绿城服务以物业服务为起点，而后向生活服务领域发展，再到
现如今将以创新科技服务为导向的"产业服务"体系化独立开来，即现在
的绿城产业服务。由此可见，在品牌积淀和专业起步上，绿城产业服务已
经先人一步。但由于成立时间较短且集团依托属性明显，受众对绿城产业
服务仍存在不少认知偏见，常将其仅视为一家产业园区的物业服务企业，
这也成为其整合资源时面临的隐形阻力。

其次，正是由于更多是在绿城服务的基础上成长的，绿城产业服务在空间运营服务领域拥有了天然优势。区别于一般"二房东"，绿城产业服务以优惠价格承租具备高成长性的优质产业物业，通过植入体系化、生态化的产业服务体系，导入关键性产业资源和创新资源，实现入驻企业的快速成长和产业物业的保值增值。

最后，绿城产业服务自主研发的"云助"平台不仅是智能化的管理与服务手段，更是一个数据平台。随着业务的深入开展，依托"云助"平台，绿城产业服务将能够在服务过程中不断沉淀企业信息、员工信息、产品信息、服务信息等海量数据，未来通过构建产业服务大数据库，并建立产业服务大数据利用机制，基于大数据挖掘分析技术，分析各个场景中的用户行为，得到一个多场景下的用户需求全貌，进而建立以用户为中心的新型产业服务体系，提供精准化服务，提升产业服务效率、优化产业服务体验。

多年来，绿城产业服务始终深入贯彻落实先进的发展和服务理念，坚定不移朝着既定战略目标迈进，发展步伐也越来越快。但不可忽视的是，由于成立时间较短，绿城产业服务依然存在团队结构不合理、规章制度不健全等初创公司普遍面临的问题。随着轻资产运营模式的不断成熟和产业服务行业的快速发展，绿城产业服务在体系完善、发展规划、盈利模式等方面依然还有很多待成长的空间。此外，绿城产业服务隶属绿城服务集团，如何解决上市公司 KPI 考核压力与自我造血能力之间的矛盾将是其未来较长一段时间内无法回避的现实问题。

三、产业园区轻资产运营的关键点

（一）轻资产运营的核心是所有权和管理权分置

产业地产轻资产运营模式得以实现的核心是项目所有权和管理权分置。项目拥有方为避免物业空置受损有意愿引入专业运营商负责园区的运营管理；园区运营商通过为园区拥有方、专业服务商及园区企业等多方提供专业的运营服务，体现自身价值并获取相应的收益，双方各取所需、互利共赢。该模式下，轻资产运营商并不持有园区物业产权，而只在项目过程中承担运营管理及服务职能并收取一定服务费用。一方面，这在很大程度上规避了地产政策调控的直接冲击，降低运营商的经营风险。另一方面，这也大幅减少了运营商自身的资金占用，有助于多个项目的同时实施，市场占有率可快速扩大。

（二）轻资产运营的优势是服务体系化与品牌化

产业运营涉及产业定位、产业招商、创业孵化、物业管理、客户服务等各个方面，在产业地产轻资产运营快速发展、竞争日趋激烈的当前，轻资产运营商围绕品牌、产品、服务等展开的体系化服务成为打破市场桎梏的不二手段。同时，企业是否在业内形成了高品牌价值，其实是一种商业信用的表现。轻资产运营本身有较高的信用风险，用小投入撬动大资本，难免有"空手套白狼"之嫌。如何获取合作方、政府的信任？企业品牌的重要性显而易见，当然，这是一个"加分项"，会给企业"锦上添花"。例如，"高品质"已经成为绿城的代名词，良好的品牌形象极大地拓宽了绿城产业服务的市场，为其带来稳定而高值的客户。

（三）轻资产运营的关键是平台化和智慧化

产业运营覆盖面广，客户需求具有明显的多样性特征，轻资产运营商想要满足多元化、个性化的服务需求，必须建立一个具有更强服务能力、更广服务范围的综合性服务平台，全方位整合各类优质服务资源，通过运营服务的生态化设计，实现服务全面性与高品质的有机统一。同时随着大数据、云计算、物联网、人工智能等新一代信息技术在产业运营领域的深度应用，运营服务的方式和途径也在发生变化。通过技术赋能，一方面，提升服务效率、降低运营成本；另一方面，实现服务数据的有效沉淀和量化、服务经验的快速复制和输出、服务资源的放大利用和共享复用。

（四）轻资产运营是园区运营方式升级的新方向

产业地产的核心是产业运营与服务，从长远来看，无论是政府，还是企业客户，需要的不仅是重资产的物理载体，更是运营、管理、金融、资源、服务、孵化、引导、平台和生态圈构建，而这些只有在轻资产层面才能够解决。随着产业地产商越来越重视产业运营和服务，轻资产运营模式已经成为产业地产行业的趋势所在，既具有可行性也具有必然性。业内人士认为，未来，以产业服务平台赚取管理与服务收益的模式将成为产业地产发展的主流方向，即从产业的角度出发，以产业为核心，聚焦产业黏性的价值，为产业提供相应的配套和服务，增加服务端的比重，以增值服务为核心盈利点。❶

---

❶ 郑钧天. 融资租赁将成产业地产发展方向［N］. 经济参考报，2016-3-24（07）.